# Augustinus: *De civitate Dei*

## Fachwissenschaftliche und fachdidaktische Zugänge

Acta Didactica Classica

Bielefelder Beiträge zur Didaktik
der Alten Sprachen in Schule und Universität

Band 2

Jochen Sauer (Hrsg.)

# Augustinus: *De civitate Dei*

## Fachwissenschaftliche und fachdidaktische Zugänge

Propylaeum
FACHINFORMATIONSDIENST ALTERTUMSWISSENSCHAFTEN

**Bibliografische Information der Deutschen Nationalbibliothek**
Die Deutsche Nationalbibliothek verzeichnet diese Publikation in der Deutschen Nationalbibliografie; detaillierte bibliografische Daten sind im Internet über http://dnb.dnb.de abrufbar.



Propylaeum
FACHINFORMATIONSDIENST ALTERTUMSWISSENSCHAFTEN

Publiziert bei Propylaeum,
Universitätsbibliothek Heidelberg 2020.

Diese Publikation ist auf https://www.propylaeum.de dauerhaft frei verfügbar (Open Access).
urn: urn:nbn:de:bsz:16-propylaeum-ebook-594-5
doi: https://doi.org/10.11588/propylaeum.594



Umschlagillustration: Sandro Botticelli, Sant'Agostino nello studio (1480). Dipinto murale staccato, 200x120 cm, Florenz, Chiesa di San Salvatore in Ognissanti (© Pro-vincia Toscana di San Francesco Stimmatizzato OFM, Fiesole, Chiesa di San Francesco). Das Bild wurde grafisch bearbeitet.

ISBN: 978-3-948465-10-0 (Softcover)
ISBN: 978-3-948465-09-4 (PDF)

# Inhaltsverzeichnis

## ANHANG

# Geleitwort und Danksagung

Der vorliegende Band stellt die zweite Veröffentlichung der an der Universität Bielefeld herausgegebenen Reihe ‚Acta Didactica Classica. Bielefelder Beiträge zur Didaktik der Alten Sprachen in Schule und Universität' dar. In ihm werden fünf Studien vereinigt, die sich der augustinischen Gedankenwelt von *De civitate Dei* in fachdidaktischer Perspektive nähern.[1] Die Beiträge stellen sich der Herausforderung, Zugänge zu dieser anspruchsvollen Schrift Augustins zu ermöglichen und Wege aufzuzeigen, wie Schülerinnen und Schüler, aber auch Studierende an die augustinische Staatstheorie, Religionsphilosophie und Ethik herangeführt werden können.[2]

Die Bonner Latinistin Dorothee Gall gibt in ihrem zentralen Basisbeitrag einen konzisen Überblick über zentrale Begriffe und Grundfragen aus *De civitate Dei* und verortet Augustins Denken im intellektuellen und kirchenpolitischen Kontext seiner Zeit. Sie beleuchtet in analytischer Schärfe die Dichotomie zwischen *civitas Dei* und *civitas terrena* und zeichnet den Weg nach, wie Augustinus den Dualismus von Gut und Böse zunächst als Gegensatz zweier real existenter Wesenheiten (in Übereinstimmung mit manichäischer Lehre) deutete, später aber zu der Überzeugung gelangte, dass das Böse Gott unterworfen und Teil des

[1] Im Rahmen der Fachtagung ‚Augustinus – *De civitate Dei*' am 29. Juni 2019 an der Universität Bielefeld sind einige der Beiträge bereits einem Publikum von Lateinlehrerinnen und -lehrern aus ganz NRW vorgestellt worden. Ein weiterer Beitrag wurde am 27. September 2019 auf der DAV-Landestagung in Mülheim (Ruhr) gehalten.

[2] Die Beiträge lassen sich auf das ‚Modellvorhaben' des Landes NRW beziehen, das die Landesregierung zur Einführung der Schrift *De civitate Dei* in die Abiturvorgaben des Fachs Latein im Herbst 2018 in Auftrag gegeben hatte (vgl. die Konkordanz auf S. 196). Das Modellvorhaben ‚*Proponunt Graeci ... adsumunt Romani ... concludunt Christiani.* Kontinuität im Wandel – Augustinus als Transformator antik-paganer Ethik und Staatsphilosophie' ist abrufbar unter: www.schulentwicklung.nrw.de/lehrplaene/upload/klp_SII/la/Modellvorhaben_Kontinuitaet_im_Wandel_Baustein_1.pdf (zuletzt abgerufen am 01.12.2019).

göttlichen Heilsplans sei. Der Beitrag zeigt auf, inwiefern das augustinische Staatsverständnis einerseits mit antiken Staatsvorstellungen bricht, sich jedoch andererseits klar von Strömungen wie den Donatisten abgrenzt, die einen harten Bruch mit dem weltlichen Staat vollzogen. Der römische Staat ist für Augustinus keine Heimat, wie auch die *civitas Dei* nur als pilgernde Gemeinschaft gottgefällig lebender Menschen und nicht als weltlicher Staat denkbar ist. Weiterhin betrachtet der Beitrag das augustinische Menschenbild, das sich im Laufe von Augustins Leben zunehmend von der paganen Tradition löst. Nach der seiner Gnadenlehre bedarf der Mensch für seine Erlösung ausschließlich des Gnadenakts Gottes, während er aus sich heraus nur das Böse vermag. Anschließend betrachtet die Verfasserin die literarische Form augustinischer Polemik und den Umgang mit anderen antiken Autoren, deren Textzitate Augustinus streng in Ausrichtung auf sein Argumentationsziel in seine Ausführungen einbaut. Eine Betrachtung der zentralen Herausforderungen der Lektüre von *De civitate Dei* für Schülerinnen und Schüler beschließt den Beitrag.

Alexander Gliech wendet sich in seinem Beitrag einer der klassischen Stellen der Augustinus-Lektüre zu: dem Bekehrungserlebnis in den Mailänder Gärten, das im achten Buch der *Confessiones* erzählt wird und bei jeglicher Augustinus-Lektüre kaum fehlen darf.[3] Mit der Kinderstimme, die Augustinus eine Aufforderung erteilt, wirkt die Erzählung zunächst überraschend für einen Kirchenmann, der aus neuplatonischen Kreisen kommend über die Philosophie den Zugang zum Glauben gefunden hat. Dass mit der Mailänder Gartenszene der Bekehrungsvorgang lediglich seinen Abschluss findet und sich bereits über einen längeren Zeitraum entwickelt hatte, zeigt der Beitrag in aller wünschenswerten Deutlichkeit auf. Er macht transparent, dass es die Leseerlebnisse waren, die Augustinus von früher Kindheit an geprägt und verändert haben. Das Leseerlebnis des Paulusbriefs in den Mailänder Gärten stellt somit lediglich den Schlusspunkt in einer langen Reihe von Leseereignissen dar, die der Beitrag eingehend analysiert. Wenngleich sich dieser Beitrag nicht direkt auf *De civitate Dei* bezieht, so macht er die Bedeutung der Lektüre paganer

[3] Auch das Modellvorhaben (vgl. Anm. 2) behandelt das Bekehrungserlebnis.

und christlicher Autoren für Augustinus deutlich und ermöglicht damit einen weiteren Zugang zum Autor und zur Schrift *De civitate Dei*.

Peter M. Günzel widmet sich dem zentralen Thema der augustinischen Staatsvorstellung vor dem Hintergrund der Dichotomie der beiden *civitates*. Ein besonderer Schwerpunkt liegt in der Herausarbeitung des Verhältnisses von Augustins Schrift *De civitate Dei* zu Ciceros Staatsdefiniton, wie sie in *De re publica* 1,39;41 aufgestellt wird. Der Beitrag rekonstruiert die Transformation dieser Definition durch Augustinus im Detail. Dann wendet sich der Beitrag der Gegenwart zu und stellt einen Vergleich zwischen den antiken Staatsdefinitionen und der Präambel der US-amerikanischen Verfassung sowie derjenigen der Islamischen Republik Iran her. In der Auseinandersetzung mit den modernen Konzepten werden die Besonderheiten der augustinischen Staatstheorie in aller Klarheit deutlich. Der einführende interpretierende Vergleich zweier Darstellungen von Cicero und Augustinus regt zur Reflexion über unser Bild beider Denker an.

Dennis Burrichter und Benjamin Magofsky zeigen im Detail auf, wie ein Holzschnitt aus einer frühneuzeitlichen Augustinus-Ausgabe, in der die *civitas Dei* und die *civitas terrena* als Babylon und Jerusalem abgebildet sind, einen geeigneten Ausgangspunkt für die Auseinandersetzung mit der Schrift im Unterricht darstellen kann. In ihrem Beitrag kontextualisieren sie den Druck zunächst historisch und deuten die bildliche Darstellung in enger Bezugnahme auf die einzelnen Elemente von Augustins Staatstheorie in *De civitate Dei*, die über Textzitate referenziert werden: Das Bild lässt sich so parallel zum Text gewinnbringend lesen, da sich bei der Lektüre zeigt, dass die schwierig zu erfassende Differenzierung der beiden *civitates* mittels einer bildhaften Darstellung erleichtert werden kann.

Hans-Joachim Häger stellt schließlich ein umfassend angelegtes Unterrichtsprojekt vor, das den augustinischen *pax*-Begriff im Kontext antiker Friedensvorstellungen beleuchtet und zu einer gegenwartsbezogenen Auseinandersetzung mit dem existentiellen Thema ‚Frieden‘ einlädt. Der Beitrag analysiert das in *De civitate Dei* entfaltete *pax*-Konzept Augustins zunächst hinsichtlich seiner Voraussetzungen und der augustinischen Gestaltung. In einer exemplarischen Unterrichtsreihe wird anschließend entfaltet, wie das Thema *pax* in der Augustinus-Lektüre abwechslungsreich und unter Einsatz verschiedener Medien und Rezeptionsdokumente behandelt werden kann. Beispielhaft ausgearbeitete Materialien, welche für die Schülerinnen und Schüler weit über Augustins Konzeption hinaus eine Begegnung mit existentiellen Fragen zum Frieden ermöglichen, runden den Beitrag ab.

Neben den Beiträgen dieses Bandes sei denjenigen, die sich mit Augustinus weiter beschäftigen möchten, allem voran die Seite des Zentrums für Augustinus-Forschung in Würzburg empfohlen, auf der sich auch eine umfangreiche Bibliographie befindet (www.augustinus.de).

Die Erstellung dieses Bandes wäre ohne die tatkräftige Hilfe mehrerer Personen nicht möglich gewesen. Bei der Formatierung und beim Endlektorat erhielt ich von Corinna Klöpping, Diana Lütke und Laura-Victoria Sommerfeld große Unterstützung. Ihnen sei herzlich gedankt.

Besonderer Dank gilt schließlich dem Projekt Propylaeum und Frau Dr. Katrin Bemmann, die unsere Publikation mit großem Engagement und Expertise begleitete, außerdem Herrn Frank Krabbes, der auf der Basis seiner umfangreichen Erfahrung die Druckvorlage an entscheidenden Punkten zu verbessern half, schließlich Frau Daniela Jakob, die das professionelle Cover erstellte.

Wir hoffen, dass der vorliegende Band seine interessierten Leserinnen und Leser finden wird und dazu beitragen kann, die anspruchsvolle Schrift Augustins und ihre Kontexte für Lehrende und Lernende zugänglich und zu einer gewinnbringenden und anregenden Lektüre zu machen.

Bielefeld im Dezember 2019

Jochen Sauer

Dorothee Gall

# Augustinus' Abrechnung mit der Antike in *De civitate Dei*

## 1. Anlass und Thema der Schrift

Augustinus' Schrift *De civitate Dei* entstand in den Jahren 413–426. Zu dieser Zeit war ihr Verfasser bereits Bischof von Hippo Regius in der römischen Provinz Africa (im heutigen Algerien); ein von vielfältigen biographischen Brüchen und schweren Krisen geprägter Lebenslauf hatte den 354 im afrikanischen Thagaste geborenen Augustinus zunächst nach Rom und Mailand und dann zurück nach Africa und in dieses Amt geführt. Vier Jahre nach dem Abschluss von *De civitate Dei* starb er im von Vandalen belagerten Hippo Regius.

Der vordergründige Auslöser für *De civitate Dei* ist die Plünderung Roms durch die Westgoten unter Alarich im Jahr 410. Nach Augustinus' eigener Aussage wurden für diese Katastrophe Roms die Christen verantwortlich gemacht: Indem sie den traditionellen römischen Götterkult unterbanden und die Opfer verboten, zerstörten sie den Vertrag der Römer mit den Göttern, der zuvor Roms Bestand gesichert hatte:

> *Sed adhuc mihi quaedam dicenda sunt aduersus eos, qui Romanae rei publicae clades in religionem nostram referunt, qua diis suis sacrificare prohibentur* (Aug. civ. 1,36) [1]
>
> Ich habe jedoch zunächst noch einiges vorzubringen wider die, welche die Niederlage des römischen Staates auf unsere Religion zurückführen, sofern sie durch diese gehindert werden, ihren Göttern zu opfern.[2]

[1] Alle Textangaben folgen der Ausgabe: *De civitate Dei*. Corpus Christianorum. Series Latina XLVII und XLVIII, 1 et 2, ed. B. Dombart/A. Kalb, Turnhout 1955.

[2] Alle Übersetzungen nach: Des heiligen Kirchenvaters Aurelius Augustinus zweiundzwanzig Bücher über den Gottesstaat. Aus dem Lateinischen übers. von Alfred Schröder. (Des heiligen Kirchenvaters Aurelius Augustinus ausgewählte Schriften 1–3, Bibliothek der Kirchenväter, 1. Reihe, Band 01, 16, 28) Kempten; München 1911–16.

Die Auseinandersetzung mit diesem Vorwurf steht im Zentrum des ersten Teils von *De civitate Dei*: Augustinus sucht nachzuweisen, dass es Plünderungen von Städten mit Mord und Brandschatzung auch schon vor der Epoche der Christen gegeben habe und die Römer sich ihre Niederlage selbst zuzuschreiben hätten: Ihre eigene Sittenlosigkeit habe die Plünderung Roms herbeigeführt – die im übrigen weitaus milder ausgefallen sei als viele andere Eroberungen von Städten, weil die Angreifer selbst Christen gewesen seien und die heiligen Stätten mit allen, die dorthin geflohen waren, verschont hätten:

> [...] *qui ea mala, quae pro suorum morum peruersitate merito patiuntur, blasphemantes Christo inputant; quod autem illis etiam talibus propter Christum parcitur, nec dignantur adtendere* [...]. (Aug. *civ.* 1,3)
>
> Sie geben für die Übel, die sie bei der Verkehrtheit ihrer Sitten verdientermaßen erdulden, schmähsüchtigerweise unserm Christus Schuld; daß sie aber trotz ihrer Strafwürdigkeit um Christi willen Schonung erfuhren, das würdigen sie nicht im Geringsten, [...].

Und wenig später im Text erörtert Augustinus ausführlicher:

> *Quidquid ergo uastationis trucidationis depraedationis concremationis adflictionis in ista recentissima Romana clade commissum est, fecit hoc consuetudo bellorum; quod autem nouo more factum est, quod inusitata rerum facie inmanitas barbara tam mitis apparuit, ut amplissimae basilicae implendae populo cui parceretur eligerentur et decernerentur, ubi nemo feriretur, unde nemo raperetur, quo liberandi multi a miserantibus hostibus ducerentur, unde captiuandi ulli nec a crudelibus hostibus abducerentur: hoc Christi nomini, hoc Christiano tempori tribuendum quisquis non uidet, caecus, quisquis uidet nec laudat, ingratus, quisquis laudanti reluctatur, insanus est. absit, ut prudens quisquam hoc feritati inputet barbarorum. Truculentissimas et saeuissimas mentes ille terruit, ille frenauit, ille mirabiliter temperauit, qui per prophetam tanto ante dixit: Visitabo in uirga iniquitates eorum et in flagellis peccata eorum; misericordiam autem meam non dispergam ab eis.* (Aug. *civ.* 1,7)

> Was sich also bei der jüngst erfolgten Vernichtung Roms zutrug an Verwüstung, Mord, Raub, Brand und Not, das hat der Kriegsbrauch verschuldet; was aber dabei Neues vorkam, die ganz ungewohnte Erscheinung, wonach sich rohe Barbaren so milde zeigten, daß man, um des Volkes zu schonen, die weiträumigsten Kirchen auswählte und zu Sammelplätzen bestimmte, an denen niemand getötet, niemand der Freiheit beraubt werden sollte, wohin zu ihrer Rettung viele von mitleidigen Feinden geführt, von wo zur Gefangennahme auch von grausamen Feinden niemand fortgeführt werden durfte: das muß man dem Namen Christi und dem christlichen Zeitalter zuschreiben, und wer das nicht einsieht, ist blind, wer es einsieht und nicht anerkennt, ist undankbar, wer gegen die Anerkennung Widerspruch erhebt, ist nicht bei Trost. Kein Verständiger wird ein derartiges Verhalten wilden Barbaren als solchen zutrauen. Vielmehr wurde ihr blutdurstiger und grausamer Sinn zurückgeschreckt, gezügelt und wunderbar zur Milde gestimmt von dem, der durch den Mund des Propheten längst vorher gesprochen hat: „Ich suche mit der Rute ihre Frevel heim und mit Streichen ihre Sünden; doch meine Huld werde ich ihnen nicht entziehen".

Der erste Großteil des Werkes (Buch 1–10) ist also vor allem auf die Verteidigung des Christentums ausgerichtet. Nicht die Vernachlässigung der Opfer stürzte Rom ins Unglück. Vielmehr erfuhren die Römer das, was auch früher schon – etwa beim Galliereinfall des frühen 4. Jahrhunderts v. Chr. – geschehen war und was sie selbst noch schlimmer anderen Völkern angetan hatten (Aug. *civ.* 1,6).

Die Apologetik der Bücher 1–10 von *De civitate Dei* hat aber zwei Stoßrichtungen: Auf der Oberfläche argumentiert sie gegen Versuche, den antiken Götterkult zu erneuern, also gegen renitente ‚Heiden', die im Einfall der Westgoten die Strafe der Götter sahen; der Streit um den Victoria-Altar hatte vor Augen geführt, dass die paganen Kulte auch nach der Etablierung des Christentums als Staatsreligion noch ihre Vertreter in mächtigen Ämtern hatten. Wichtiger aber noch dürfte die Stoßrichtung gegen Zweifler im eigenen Lager sein, deren Gottvertrauen durch den Fall Roms, der ja auch die gläubigen Christen getroffen hatte, erschüttert war. Ihnen antwortet Augustinus: Dass Mord und Verwüstung in der Stadt nicht nur böse, sondern auch gute Menschen trafen, stehe nicht in Widerspruch zur göttlichen Allmacht und Gnade.

Denn zunächst einmal wiege für die Guten der Verlust ihres weltlichen Besitzes nicht schwer:

> *Interest autem plurimum, qualis sit usus uel earum rerum, quae prosperae, uel earum, quae dicuntur aduersae. Nam bonus temporalibus nec bonis extollitur nec malis frangitur; malus autem ideo huiusce modi infelicitate punitur, quia felicitate corrumpitur. Ostendit tamen Deus saepe etiam in his distribuendis euidentius operationem suam.* (Aug. *civ.* 1,8)
>
> Es ist jedoch ein gewaltiger Unterschied in der Art des Verhaltens gegenüber dem sogenannten Glück und Unglück. Der Gute läßt sich so wenig durch zeitliche Güter zum Übermut verleiten als durch zeitliche Übel niederbeugen; der Böse dagegen wird deshalb durch derartiges Unglück gestraft, weil er durch Glück verdorben wird.

Andererseits bedürfen aber auch die Guten der Züchtigung, zumal sie sich im irdischen Leben um äußerer Vorteile willen nicht konsequent von den Bösen abgrenzen und sie zu bessern suchen:

> [...] *quamuis bonis malorum uita displiceat et ideo cum eis non incidant in illam damnationem, quae post hanc uitam talibus praeparatur, tamen, quia propterea peccatis eorum damnabilibus parcunt, dum eos in suis licet leuibus et uenialibus metuunt, iure cum eis temporaliter flagellantur, quamuis in aeternum minime puniantur* [...]. (Aug. *civ.* 1,9)
>
> Obgleich also die Guten das Leben der Bösen mißbilligen und darum nicht mit ihnen der Verdammnis anheimfallen, die nach dem irdischen Leben solche Menschen erwartet, so werden sie doch, weil sie aus derlei Gründen deren verdammungswürdige Sünden schonen und durch diese Furcht selbst Sünden begehen, wenn auch nur leichte und verzeihliche, mit Recht zusammen mit ihnen von zeitlicher Züchtigung betroffen, jedoch nicht auf ewig gestraft.

Daher könne auch der Tod für Christen kein Übel sein; sie wissen ja, dass nicht das diesseitige und vergängliche Leben zählt, sondern das jenseitige und ewige:

> *Non itaque multum curandum est eis, qui necessario morituri sunt, quid accidat ut moriantur, sed moriendo quo ire cogantur. Cum igitur Christiani*

> *nouerint longe meliorem fuisse religiosi pauperis mortem inter lingentium canum linguas quam impii diuitis in purpura et bysso, horrenda illa genera mortium quid mortuis obfuerunt, qui bene uixerunt?* (Aug. *civ.* 1,11)

> Also sollen sich die dem Tode unrettbar Verfallenen nicht viel darum kümmern, was ihren Tod herbeiführt, wohl aber darum, wohin sie der Tod führt. Da nun die Christen wissen, dass der Tod des frommen Armen bei den Hunden, die ihn beleckten, weit besser war, als der des gottlosen Reichen in Purpur und Byssus, was haben jene schauerlichen Todesarten den Toten geschadet, die gut gelebt haben?

Die Zitate belegen, wie Augustinus von Anfang seiner Schrift an ein Gegensatzschema von Gut und Böse konstruiert: Die Bösen pflegen schreckliche Hoffart, Ausschweifung, Habsucht und abscheuliche Ungerechtigkeit und Gottlosigkeit (*horrendam superbiam luxuriamque et auaritiam atque execrabiles iniquitates et impietates*, Aug. *civ.* 1,9), die Guten meiden diese Laster, sind aber in ihren Bemühungen oft zu ängstlich und lau und bedürfen der göttlichen Gnade. Ihnen mehr noch als den Nicht-Christen bietet Augustinus Deutungshilfen, die ihnen ermöglichen sollen, ihren Glauben zu verteidigen, sich der Frage nach der Rechtfertigung Gottes zu stellen und mit Stolz ihre eigene Zugehörigkeit zu den Guten, den *boni*, zu erfahren.

## 2. *Civitas Dei* und *civitas terrena*

Für den Dualismus von Guten und Bösen prägt Augustinus ein Begriffspaar, dessen einer Teil auch den Titel der Schrift ausmacht: *civitas Dei* und *civitas terrena*. Beide Begriffe führt er im Anfang und Schluss der *praefatio* ein, die zugleich Widmung an seinen Freund, den kaiserlichen Tribun Marcellinus, ist:

> *Gloriosissimam ciuitatem Dei siue in hoc temporum cursu, cum inter impios peregrinatur ex fide uiuens, siue in illa stabilitate sedis aeternae, quam nunc expectat per patientiam, quoadusque iustitia conuertatur in iudicium, deinceps adeptura per excellentiam uictoria ultima et pace perfecta, hoc opere instituto et mea ad te promissione debito defendere aduersus eos, qui*

> *conditori eius deos suos praeferunt, fili carissime Marcelline, suscepi, magnum opus et arduum, sed Deus adiutor noster est.* [...] *Vnde etiam de terrena ciuitate, quae cum dominari adpetit, etsi populi seruiant, ipsa ei dominandi libido dominatur, non est praetereundum silentio quidquid dicere suscepti huius operis ratio postulat si facultas datur.* (Aug. *civ.* praef.)

> Teuerster Sohn Marcellin! In diesem an dich gerichteten Werke, mit dem ich zugleich ein Versprechen einlöse, habe ich es übernommen, den glorreichen Gottesstaat, sowohl wie er sich im Ablauf der Weltzeit darstellt, da er, „aus dem Glauben lebend", unter Gottlosen pilgert, als auch wie er in der Stetigkeit des ewigen Wohnsitzes ruht, die er zur Zeit „in Geduld erhofft", bis sich die Gerechtigkeit wendet zum Gerichte", dann aber in Herrlichkeit erlangen wird mit dem letzten Sieg und in vollkommenem Frieden, diesen Gottesstaat also will ich verteidigen gegen die, die seinem Gründer ihre Götter vorziehen: ein großes und schweres Werk, doch Gott ist unser Beistand. [...]. Darum soll auch vom Weltstaat, der, lüstern nach Herrschaft, dennoch seinerseits, wennschon sich die Völker dienend beugen, von der Herrschbegierde beherrscht wird, hier die Rede sein, soweit es der Plan des Werkes erheischt und sich die Möglichkeit bietet.

Der Begriff *civitas* hat in diesem Kontext keinerlei ethnische, geographische oder politische Bedeutung. Er meint die Gemeinschaft als Verbindung von Gleichgesinnten im irdischen und jenseitigen Bereich. Die *civitas Dei* als Gemeinschaft der von Gott Auserwählten umfasst im Jenseits die standhaften Engel, die nicht von Gott abgefallen sind, und im Diesseits die guten und demütigen Menschen, die sich dem Bösen verweigern. Ihnen stehen in der *civitas terrena* die gefallenen Engel und die bösen und stolzen Menschen gegenüber.

Beide *civitates* existieren nebeneinander und miteinander; in ihnen vollzieht sich der Lauf der Geschichte bis zum Jüngsten Gericht. Den Menschen ist nicht einsichtig, wer welcher *civitas* angehört, denn während ihres irdischen Lebens können sich die einen noch der Gemeinschaft der Guten zuwenden, die anderen aber noch von ihr abfallen. Zudem ist es Aufgabe des Menschen, in der pilgernden *civitas Dei* der ewigen Seligkeit entgegen zu streben:

> *Haec et alia, si qua uberius et commodius potuerit, respondeat inimicis suis redempta familia domini Christi et peregrina ciuitas regis Christi.*

*Meminerit sane in ipsis inimicis latere ciues futuros, ne infructuosum uel apud ipsos putet, quod, donec perueniat ad confessos, portat infensos; sicut ex illorum numero etiam Dei ciuitas habet secum, quamdiu peregrinatur in mundo, conexos communione sacramentorum, nec secum futuros in aeterna sorte sanctorum, qui partim in occulto, partim in aperto sunt, qui etiam cum ipsis inimicis aduersus Deum, cuius sacramentum gerunt, murmurare non dubitant, modo cum illis theatra, modo ecclesias nobiscum replentes. De correctione autem quorundam etiam talium multo minus est desperandum, si apud apertissimos aduersarios praedestinati amici latitant, adhuc ignoti etiam sibi. Perplexae quippe sunt istae duae ciuitates in hoc saeculo inuicemque permixtae, donec ultimo iudicio dirimantur; de quarum exortu et procursu et debitis finibus quod dicendum arbitror, quantum diuinitus adiuuabor, expediam propter gloriam ciuitatis Dei, quae alienis a contrario comparatis clarius eminebit.* (Aug. *civ.* 1,35)

Diese und ähnliche, nach Gelegenheit ausführlichere Erwiderungen mag die erlöste Gefolgschaft Christi des Herrn und der pilgernde Staat Christi des Königs den Feinden entgegenhalten. Sie sollen indes dabei stets vor Augen haben, daß unter diesen Feinden auch künftige Mitbürger verborgen sind, damit sie es wenigstens bei diesen nicht für vergebliche Geduld halten, ihre Anfeindungen zu ertragen, bis aus ihnen Anhänger werden; wie ja auch hinwieder der Gottesstaat, solang er hienieden pilgert, bei sich solche aus den Reihen der Feinde birgt, die verbunden sind mit ihm durch die Gemeinschaft der Sakramente, doch nicht mit ihm teilnehmen werden an dem ewigen Lose der Heiligen; sie scheuen sich nicht einmal, mit den Feinden zu murren gegen den Gott, dem sie zugeschworen haben, und füllen bald mit diesen die Theater, bald mit uns die Kirchen. An der Besserung mancher auch von ihnen darf man jedoch umso weniger verzweifeln, da unter den offenkundigsten Gegnern prädestinierte Freunde verborgen weilen, sich selbst unbewußt. Denn die beiden Staaten sind in dieser Welt ineinander verschlungen und mit einander vermischt, bis sie durch das letzte Gericht getrennt werden. Über deren Ursprung, Fortgang und gebührendes Ende werde ich, soweit Gottes Hilfe mir beisteht, zum Ruhme des Gottesstaates, der durch den Vergleich mit dem Gegenteil umso heller erstrahlt, auseinandersetzen, was ich zu sagen für nötig erachte.

Die Lehre von den beiden *civitates* greift weit über den vordergründigen Anlass der Apologetik hinaus: Hier wirken verschiedene Elemente der augustinischen Theologie miteinander, die sich im Laufe seines Schrifttums entwickelt haben – sowohl in seiner Auseinandersetzung mit antik-paganem Kulturgut wie auch im innerkirchlichen Streit gegen die ‚Häresien' der Manichäer, Donatisten und Pelagianer.

## 3. Der Dualismus von Gut und Böse

Augustinus erfuhr als Kind eine christliche Erziehung, ohne zunächst getauft zu sein (die Kindertaufe war noch unüblich); zugleich wurde er aber auch umfänglich in den Wissenskanon der Antike eingeführt. Im Alter von ca. 20 Jahren wandte er sich für neun Jahre der Sekte der Manichäer zu.[3]

Die von dem Perser Mani begründete Kirche der Manichäer führte sich primär auf jüdisch-christliches Gedankengut zurück und verstand sich selbst als Teil des Christentums. Ihr institutioneller Charakter grenzte sie von den gnostischen Sekten ab und machte sie zur starken Konkurrenz für die ‚katholische' Kirche. Immerhin gelang den Manichäern die Ausbreitung bis nach China; sie blieben bis ins 5. Jahrhundert in Europa und weit länger im Osten eine starke Konkurrenz des katholischen Christentums.

Augustinus' Hinwendung zum Manichäismus,[4] dem sein Gönner Romanianus anhing, mag opportunistischen Motiven gefolgt sein, dürfte aber auch seinem Ungenügen an den christlichen Texten geschuldet sein, die seinen intellektuellen Ansprüchen nicht gerecht wurden: Insbesondere in der Frage, wie das Böse in die Welt gekommen ist, lässt ja der biblische Schöpfungsbericht einige Fragen offen: Wenn Gott alles geschaffen hat, hat er dann auch das Böse geschaffen – und warum? Wenn Gott das Böse aber nicht geschaffen hat, ist es dann wie Gott, insofern es von allem Anfang an existiert? Wirkt es unabhängig von

[3] Aug. *conf.* 4,1,1: *Per idem tempus annorum novem, ab undevicensimo anno aetatis meae usque ad duodetricensimum, seducebamur et seducebamus* [...]. (Augustinus, *Confessiones*, ed. M. Skutella, Stuttgart/Leipzig 1996); vgl. auch Aug. *conf.* 5,4,10.

[4] Eine umfängliche Darstellung zu Augustinus und dem Manichaeismus gibt Arnoldi (2011), 5–90.

oder gar gegen Gottes Willen? Und ist Gott dann also nicht der allmächtige Schöpfer und Lenker aller Dinge?

Der Manichäismus antwortete auf diese Frage mit einem eigenen Schöpfungsmythos, der sich als Synthese aus jüdisch-christlichen Elementen, gnostischer Philosophie und buddhistischer Lehre darstellte und Gott die Verantwortung für das Böse entzog: Gut und Böse existieren von Anfang an und in ewigem Gegensatz zueinander. Ursprünglich sind sie getrennt, gegenwärtig aber vermischt; es ist das Ziel der Geschichte, diese Vermischung rückgängig zu machen und die beiden Welten wieder voneinander zu trennen.

Die Manichäer erfuhren unter Kaiser Diokletian ebenso wie die Christen Verfolgung und Vertreibung. Wie die Christen profitierten sie dann zunächst vom sogenannten Mailänder Toleranzedikt (322), gerieten aber mit dem wachsenden Erfolg des ‚katholischen' Christentums erneut in Bedrängnis. Kurz bevor Augustinus sich ihnen zuwandte, hatte Valentinian I. sie als *infames* stigmatisiert, in einem Erlass, der ihren Rechtsstatus, nicht zuletzt im Hinblick auf das Erbrecht, einschränkte; 380 erklärte das Dekret *Cunctos populos*, erlassen von Theodosius I und Valentinian II, das Christentum zur Staatsreligion und stellte alle anderen Religionen unter Strafe. Weiterhin gab es aber in Africa und Italien starke manichäische Gruppierungen: Auch in Rom bewegte Augustinus sich noch in manichäischen Kreisen, seine Berufung als kaiserlicher Rhetor in Mailand scheint er u.a. einflussreichen Manichäern verdankt zu haben.

Der intellektuell verführerische Gedanke von der Eigenexistenz des Bösen, das letztlich gleichberechtigt mit Gott auftritt, entlastet Gott von der Verantwortung für das Böse, entzieht ihm aber auch die Allmacht. Daher hat sich Augustinus später wiederholt und engagiert von den Manichäern distanziert – womit die Theodizee-Frage letztlich ungelöst blieb. Dass er der Frage, warum das Leid der Verwüstung Roms auch die Guten traf, relativ ausführlich nachgeht, demonstriert aber die Relevanz der Theodizee-Frage für ihn selbst und für sein Publikum. Die Antwort steht stoischem Gedankengut nahe: Durch Leid und Verlust prüfen die Götter die Menschen.

Der manichäische Gut-Böse-Dualismus und die manichäische Weltalterlehre dürften an dem dualistischen Weltbild von *De civitate Dei* mitgewirkt haben. Entscheidend ist aber die augustinische Variation und Abgrenzung, die die gedankliche Konkludenz dem frommen Gottesbild opfert: Das Böse ist nicht gleichzeitig mit Gott entstanden und Gottes Antagonist, es ist Gott unterworfen und Teil des göttlichen Heilsplans. Augustinus' rigorose Abkehr von den Manichäern ist aber vermutlich nicht nur dogmatischen Fragen wie der Allmacht Gottes – auch über das Böse – geschuldet, sondern zugleich dem Wunsch, eine starke und einheitlich alle umfassende ‚katholische' Kirche zu etablieren; dieses Ziel wird mit der Einbindung Augustins in kirchliche Ämter für ihn immer wichtiger.

## 4. Augustinus und der Staat

Augustinus' Konzept der beiden *civitates* greift jüdisch-christliche Motive auf, wie die Vorstellung vom himmlischen Jerusalem, die metaphorische Benennung Roms als Babylon oder auch das Jesuswort „Mein Reich ist nicht von dieser Welt" (Joh. 18,36).[5] Es steht dagegen in schroffem Kontrast zu den geläufigen Geschichtsbildern der Antike: Dem zyklischen Geschichtsbild des Pythagoras und der Stoa mit ihrer Lehre von Weltenbrand und Wiedergeburt widerspricht Augustinus ebenso wie dem von Hesiod und anderen gestalteten Epochenmodell der Deszendenz vom goldenen zum ehernen Zeitalter. Auch der römisch-kaiserzeitlichen Ideologie eines Vergil und Horaz, die in der Gegenwart die Utopie eines saturnischen Reiches von Frieden und Fruchtbarkeit verwirklicht sahen, steht Augustinus fern: Für ihn gibt es keine historische Gesetzmäßigkeit von Aufstieg oder Abstieg und auch keine geschichtliche Erfüllung in der Zeit. Der Sinn der Geschichte ist metaphysisch: der Kampf der beiden Reiche gegeneinander und die Sammlung der Gerechten in der *civitas Dei*.

[5] Zu Augustinus' Quellen für das *civitas*-Konzept s. van Oort (1997), S. 163–167.

Im theologischen Konzept Augustins wird die Politik für den Heilsweg weitgehend irrelevant: Der irdische Staat kann das Glück seiner Bürger nicht garantieren, sie nicht zur Erlösung führen.[6] Dennoch konzediert Augustinus, dass der Staat und seine Regierenden von Bedeutung für das Leben der Menschen sind:

> *Quapropter si uerus Deus colatur eique sacris ueracibus et bonis moribus seruiatur, utile est ut boni longe lateque diu regnent; neque hoc tam ipsis quam illis utile est, quibus regnant. Nam quantum ad ipsos pertinet, pietas et probitas eorum, quae magna Dei dona sunt, sufficit eis ad ueram felicitatem, qua et ista uita bene agatur et postea percipiatur aeterna. In hac ergo terra regnum bonorum non tam illis praestatur quam rebus humanis; malorum uero regnum magis regnantibus nocet, qui suos animos uastant scelerum maiore licentia; his autem, qui eis seruiendo subduntur, non nocet nisi propria iniquitas.* (Aug. *civ.* 4,3)

> Wird demnach der wahre Gott verehrt und dient man ihm mit wahrhaftem Kult und guten Sitten, so ist es von Vorteil, wenn gute Menschen weithin und lange Zeit herrschen; und zwar ist das weniger für sie als für die Regierten von Vorteil. Denn den Regenten genügt ihre Gottesfurcht und Rechtschaffenheit, diese großen Gaben Gottes, um sie des wahren Glückes teilhaft zu machen, das darin besteht, daß man sowohl hienieden sein Leben gut zubringe als auch nachher das ewige Leben erlange. Auf dieser Welt also ist die Herrschaft guter Menschen nicht so fast für sie, als für die menschlichen Verhältnisse eine Wohltat; dagegen ist die Herrschaft schlechter Menschen in erster Linie für die Regenten selbst verderblich, die ihre Seelen infolge der größeren Freiheit in Lastern zugrunde richten, während ihren Untergebenen nur die eigene Bosheit zum Verderben wird.

[6] Pfeilschifter (2017) schreibt Augustinus eine eher unpolitische Haltung zu: „Diese Neigung zum Unpolitischen korreliert mit Augustins theologischem Bild von Reich und Kaiser. Er modelliert den himmlischen Hof Gottes, anders als viele seiner Zeitgenossen, nicht nach dem irdischen des Kaisers. Und er hält den Kaiser auch nicht für die Entsprechung Christi – was auch vorkam – und nähert ihn diesem auch nicht an. Die so populäre Weltreichelehre spielt bei Augustinus eine untergeordnete Rolle, und das Imperium Romanum ist ihm nicht das Katechon, das den Antichrist für den Moment aufhält. Das Reich hat keine eschatologische Aufgabe. Es ist umgekehrt auch nicht identisch mit der *civitas terrena*, Reich und Kaiser sind keine Agenten des Teufels. Für den Weg zur *civitas Dei* aber spielen letztlich ganz andere Kriterien die wesentliche Rolle."

Politische Tugenden und die Teilhabe an politischen Prozessen können also nützlich und gottgefällig sein, verblassen aber gegenüber den wahren Tugenden der Heiligen:

> [...] *dum illud constet inter omnes ueraciter pios, neminem sine uera pietate, id est ueri Dei uero cultu, ueram posse habere uirtutem, nec eam ueram esse, quando gloriae seruit humanae; eos tamen, qui ciues non sint ciuitatis aeternae, quae in sacris litteris nostris dicitur ciuitas Dei, utiliores esse terrenae ciuitati, quando habent uirtutem uel ipsam, quam si nec ipsam. Illi autem, qui uera pietate praediti bene uiuunt, si habent scientiam regendi populos, nihil est felicius rebus humanis, quam si Deo miserante habeant potestatem. Tales autem homines uirtutes suas, quantascumque in hac uita possunt habere, non tribuunt nisi gratiae Dei, quod eas uolentibus credentibus petentibus dederit, simulque intellegunt, quantum sibi desit ad perfectionem iustitiae, qualis est in illorum sanctorum angelorum societate, cui se nituntur aptare. Quantumlibet autem laudetur atque praedicetur uirtus, quae sine uera pietate seruit hominum gloriae, nequaquam sanctorum exiguis initiis conparanda est, quorum spes posita est in gratia et misericordia ueri Dei.* (Aug. *civ.* 5,19)

> [...] denn darüber sind alle wahrhaft Frommen einig, daß ohne wahre Frömmigkeit, d. h. ohne die wahre Verehrung des wahren Gottes niemand wahre Tugend besitzen könne und daß die Tugend, die sich in den Dienst des irdischen Ruhmes stellt, die wahre nicht ist; daß jedoch, wer nicht Bürger des ewigen Staates ist, der in unseren heiligen Schriften der Staat Gottes genannt wird, dem irdischen Staat größeren Nutzen schaffe, wenn er nur wenigstens diese Art von Tugend besitzt, als wenn er nicht einmal sie hat. Wenn aber solche, die in wahrer Frömmigkeit ein gutes Leben führen, die Kunst Völker zu regieren besitzen, so ist es für die Menschheit das größte Glück, wenn sie durch Gottes Erbarmnis die Gewalt haben. Solche Menschen jedoch führen ihre Tugenden, so groß oder klein, als sie sie hienieden haben können, ausschließlich auf Gottes Gnade zurück, weil er sie denen verleiht, die danach verlangen, an ihn glauben und darum bitten, und sehen zugleich auch ein, wieviel ihnen noch mangle bis zur vollkommenen Gerechtigkeit, wie sie sich findet in der Gemeinschaft der heiligen Engel, der sie sich anzugliedern streben. Und so sehr man die Tugend, die ohne wahre Frömmigkeit sich in den Dienst irdischen Ruhmes stellt, erheben und rühmen mag, sie kommt durchaus nicht den bescheidenen Anfängen der

Heiligen gleich, die ihre Hoffnung auf die Gnade und Barmherzigkeit des wahren Gottes setzen.

Damit grenzt sich Augustinus auch vom christlichen Rom-Patriotismus ab, den nicht wenige seiner Zeitgenossen (Paulus Orosius, Eusebius, Ambrosius, Hieronymus) vertraten und dem zufolge das gegenwärtige Zeitalter seit Konstantin den Lauf der Geschichte in einem christlichen Zeitalter vollendet, das die Identität von *Romanitas*, *humanitas* und *christianitas* herstellt.[7] Für Augustinus ist das Ideal der *civitas Dei* nicht im historischen Prozess zu verwirklichen; sie hat keine Heimat in der Zeit, sondern strebt als pilgernde Gemeinschaft der jenseitigen Glückseligkeit entgegen, die ihr durch die Gnade Gottes geschenkt wird.[8]

Dennoch ist der gegenwärtige Staat unter der Herrschaft christlicher Kaiser für Augustinus von Bedeutung – nicht als Verwirklichung einer Utopie, aber als Instrument der Kirchenpolitik. Das zeigt sich insbesondere im Donatistenstreit.

Die Donatisten stellten eine Abspaltung von der afrikanischen Kirche dar: Benannt nach Donatus von Karthago, ihrem Primas, bekämpften sie ab ca. 312 alle christlichen Amtsträger, die unter den Christenverfolgungen durch Diokletian vom Glauben abgefallen waren bzw. die heiligen Schriften und Gerätschaften zur Verbrennung ausgeliefert hatten. Solche Männer hatten nach donatistischer Auffassung – auch bei späterer Reue und Rückkehr in die Gemeinschaft der Kirche – die Berechtigung verloren, Sakramente zu erteilen; nach ihrem Urteil waren Priester- und Bischofsweihen, falls sie von den Abtrünnigen vollzogen worden waren, ungültig.

[7] Ausführlicher dazu Fortin (1997), 59-61.

[8] Vgl. Pfeilschifter (2017), 14: „Statt dessen verteufelte Augustinus den Staat nicht, und er vergötterte ihn nicht. Kaiser und Reich blieben blaß, für sein Welt- und Gottesbild spielten sie keine wesentliche Rolle. Und wir können einen dieser gar nicht so seltenen Scherze der Geschichte konstatieren: Effizienz und Effektivität des Imperium Romanum sicherten einem afrikanischen Denker einen Freiraum, den er zum Entwurf eines Ordnungsmodells nutzte, das ohne dieses Imperium auskam. So schuf Augustinus eine wesentliche Voraussetzung dafür, daß die lateinische Kirche recht unbeschadet den Untergang dieses Imperiums überlebte."

Der Donatismus machte also die Gültigkeit des Sakraments nicht von der kirchlichen Autorisierung durch Priester- oder Bischofsweihen abhängig, sondern von der individuellen Reinheit des Spenders. Damit vertrat er einen aus Augustinus' Sicht gefährlichen Subjektivismus und erschütterte die Autorität der Kirche. Die Donatisten sahen sich aber auch in Opposition zum Staat überhaupt, dem sie kein Mitwirkungsrecht an Missionierung oder theologischen Prozessen zugestanden. Hierin sah Augustinus eine Gefährdung der globalen Ausbreitung der Kirche, die allenfalls in kleinen Bereichen, nicht aber weltweit ohne bzw. gegen den Staat gelingen konnte.[9] Prinzipiell einverstanden mit der donatistischen Distanz zum Staat, hielt er den Staat doch für ein notwendiges Instrument zu Schutz und Stärkung der Kirche.

Der Donatistenstreit in der Provinz Africa war allerdings auch durch materielle Interessen mitgeprägt. Wer die Rechtmäßigkeit der Bischofsweihe in Frage stellte, bedrohte auch den kirchlichen Zugriff auf bedeutende finanzielle Mittel, die dem Episkopat zur Verfügung standen. Augustinus hatte hier also durchaus auch handfeste Vorteile für die Kirche im Blick. Dazu bediente er sich des Kaisertums, das auch seinerseits von der Ächtung der Donatisten profitierte. Kaiser Honorius ließ in Absprache mit Augustinus die Donatisten verfolgen und zog ihre Güter für den Staat ein.[10]

Die ‚katholische' Kirche hatte seit dem Ende der Christenverfolgung mehrmals von der kaiserlichen Autorität profitiert: Das Mailänder To-

[9] Flasch (1994), a.O. 164: „Im Streit mit den Donatisten entdeckte der Kirchenvater Augustin den Staat: Er forderte Gewaltmaßnahmen des Staates gegen christliche Häretiker."

[10] Vorausgegangen waren Begegnungen zwischen Donatisten und ihren kirchlichen Gegnern, bei denen unter anderem der kaiserliche Tribun Marcellinus, ein Freund Augustins und Widmumgsempfänger von *De civitate Dei*, als Schiedsrichter wirkte. Dazu Fuhrer (2004), 42: „Die enge zeitliche Nähe der Katastrophe von 410 und der staatlichen Maßnahmen in Africa gegen die Donatisten, die in der Widmung gerade dieser antipaganen Schrift an den antidonatistischen Schiedsrichter manifest wird, ist vielleicht nicht zufällig: Durch die immer wiederkehrenden Goteneinfälle war ja Rom nicht nur militärisch, sondern – infolge der von der gotischen Siegermacht angeordnete Zahlungen – auch finanziell geschwächt. Durch die Enteignung der Donatisten hat Honorius die Staatskasse wohl zumindest partiell sanieren können."

leranzedikt und vor allem die Einrichtung als Staatsreligion hatten ihre Ausbreitung gefördert; das durch Konstantin einberufene Konzil von Nicäa hatte nicht zuletzt mittels staatlicher Autorität den Streit zwischen Katholiken und Arianern geschlichtet und im Sinne der Einheit der Kirche gewirkt.

Augustinus hatte aber auch als Kind den Rückschlag unter dem sogenannten Apostaten Julian miterlebt, in dessen Regierungszeit die Christen wieder aus den Ämtern gedrängt und in einigen Teilen des Reiches auch verfolgt wurden. Das mag an der Kompromisshaltung mitwirken, die *De civitate Dei* prägt. Einer umfänglichen Akzeptanz des – nunmehr christlich geprägten – römischen *imperium* entzieht er sich. Seine schroffe Kritik an römischer Verkommenheit und römischen Lastern ist prinzipiell zeitlos, wird aber doch vor allem aus der römischen Geschichte abgeleitet. Die christlichen Kaiser erfahren bei ihm keine Kritik, aber sie sind auch nicht besonders prominent in seinem Werk. Mit Honorius hat er in der Verfolgung der Häretiker eng zusammengearbeitet. Eine umfänglichere Würdigung erfährt aber allein Theodosius. Am Ende von Buch 5 rühmt er ihn als Vorbild von Milde und Friedfertigkeit – um dann abschließend die Bedeutung seines kaiserlichen Amtes zu relativieren:

> *Haec ille secum et si qua similia, quae commemorare longum est, bona opera tulit ex isto temporali uapore cuiuslibet culminis et sublimitatis humanae; quorum operum merces est aeterna felicitas, cuius dator est Deus solis ueraciter piis. Cetera uero uitae huius uel fastigia uel subsidia, sicut ipsum mundum lucem auras, terras aquas fructus ipsiusque hominis animam corpus, sensus mentem uitam, bonis malisque largitur; in quibus est etiam quaelibet imperii magnitudo, quam pro temporum gubernatione dispensat.* (Aug. *civ.* 5,26)

> Diese und ähnliche gute Werke, die zu erwähnen zu weit führen würde, nahm er mit sich aus dem irdischen Dunstkreis, der auch die höchsten Gipfel menschlicher Hoheit umgibt; und der Lohn für diese Werke ist ewiges Glück, das Gott spendet und allein den wahrhaft Frommen spendet. Was es dagegen in diesem Leben gibt an ragenden Höhen oder an schlichten Behelfen, wie die Welt selbst, das Licht, die Luft, Erde, Wasser, Früchte, des

> Menschen Leib und Seele, Sinne, Geist, Leben, spendet er Guten und Bösen; und zu diesen Dingen zählt auch die Herrschaft in jedem beliebigen Umfang, wie er ihn zuteilt nach Maßgabe seines Weltregierungsplanes.

Nicht durch seine kaiserliche Stellung tut sich Theodosius hervor, sondern durch seine christlichen Tugenden. Allein in dieser Bewährung qualifiziert er sich für die *civitas Dei.* Denn die Herrschaft kann Guten und Bösen zuteilwerden, und Gott verfügt über sie im Rahmen seines Heilsplans.

Zuvor (5,24) hat Augustinus grundsätzlich erläutert, dass die weltlichen Herrscher nicht wegen ihrer Macht als glücklich zu betrachten sind – denn weltliche Macht besaßen auch die heidnischen Verehrer der falschen Götter – sondern allein dann, wenn sie gerecht regieren, sich nicht dem Hochmut hingeben, ihre Macht dazu benutzen, den wahren Glauben zu verbreiten und überhaupt die Tugenden der Milde, Mäßigung und *beneficentia* besitzen:

> *Neque enim nos Christianos quosdam imperatores ideo felices dicimus, quia uel diutius imperarunt uel imperantes filios morte placida reliquerunt, uel hostes rei publicae domuerunt uel inimicos ciues aduersus se insurgentes et cauere et opprimere potuerunt. Haec et alia uitae huius aerumnosae uel munera uel solacia quidam etiam cultores daemonum accipere meruerunt, qui non pertinent ad regnum Dei, quo pertinent isti; et hoc ipsius misericordia factum est, ne ab illo ista qui in eum crederent uelut summa bona desiderarent. Sed felices eos dicimus, si iuste imperant,* [...]. (Aug. *civ.* 5,24)

> Denn wir unsererseits bezeichnen einige von den christlichen Kaisern allerdings als glücklich, aber nicht deshalb, weil sie verhältnismäßig lang regiert haben oder weil sie ruhig sterben konnten, ihren Söhnen eine gefestete Herrschaft hinterlassend, oder weil sie die Feinde des Staates bezwungen haben oder weil es ihnen vergönnt war, Bürgeraufstände gegen ihre Regierung hintanzuhalten oder niederzuwerfen. Derlei Spende und Tröstung in dieses Lebens Mühsal ward auch manchen Dämonenanbetern gewährt, die am Reiche Gottes keinen Anteil haben, wie jene; und das hat Gott so gefügt aus Erbarmnis, damit die, die an ihn glauben würden, solche Güter nicht als die höchsten von ihm begehrten. Vielmehr nennen wir sie glücklich, wenn sie ein gerechtes Regiment führen, [...].

Nicht am äußeren Erfolg ihrer Herrschaft, sondern an ihren christlichen Tugenden werden die Herrscher gemessen. Dazu gehört freilich auch die Bereitschaft, an der Stabilisierung der Kirche mitzuwirken.

Gegen die donatistische Staatsfeindlichkeit sucht Augustinus seinen Frieden mit dem Staat zu machen, den er als Instrument zum Schutz der Kirche, ihrer Ausbreitung und ihrer Reinigung von Häresien braucht. Er tut dies aber nicht gemäß einem Rom-freundlichen Weltbild, das in der konstantinischen Wende den Neubeginn einer staatlich garantierten christlichen Heilszeit sieht. Vielmehr rückt er das Verhältnis von Staat und Kirche in eine gewisse Offenheit. Der göttliche Heilsplan verwirklicht sich weder im Staat, noch gegen den Staat, sondern jenseits des Staates.[11] Das politische *imperium* ist nicht die Heimat der *civitas Dei*, die auf einer übergeordneten metaphysischen Ebene angesiedelt ist: Es gibt zwar Überschneidungen und Schnittmengen; heilsgeschichtlich ist die politische Staatsform und die Qualität der Regierenden aber irrelevant.

## 5. Das Menschenbild

Wenn Kurt Flasch Augustins umfängliches Gesamtwerk in drei zeitlich differenzierte Gruppen ordnet,[12] verdeutlicht er einen Entwicklungsprozess, in dem sich Augustinus zunehmend von seiner Prägung durch die antike Literatur und Philosophie befreit, zugleich aber auch in wachsend dogmatischem Maße kirchenpolitischen Zwecken einer Stärkung und Ausbreitung des christlichen Glaubens verpflichtet ist: Eine erste Schriftengruppe, entstanden zwischen 386 und 388, also kurz nach seiner Taufe in Mailand, umfasst die Dialoge von Cassiciacum. Sie tragen

[11] Vgl. Horn (1997), 15: „Die Romfeindschaft zahlreicher Kirchenväter teilt er ebensowenig wie die Politikverachtung der Donatisten. Er empfiehlt christlichen Lesern politische Loyalität gegenüber dem Staat und schätzt einerseits die Tugenden von christlich motivierten Herrschern, ohne andererseits ihre Einflußmöglichkeiten für sehr weitreichend zu halten."

[12] Flasch (1994), 13f. Einen systematischen Werküberblick bietet Fuhrer (2004), 57–60.

eine starke philosophische Prägung und gehen aus von der Vereinbarkeit antiker Philosophie, vor allem des Neuplatonismus und seiner monotheistischen Theologie, mit christlichem Denken.

Eine zweite Gruppe gehört der Übergangszeit der Jahre 388–395 an und ist bereits in Africa abgefasst. Hier distanziert sich der mittlerweile zum Priester geweihte Augustinus nicht nur dezidiert von den Manichäern (*De Genesi contra Manichaeos*), sondern auch vom Platonismus und der Philosophie überhaupt (*De vera religione*): Trotz einiger grundlegender Übereinstimmung mit dem Christentum könne die Philosophie den Menschen nicht zur Glückseligkeit führen, die allein der christliche Glaube und Kult garantieren.

Die dritte und letzte Werkgruppe Augustins umfasst die zwischen 395 und 430 entstandenen Schriften aus seiner Zeit als Bischof. Hierzu gehören die 397/8 verfassten *Confessiones* und *De civitate Dei* (413–426). Die *Confessiones* entfalten Augustinus' Abkehr vom antiken Bildungskosmos, dem er in seiner Tätigkeit als Redelehrer und kaiserlicher Rhetor in Mailand noch tief verpflichtet war, und führen den ‚Bekennenden' zu einer neuen von Askese und Ergebung in den göttlichen Willen geprägten Existenz. Exemplarisch vermitteln sie damit ein neues Menschenbild, das in schroffem Widerspruch zum Bildungsideal antiker *humanitas* oder zum paganen Ideal sittlicher Autarkie steht. *De civitate Dei* stellt den etablierten Weltbildern und Geschichtskonzepten ein gedankliches System der Entweltlichung und Enthistorisierung entgegen.

Die zunehmende Distanzierung von und Abrechnung mit Rom und der heidnischen Antike überhaupt in *De civitate Dei* markiert das Ende eines Prozesses, zu dessen Beginn Augustinus noch von der weitgehenden Vereinbarkeit des antiken Welt- und Menschenbildes mit dem Christentum ausgeht. Von dieser versöhnlichen Haltung distanziert er sich zunehmend; ein Prozess, an dem innerkirchliche Streitigkeiten, seine eigene zunehmend pessimistische Konzeption vom Menschen und dessen Errettung durch die göttliche Gnade und sein wachsender Rang in der Institution Kirche bedeutend mitwirken. Aus dem intellektuell geprägten jugendlichen Sektierer ist der mächtige Bischof von Hippo Regius geworden, dessen Ziel eine allumfassende Weltkirche ist.[13]

Aus dem augustinischen Diesseits-Jenseits-Dualismus, der dem Leben in der Welt nur die Rolle eines Übergangs zuweist, erwächst eine deutliche Zurückweisung des antiken Ideals vom tätigen Staatsbürger und *virtus*-Träger: „Die Vorstellung eines endzeitlichen Gerichts relativiert [...] jeden geschichtlichen Tun-Ergehens-Zusammenhang; persönlicher oder politischer Erfolg und Mißerfolg steht zur moralischen Qualität der Handlungen in keiner unmittelbaren Relation."[14] Augustinus versteht den gottgefälligen Christen nicht als in der Welt und für seine Mitmenschen wirkenden Akteur; Bewährung ereignet sich weit eher im Leiden als im Handeln.

In seiner Gnadenlehre führt Augustinus die Erlösung des Menschen, also seine Teilhabe an der *civitas Dei*, allein auf die göttliche Gnade zurück. Im Sündenfall Adams im Paradies sieht er eine Urschuld begründet, die sich auf alle Nachfahren Adams vererbt: Sie alle werden mit der ‚Erbsünde' geboren und können diese Schuld nicht in eigener Leistung abbüßen; sie bedürfen dazu eines göttlichen Gnadenaktes.

Für Augustinus kann das – im Zusammenhang mit der nicht hinterfragbaren Allmacht und dem Allwissen Gottes – nur bedeuten, dass von Anfang der Schöpfung an festgelegt ist, wer die Erlösung erfahren wird. Dieses deterministische Konzept entlastet den Menschen von dem Anspruch, sich selbst zu vervollkommnen, entwertet ihn aber auch: Es leugnet die Freiheit des menschlichen Willens und sieht den Menschen

[13] Vgl. Jaspers (1957), 123: „Die allgemein menschliche Grunderfahrung, bei wirklichem Ernst des eigenen Tuns doch mich ergriffen zu wissen von dem, was nicht ich selber bin, daher mit meinem Tun im Dienste zu stehen, nimmt bei Augustin die bestimmte historische Gestalt des Dienstes in dieser Kirche an.

Bei Augustin ist der große Vorgang auf dem höchsten kirchlich erreichten geistigen Niveau im Ursprung zu studieren. Die Möglichkeiten schienen bei ihm manchmal noch weiter, noch offener, als sie sich später zeigten, nahmen dann aber auch schon bei Augustin selbst die ganz bestimmten Fassungen an, durch die auf den Geleisen kirchlicher Macht, die längst gelegt waren, das Selbstbewußtsein dieser Macht sich verstand."

[14] Horn (1997), 5.

durchgängig unter dem Stigma der Erbsünde, also als von Lastern und Versuchungen getriebenes Wesen an.

Ein deterministisches Weltbild vertrat schon die stoische Philosophie, die dafür vor allem von den Epikureern viel Kritik erntete; demnach liegt alles Geschehen im Vorwissen des *logos*; von ihm geht das *fatum* aus, das sich unbeirrbar vollzieht. Die epikureische Kritik entwickelte aus diesem Gedanken die Frage nach der Verantwortung des Menschen für seine Handlungen: Wie konnte ein Mensch subjektiv schuldig werden, wenn dieses Schuldig-Werden für ihn vorherbestimmt war?

Diese Problematik nimmt Augustinus in *De civitate Dei* durchaus zur Kenntnis: Nicht ohne Raffinesse handelt er den Widerspruch zwischen *fatum* und *liberum arbitrium* anhand der entsprechenden Darlegungen bei Cicero ab, der den stoischen Determinismus zurückweist (Cic. *div.* 2). Gegen den *fatum*-Glauben setzt er den Glauben an den einzigen und allwissenden Gott, um dann – ganz in stoischer Methodik – die Vereinbarkeit von göttlichem Vorherwissen und menschlicher Freiheit zu verteidigen:

> *Nos aduersus istos sacrilegos ausus atque impios et Deum dicimus omnia scire antequam fiant, et uoluntate nos facere, quidquid a nobis non nisi uolentibus fieri sentimus et nouimus.* [...] *Non est autem consequens, ut, si Deo certus est omnium ordo causarum, ideo nihil sit in nostrae uoluntatis arbitrio. Et ipsae quippe nostrae uoluntates in causarum ordine sunt, qui certus est Deo eiusque praescientia continetur, quoniam et humanae uoluntates humanorum operum causae sunt; atque ita, qui omnes rerum causas praesciuit, profecto in eis causis etiam nostras uoluntates ignorare non potuit, quas nostrorum operum causas esse praesciuit.* (Aug. *civ.* 5,9)

> Diesen verdammlichen und gottlosen Versuchen gegenüber behaupten wir, daß einerseits Gott alles weiß, bevor es geschieht, und daß andrerseits wir all das mit freiem Willen tun, was immer wir nach dem Zeugnis unserer Empfindung und unseres Bewußtseins nur mit freiem Willen tun. [...]. Aber wenn bei Gott die Ordnung aller Ursachen feststeht, so folgt daraus noch nicht, daß nichts der freien Entscheidung unseres Willens anheimgegeben sei. Es befindet sich nämlich eben unser Wille auch unter der Ordnung der Ursachen, die bei Gott feststeht und in sein Vorherwissen aufgenommen ist, weil auch der Wille des Menschen Ursache der Betätigung des Menschen

> ist. Und sonach mußte dem, der die Ursache aller Dinge vorauswußte, natürlich auch unter diesen Ursachen unser Wille bekannt sein, von dem er vorauswußte, daß er Ursache unserer Handlungen sei.

Die Freiheit des Menschen liegt nach Augustinus in der „freien Zustimmung zum Willen Gottes". Denn aus sich heraus vermag der Mensch nur das Böse, „zur Realisierung des Guten bedarf es eines göttlichen Beistands, der Gnade, die ihrerseits aber die freie Zustimmung bzw. Offenheit des menschlichen Willens für sie voraussetzt."[15] Damit stellt sich Augustinus in Widerspruch zu einer vor allem in der Westkirche einflussreichen Sekte, die noch umfassender als die Donatisten einen Sonderweg innerhalb der christlichen Kirche verfolgte: die Pelagianer. Namensgeber ist der Brite Pelagius (ca. 350–420), der um 390 nach Rom gekommen war und dort mit seinem Schüler Caelestius und anderen eine Reformbewegung asketischer Prägung hervorbrachte. Von der katholischen Lehre weichen die Pelagianer vor allem hinsichtlich von Erbsünde und Kindertaufe ab; zugrunde liegt ein weit optimistischeres Menschenbild. Die Pelagianer verstehen den Sündenfall Adams nicht als nachwirkend, weisen also nicht jedem Menschen von Geburt an eine Erbschuld zu.[16] Insofern bedarf es keines göttlichen Gnadenaktes für die Erlösung; vielmehr hat jeder Mensch die Chance und Fähigkeit, sein Leben so zu gestalten, dass er die Gnade verdient. Das pelagianische Menschenbild, das „dem uralten pagan-philosophischen Menschenbild entspricht", bewertet Augustinus als Hochmut (*superbia*) und stellt ihm „das Gottvertrauen gegenüber".[17] Dass in diesem optimistischeren Menschenbild antike Vorstellungen weiterlebten, war ihm durchaus bewusst: Nicht zufällig ist der Vorwurf der *superbia* in *De civitate Dei* gegenüber den Menschen der Antike fast omnipräsent.

Augustinus war einer der erbittertsten Gegner der Pelagianer, deren Verurteilung als Häretiker er schließlich durchsetzte. Seine Argumente

[15] Peetz (1997), 67.

[16] Die Leugnung der Erbschuld führt auch zur Ablehnung der Kindertaufe, die sich in dieser Zeit gerade durchzusetzen begann. Das schuldlos geborene Kind bedarf des Erlösungsaktes der Taufe (noch) nicht.

[17] Fuhrer (2004), 45.

beruhen unter anderem auf Bibelworten, die die Gnade Gottes gegen Sünde und Verführung anrufen; letztlich dürfte es ihm aber auch hier eher pragmatisch um die Einheit der Kirche gegangen sein – zumal die Pelagianer und ihr positives Menschenbild, das dem einzelnen die Verantwortung und die Fähigkeit zusprach, den Weg zum Heil zu finden, gerade in den gebildeten Schichten auf viel Zustimmung stießen und so die Einheit der Kirche gefährdeten.

## 6. Die Polemik gegen die Antike

Augustinus' Methodik der Antike-Kritik hat deutlichen Unterweisungscharakter und steht der Gattung der Diatribe nahe. In kleinen Textabschnitten werden Themen aufgeworfen und in Details entfaltet; dabei bedient Augustinus sich gelegentlich eines Interlocutors und lässt so eine Art Dialog entstehen zwischen einem gebildeten Kenner und Liebhaber der antiken Literatur und dem dogmatischen Verfechter des Christentums – kaum zufällig hat der Leser mitunter den Eindruck, dass hier der junge Augustinus mit dem Bischof Augustinus streitet. Dieses Verfahren dient nicht nur dazu, die Einwände vorweg zu nehmen, die Verteidiger der antiken Kultur und Religion vorbringen könnten; sie demonstriert ebenso die umfassende Bildung des Verfassers im Bereich der *Artes*.

Augustinus stützt sich nicht selten auf die prominentesten Texte der römischen Literatur, die er sowohl als Quelle für die Absurdität antiker Glaubensinhalte und ethischer Vorschriften einsetzt wie auch als Beleg für die Verwerflichkeit römischer Sitten und des römischen Staates überhaupt.[18] Die Schärfe seiner Kritik gibt einen Hinweis auf sein intendiertes Publikum: Es sind nicht so sehr die glaubensfesten Christen, sondern vielmehr alle diejenigen, die sich dem römischen Staat und überhaupt der Kultur der Antike mit ihren religiösen Riten und Festen, ihren Mythen und ihrer Literatur innerlich noch eng verbunden fühlen.[19]

[18] Die Vielzahl der rezipierten antiken Quellen sammelt und kommentiert Angus (1906).
[19] Vgl. Fortin (1997), 61: „Only by downplaying the merits of Roman political life and focusing on its defects could Augustine hope to persuade the pagan ‚holdouts' of his day that the time had come to embrace the new faith."

Seine Ablehnung richtet sich natürlich in erster Linie auf den paganen Götterkult, den er als nutzlos für das Wohl der Menschen, in seiner Kultpraxis anstößig und in seiner Dogmatik absurd aufzuweisen sucht. Ich gebe einige Textbeispiele:

Gleich in 1,3 zitiert er aus Vergils *Aeneis* Iunos Rede, mit der sie Aeolus gegen die Troianer aufstachelt, und verweist auf die Kennzeichnung der troianischen Götter als Besiegte ([...] *victosque penates*, Verg. *Aen.* 1,86). Mit offensichtlicher Freude an der Pointe kehrt er die Verhältnisse um: Diese Götter konnten Rom nicht schützen, umgekehrt überlebten sie nur, weil die Römer sie schützten:

> *Quanto enim sapientius creditur, non Romam ad istam cladem non fuisse uenturam, nisi prius illi perissent, sed illos potius olim fuisse perituros, nisi eos quantum potuisset Roma seruasset!* (Aug. *civ.* 1,3)

> Hätte Rom sie nicht nach Kräften vor dem Untergang bewahrt, sie wären längst verschwunden; diese Annahme ist viel vernünftiger als die gegenteilige, daß Rom nicht zu Fall gekommen wäre, wenn sie nicht vorher verschwunden wären.

Die zahlreichen Zuschreibungen von Wirkungsbereichen und Machtausübungen an die Götter führt Augustinus unter Hinweis auf die zahlreichen Überschneidungen ihrer Zuständigkeiten und Namen *ad absurdum.* In historischen Exkursen weist er die Wirkungslosigkeit der Götterverehrung auf: Der Tempel der *Concordia* konnte die Eintracht im Staat nicht stärken (3,25 und 26) – und warum überhaupt erhält sie göttlichen Status, *Discordia* aber nicht? Sein Hauptvorwurf gegen die paganen Götter ist aber, dass sie nicht dazu beigetragen haben, die Sitten der Menschen zu verbessern; vielmehr haben sie Mord und Ehebruch geduldet (3,3 und 3,6) und auch selbst praktiziert und ihren Anhängern schändliche Formen des Kults – etwa in den *spectacula* – auferlegt (1,32; 2,4).

Unter dem Aspekt ihres moralischen Versagens konfrontiert er die Götter mit dem Moral-Lehrer Persius: Während dieser die Römer zu bessern suchte, sannen sie auf das moralische Versagen ihrer Anhänger:

> *Hinc est quod de uita et moribus ciuitatum atque populorum a quibus colebantur illa numina non curarunt, ut tam horrendis eos et detestabilibus malis non in agro et uitibus, non in domo atque pecunia, non denique in ipso corpore, quod menti subditur, sed in ipsa mente, in ipso rectore carnis animo, eos impleri ac pessimos fieri sine ulla sua terribili prohibitione permitterent.* (Aug. *civ.* 2,6)
>
> Diese böswillige Absicht bestimmte die Götter, sich um die Lebensführung und die Sitten der sie verehrenden Staaten und Völker nicht zu kümmern; sie ließen es vielmehr zu, ohne irgendwie ein abschreckendes Verbot einzulegen, daß ihre Verehrer – nicht etwa an Feldern und Weinbergen, nicht an Haus und Gut, nicht am Leibe, der dem Geiste untergeordnet ist, sondern – gerade am Geiste, dem Gebieter des Leibes, in schauerliche und fluchwürdige Übel versanken und ganz entsittlicht wurden.

Der engagierte Appell am Ende des 2. Buches setzt gar die heidnischen Götter mit den Dämonen gleich:

> *Noli deos falsos fallacesque requirere; abice potius atque contemne in ueram emicans libertatem. Non sunt dii, maligni sunt spiritus, quibus aeterna tua felicitas poena est.* [...] *Incomparabiliter superna est ciuitas clarior, ubi uictoria ueritas, ubi dignitas sanctitas, ubi pax felicitas, ubi uita aeternitas. Multo minus habet in sua societate tales deos, si tu in tua tales homines habere erubuisti. Proinde si ad beatam peruenire desideras ciuitatem, deuita daemonum societatem. Indigne ab honestis coluntur, qui per turpes placantur. Sic isti a tua pietate remoueantur purgatione Christiana, quo modo illi a tua dignitate remoti sunt notatione censoria.* (Aug. *civ.* 2,29)
>
> Geh' nicht den falschen und trügerischen Göttern nach; weg damit, verachte sie, erhebe dich zur wahren Freiheit! Sie sind keine Götter, böse Geister sind sie, für die deine ewige Seligkeit eine Pein ist. [...] Unvergleichlich herrlicher ist die himmlische Gemeinde, in der Sieg und Wahrheit, Würde und Heiligkeit, Friede und Seligkeit, Leben und Ewigkeit herrschen. Wenn du in deiner Gemeinschaft schon solche Menschen zu haben dich schämtest, so gibt es in jener Gemeinschaft noch viel weniger solche Götter. Wenn du dich also sehnst, zur seligen Gemeinde zu gelangen, so meide die Gemeinschaft mit den Dämonen. Unwürdig der Verehrung der Rechtschaffenen sind die, die Versöhnung durch Ehrlose entgegennehmen. Wie die Schauspieler durch zensorische Rüge von deinem Ehrenstand ausgeschlossen

> worden sind, so sollen die Götter durch die christliche Reinigung vor deiner Verehrung ausgeschlossen werden.

Vor allem wegen der Dämonenlehre polemisiert Augustinus nicht nur gegen den paganen Polytheismus, sondern auch gegen neuplatonische Philosophie, die er wegen ihres Monotheismus in den frühen Schriften noch würdigt: Dass die Dämonen eine Mittel- und Mittlerstellung zwischen Gott und Menschen annehmen, widerspricht dem christlichen Glauben. Die Existenz der Dämonen bestreitet Augustinus allerdings nicht. Für ihn sind sie böse Geister – die gefallenen Engel:

> [...] *restat, ut nullo modo credendum sit, quod Apuleius persuadere nititur et quicumque alii sunt eiusdem sententiae philosophi, ita esse medios daemones inter deos et homines tamquam internuntios et interpretes, qui hinc ferant petitiones nostras, inde referant deorum suppetias; sed esse spiritus nocendi cupidissimos, a iustitia penitus alienos, superbia tumidos, inuidentia liuidos, fallacia callidos, qui in hoc quidem aere habitant, quia de caeli superioris sublimitate deiecti merito inregressibilis transgressionis in hoc sibi congruo uelut carcere praedamnati sunt; nec tamen, quia supra terras et aquas aeri locus est, ideo et ipsi sunt meritis superiores hominibus, qui eos non terreno corpore, sed electo in auxilium Deo uero pia mente facillime superant.* (Aug. *civ.* 8,22)

> [...] und demnach bleibt nur übrig, daß man keineswegs zu glauben hat, was Apuleius und alle anderen Philosophen, die der gleichen Ansicht huldigen, glauben machen wollen, daß nämlich die Dämonen in der Weise von Vermittlern und Zwischenboten Mittelglieder seien zwischen den Göttern und den Menschen mit der Aufgabe, von hier aus unsere Bitten emporzutragen und von dort her die Hilfe der Götter herabzubringen; vielmehr hat man zu glauben, daß sie Geister seien, brennend vor Begierde zu schaden, aller Gerechtigkeit bar, von Hochmut aufgeblasen, blaß vor Neid, in Ränken geübt, in der Luft zwar hausend, weil sie wegen einer nicht mehr gut zu machenden Übertretung aus der Herrlichkeit des oberen Himmels herabgestürzt und vorerst zu diesem Aufenthalt wie zu dem für sie geeigneten Kerker verurteilt sind, ohne jedoch deshalb, weil die Luft über Wasser und Land ihre Stätte hat, an Wert den Menschen überlegen zu sein, die vielmehr sie weit überragen, nicht dem erdhaften Leibe nach, wohl aber an frommer Gesinnung, wofern sie den wahren Gott zu ihrem Beistand wählen.

Wenngleich Augustinus akzeptiert, dass die Philosophie der Neuplatoniker bei allen Mängeln in einigen Fragen richtige Antworten gibt,[20] bestreitet er grundsätzlich den Nutzen der Philosophie, die laut Augustinus nicht zu dem Ziel führt, das sie verheißt: Glückseligkeit.

> *Et quidam eorum quaedam magna, quantum diuinitus adiuti sunt, inuenerunt; quantum autem humanitus impediti sunt, errauerunt, maxime cum eorum superbiae iuste prouidentia diuina resisteret, ut uiam pietatis ab humilitate in superna surgentem etiam istorum comparatione monstraret; unde postea nobis erit in Dei ueri Domini uoluntate disquirendi ac disserendi locus. Verum tamen si philosophi aliquid inuenerunt, quod agendae bonae uitae beataeque adipiscendae satis esse possit: quanto iustius talibus diuini honores decernerentur.* (Aug. *civ.* 2,7)

> Manche von ihnen haben wichtige Entdeckungen gemacht, soweit ihnen Gott seine Hilfe lieh; soweit ihnen aber menschliche Beschränktheit hinderlich war, sind sie in die Irre gegangen, vorab weil ihrem Hochmut die göttliche Vorsehung mit Recht widerstand, um auch an ihnen, nur eben im Widerspiel, zu zeigen, daß der Weg der Frömmigkeit von der Demut seinen Ausgang nehme und emporführe, ein Punkt, über den sich, wenn es der Wille Gottes des wahren Herrn ist, später Gelegenheit zur Untersuchung und Erörterung finden wird. Indes, wenn die Philosophen auf etwas gekommen sind, was zur Führung eines rechtschaffenen und zur Erlangung eines glückseligen Lebens hinreichend sein kann, wieviel billiger wäre es dann, ihnen göttliche Ehren zuzuerkennen!

Ganz dem jeweiligen Argumentationszweck untergeordnet ist der Rekurs auf antike Texte.[21] Sie dienen ihm zur Bestätigung, wo sie die sittliche Dekadenz der Römer kritisieren; von denselben Autoren distanziert

[20] Vgl. Flasch (1994), 291: „Sie kannten nicht die Weisheit der göttlichen Abstiegsbewegung in eine Welt, die Widerstand leistet; ihre Werttafel kannte nicht die Auszeichnung der Kleinen, der Mühseligen und Beladenen. Ihre philosophische Theologie des weltbegründenden Gottes und des göttlichen Logos beanstandete Augustin nicht; er sagt ausdrücklich, das Christentum denke darin nicht anders. Augustins endgültige Kritik an den Neuplatonikern läuft darauf hinaus, daß sie zwar das Ziel richtig erkannten, aber den Weg nicht fanden, der zu ihm führt."

[21] Pollmann (1997), 26 unterscheidet drei Verfahrensweisen der Antike-Rezeption: die „radikale, unvereinbare Antithese zwischen negativem Heidentum und positivem Christentum", „die Ausspielung kritischer, paganer Stimmen gegen das durch diese selbst

sich Augustinus, wenn ihre Thesen seinen Interessen nicht entsprechen. So beruft er sich auf Sallusts Urteil über den Niedergang des Staates und der Moral seiner Bürger, sucht aber dessen Geschichtsbild einer moralisch einwandfreien römischen Frühzeit zu widerlegen:

> *Porro si illa tempora talia reperiuntur, quibus pulcherrima atque optima fuisse praedicatur Romana res publica, quid iam de consequenti aetate dicendum aut cogitandum arbitramur, cum «paulatim mutata, ut eiusdem historici uerbis utar, ex pulcherrima atque optima pessima ac flagitiosissima facta est,» post Carthaginis uidelicet, ut commemorauit, excidium?* (Aug. *civ.* 2,18)
>
> Wenn sich nun aber schon diese Zeiten, in denen es um den römischen Staat gar herrlich und gut stand nach seinen Lobrednern, in solchem Lichte zeigen, wie haben wir dann wohl über den folgenden Zeitabschnitt zu urteilen, da „sich allmählich", um mich der Worte desselben Geschichtsschreibers zu bedienen, „der Wandel vom herrlichsten und besten Staate zum schlechtesten und sittenlosesten vollzog", nämlich nach der Zerstörung Karthagos, wie er erwähnt hat?

Im Rekurs auf Ciceros *De re publica* weist er nach, dass Rom niemals einen wirklichen Staat darstellte – denn ein solcher kann laut Cicero nur auf der *iustitia* beruhen, die aber in der *res publica Romana* nie verwirklicht war (Aug. *civ.* 2,21).[22] Noch destruktiver ist sein Umgang mit den römischen *exempla*. Um den Nachweis zu führen, dass Tugend nicht mit einem Leben im falschen Glauben vereinbar ist, geht er ausführlicher auf drei Personen ein, die geradezu als Symbolfiguren römischer Werte galten: Lucretia, deren Selbstmord nach der Vergewaltigung durch Sextus Tarquinius die Vertreibung der Könige und den Wandel Roms zur *res publica* auslöste; Regulus, der sich seinem Eid getreu

kritisierte Heidentum", „die prinzipielle Anerkennung positiver paganer Vorbilder, Werte und Verhaltensweisen, die jedoch durch das Christentum innerhalb von dessen umgreifenden heilsgeschichtlichen Rahmen überboten und vollendet werden."

[22] Vgl. Fortin (1997), 48: „Augustine does not disagree with Cicero's definition. The philosophers are right in pointing to justice as the healthy condition of cities, but they are unable to secure its performance."

Hannibal auslieferte, und Cato Uticensis, der den Tod in Freiheit einem Leben von Caesars Gnade vorzog.

Die Beschäftigung mit Regulus und Lucretia steht zunächst noch im engeren Kontext seiner Auseinandersetzung mit der *clades Romana* des Jahres 410: Bei dieser Gelegenheit waren auch christliche Frauen, darunter auch Nonnen, vergewaltigt worden, ein heikles Thema, dem sich Augustinus recht ausführlich widmet. Im Zentrum seiner Argumentation steht die Differenzierung zwischen dem Leib und der Seele; nur diese ist Instanz des Willens:

> *Sit igitur in primis positum atque firmatum uirtutem, qua recte uiuitur, ab animi sede membris corporis imperare sanctumque corpus usu fieri sanctae uoluntatis, qua inconcussa ac stabili permanente, quidquid alius de corpore uel in corpore fecerit, quod sine peccato proprio non ualeat euitari, praeter culpam esse patientis.* (Aug. *civ.* 1,16)

> Zunächst also müssen wir hier ein für allemal feststellen, daß die Tugend, sofern sie die Grundlage des guten Lebens ist, vom Sitze der Seele aus über die Glieder des Leibes gebietet und daß der Leib heilig werde durch den Besitz eines heiligen Willens und daß, wenn dieser Wille unerschütterlich und standhaft bleibt, all das, was ein anderer mit oder an dem Leibe macht, wenn man dem, ohne selbst zu sündigen nicht entgehen kann, eine Schuld bei dem leidenden Teil nicht nach sich zieht.

Die vergewaltigte Frau ist also nicht schuldig. Wichtiger als diese für den modernen Leser selbstverständliche Rechtfertigung ist für ihn die Folgerung: Da sie nicht schuldig ist, verdient sie nicht den Tod; der Selbstmord ist ihr also – wie allen Menschen – verboten.

Die Frage, ob der Selbstmord zu rechtfertigen sei, ist in der Antike und auch im Judentum unterschiedlich beantwortet worden.[23] Eine grundsätzliche Ablehnung des Suizids, die Platon und Aristoteles ebenso wie das jüdische Gesetz aussprechen, wird gewöhnlich durch ‚Härtefallregelungen' gemildert. Augustinus lehnt den Selbstmord kategorisch ab;

[23] Vgl. Brandt (2010), 45–56. – Aus der Tatsache, dass zwölf Kapitel von *De civitate Dei* dem Thema Selbstmord gewidmet sind, schließt Walsh (Bd. 1, 2005, 186), die Berechtigung zum Suizid sei nach dem Fall Roms auch unter Christen kontrovers diskutiert worden.

er ist Mord. Diesen Grundsatz wendet er nun auf den römischen Gründungsmythos an: Lucretia hatte kein Recht, sich zu töten – vielmehr hat sie im Selbstmord eine unschuldige Frau (scil. sich selbst) umgebracht:

> *Sed quid est hoc, quod in eam grauius uindicatur, quae adulterium non admisit? nam ille patria cum patre pulsus est, haec summo est mactata supplicio. Si non est illa inpudicitia qua inuita opprimitur, non est haec iustitia qua casta punitur. Vos appello, leges iudicesque Romani. Nempe post perpetrata facinora nec quemquam scelestum indemnatum inpune uoluistis occidi. Si ergo ad uestrum iudicium quisquam deferret hoc crimen uobisque probaretur non solum indemnatam, uerum etiam castam et innocentem interfectam esse mulierem, nonne eum, qui id fecisset, seueritate congrua plecteretis? Hoc fecit illa Lucretia; illa, illa sic praedicata Lucretia innocentem, castam, uim perpessam Lucretiam insuper interemit. Proferte sententiam.* (Aug. *civ.* 1,19)

> Aber wie kommt es, daß die, die den Ehebruch nicht begangen hatte, eine schwerere Strafe davontrug? Der Wüstling wurde nämlich mitsamt seinem Vater verbannt, die Frau aber traf die härteste aller Strafen. Wenn Erleiden von Vergewaltigung keine Unkeuschheit, so ist Bestrafung einer keuschen Frau keine Gerechtigkeit. Euch rufe ich auf, römische Richter und Gesetze! Ihr wolltet ja unter Strafe bei vorfallenden Verbrechen nicht einmal den Übeltäter, bevor er verurteilt wäre, dem Tod überliefert wissen. Brächte man also dieses Verbrechen vor euer Gericht und bewiese man euch, daß hier ein Weib nicht nur ohne vorgängiges Urteil, sondern selbst ein keusches und schuldloses Weib zu Tode gebracht worden sei, würdet ihr den, der das getan, nicht mit gebührender Strenge strafen? Das hat Lucretia getan, ja, die vielgepriesene Lucretia hat die schuldlose, keusche, vergewaltigte Lucretia auch noch getötet. Füllet das Urteil!

Augustinus zerrt Lucretia gewissermaßen vor ein römisches Gericht, um sie anzuklagen. An das Rechtssystem des römischen Staates selbst appelliert er, um den Vorbildcharakter der Lucretia zu dekonstruieren. Indem er solcherart der selbstbestimmten Behauptung von weiblicher Ehre, Würde und Integrität, die im antiken Denken den Rang Lucretias ausmacht und Teil des Gründungsaktes einer *libera res publica* ist, die Verpflichtung auf ein übergeordnetes Rechts- und Moralprinzip entgegenstellt, das den Mord wie den Selbstmord kriminalisiert, entwertet er sowohl die politische Bedeutung wie auch das Pathos der Lucretia-Figur.[24]

Ausgehend vom Verbot des Selbstmords verurteilt er auch Cato, der sich in Utica selbst tötete, um nicht in Caesars Hände zu fallen (Aug. *civ.* 1,23). Hier wird auch deutlich, inwieweit die Ethik von Askese und Leidensfähigkeit Augustinus' Denken prägt. Er konfrontiert Cato mit dem alttestamentarischen Hiob, der sein Leid standhaft ertrug, und mit dem römischen Feldherrn Regulus (Aug. *civ.* 1,24), der als Kriegsgefangener Hannibals nach Rom entsandt wurde, um über einen Gefangenenaustausch zu verhandeln, und nicht nur von einem solchen Austausch abriet, sondern auch – getreu einem Hannibal gegebenen Schwur – in die Gefangenschaft zurückkehrte. Letztlich ist Cato Uticensis in Augustinus' Urteil nicht für die Freiheit, sondern für seinen Stolz gestorben: Er gönnte Caesar nicht den Triumph, ihn gefangen zu nehmen.

Bei Regulus folgt Augustinus der Version, nach der Hannibal den Römer foltern und töten ließ, und rühmt zunächst seine Eidtreue:

> *Tantus itaque uitae huius contemptor, cum saeuientibus hostibus per quaslibet poenas eam finire quam se ipse perimere maluit, magnum scelus esse, si se homo interimat, procul dubio iudicauit. Inter omnes suos laudabiles et uirtutis insignibus inlustres uiros non proferunt Romani meliorem, quem neque felicitas corruperit, nam in tanta uictoria mansit pauperrimus; nec infelicitas fregerit, nam ad tanta exitia reuertit intrepidus.* (Aug. *civ.* 1,24)

> Und so hat sich dieser großartige Verächter des irdischen Daseins, indem er sein Leben, weit entfernt, es sich selbst zu nehmen, wütenden Feinden zur Vernichtung unter beliebiger Marter darbot, ohne Zweifel zu der Überzeugung bekannt, daß der Selbstmord ein großes Verbrechen sei. Unter all ihren ruhmeswürdigen und durch ausgezeichnete Tugend berühmten Männern bringen die Römer keinen besseren auf; ihn hat das Glück nicht verdorben, denn trotz dem großen Siege blieb er ganz arm, noch hat ihn das Unglück gebrochen, denn in die schweren Todesqualen begab er sich unverzagt.

Dieser (stoisch geprägten) Rühmung des Römers ist freilich eine grundsätzliche Einschränkung vorweggeschickt: Augustinus weist darauf hin,

[24] Vgl. Pollmann (1997), 28.

dass Regulus seinen Eid bei den falschen Göttern geleistet habe, die keinen Anspruch auf Eidtreue hätten:

> *Merito certe laudant uirtutem tam magna infelicitate maiorem. Et per deos ille iurauerat, quorum cultu prohibito has generi humano clades isti opinantur infligi. Qui ergo propterea colebantur, ut istam uitam prosperam redderent, si uerum iuranti has inrogari poenas seu uoluerunt seu permiserunt, quid periuro grauius irati facere potuerunt?* (Aug. *civ.* 1,15)

> Gewiß, mit Recht rühmt man eine Tugend, die sich stärker erwies als ein so schreckliches Unheil. Und zwar hatte er bei den Göttern geschworen; und das Verbot ihres Kultus soll nun dieses Unglück über das Menschengeschlecht gebracht haben! Ja, wenn sie, die doch verehrt wurden, um das zeitliche Leben glücklich zu gestalten, über einen schwurtreuen Mann solche Strafen verhängten oder kommen ließen, was konnten sie denn da einem Meineidigen in ihrem Zorn noch Schlimmeres antun?

Auch hier gilt also das Prinzip, dass es wahre Tugend nur im richtigen Glauben gibt.

Das umfängliche Kapitel 5,18 rekurriert noch in anderer Weise auf die Tugenden und Leistungen römischer Exempelgestalten: Sie werden in Bezug gesetzt zu dem, was ein wahrer Gläubiger für das Reich Gottes tun muss. So referiert er knapp die Handlung um C. Mucius Scaevola: Er wollte den Rom belagernden Porsenna töten, wurde dabei aber gefangen genommen und mit dem Tode bedroht:

> *Si Mucius, ut cum Porsenna rege pax fieret, qui gravissimo bello Romanos premebat, quia Porsennam ipsum occidere non potuit et pro eo alterum deceptus occidit, in ardentem aram ante eius oculos dexteram extendit, dicens multos tales, qualem illum uideret, in eius exitium coniurasse, cuius ille fortitudinem et coniurationem talium perhorrescens sine ulla dubitatione se ab illo bello facta pace compescuit: quis regno caelorum inputaturus est merita sua, si pro illo non unam manum neque hoc sibi ultro faciens, sed persequente aliquo patiens totum flammis corpus inpenderit?* (Aug. *civ.* 5,18)

> Wenn Mucius zur Herbeiführung des Friedens mit König Porsenna, der die Römer mit einem furchtbaren Krieg bedrängte, da es ihm nicht gelang, den Porsenna selbst zu töten, an dessen statt er vielmehr einen andern tötete,

> seine Rechte vor den Augen des Königs in ein brennendes Opferfeuer hielt mit den Worten, es hätten sich viele von gleicher Entschlossenheit wie er zu des Königs Untergang verschworen, worauf der König, eingeschüchtert durch solchen Mut der Verschworenen, unverzüglich den Krieg aufgab und Frieden schloß, wer möchte da seine Verdienste dem Himmelreich aufrechnen, wenn er für dasselbe freiwillig nicht die eine Hand, sondern als ein Opfer der Verfolgung den ganzen Leib den Flammen hingäbe?

Mucius' Verachtung des körperlichen Schmerzes stellt Augustinus nicht – wie Regulus' oder Catos Heldentaten – als letztlich fehlgeleitete Scheintugenden dar, sondern übertrumpft sie durch christliche Tugenden. In solchen und weiteren Beispielen bedient sich Augustinus der römischen Geschichte nach Art eines typologischen Schemas: Der Einsatz der Bürger für die *res publica Romana* wird gespiegelt im Einsatz der Christen für ihr ewiges Heimatland. Die Überlegenheit des christlichen Handelns liegt aber nicht nur in seiner höheren Sinnhaftigkeit, sondern auch in seiner Freiheit von Stolz und Ruhmsucht: Die christlichen Helden streben nicht nach irdischer Größe.

## 7. Schluss

Die Schwierigkeit einer Beschäftigung mit *De civitate Dei* in der Schule liegt nicht so sehr im Sprachlichen. Augustinus schreibt hier, anders als in den *Confessiones*, in gut überschaubaren Satzgefügen, die mehr auf die unmittelbare Überzeugung und Einprägsamkeit ausgerichtet sind als auf die Eleganz der *latinitas*. Auch die Argumentationsverfahren, die auf historische Beispiele rekurrieren und souverän mit antiken Texten zu jonglieren scheinen, zielen weniger auf Raffinesse und Ausgefallenheit als auf eine eher schlichte Anschaulichkeit.[25] Probleme bereitet

[25] Dazu Neumann (1998), 114: „Augustinus bleibt ohne Zweifel bis zu seinen letzten Schriften ein durch und durch rhetorisch bestimmter Autor – die auf Wirkung durchformte Sprache seiner Schriften belegt das auf jeder Seite –, und doch ist das Konzept der antiken Rhetorik, die nicht nur ein Archiv an sprachlichen und argumentativen Mitteln bereitstellte, sondern zugleich ein bestimmtes Menschenbild einschloß, in seinem Denken überwunden. Letztlich beruhte die klassische Rhetorik auf der Auffassung, daß die

dagegen das inhaltliche Konzept, die Absolutheit der Weltabkehr, die Bejahung von Schmerz und Verzicht als Mittel der moralischen Läuterung und – damit einhergehend – die Gleichgültigkeit gegenüber dem innerweltlichen menschlichen Streben nach Einfluss und Würde, die Leugnung der Bewährung aus eigener Kraft. Diese geistesgeschichtliche Wende gilt es nachzuvollziehen – ein Prozess, der für den Klassischen Philologen umso herausfordernder ist, als er aus einer ganz ungewöhnlichen Lesart antiker Texte erwächst und zur Distanz gegenüber den geläufigen Vorstellungen von antiken Werten und römischer Machtentfaltung einlädt.

Das Ideal des nur auf das Jenseits verpflichteten Christen, der sich in seinem Tun und Denken der christlichen Lehre überantwortet, wie sie von der Kirche vermittelt wird, entwickelt Augustinus in einer Abgrenzung von der klassischen Antike, deren Schroffheit durch seine umfängliche Bildung in ebendieser alten Kultur nicht gemildert wird. Der Schock des Jahres 410 spielt hier sicherlich mit: Irdische Macht hat sich als hinfällig erwiesen, das jahrhundertealte Zentrum römischer Geschichte ist verwüstet. In dieser Situation stellt der Verweis auf ein unzerstörbares ewiges Reich, auf die Heimatlosigkeit aller Menschen in der irdischen Welt und das Angebot einer Neuorientierung durch die heiligen Schriften und in der Kirche auch einen Trost dar.[26]

Dennoch bietet *De civitate Dei* eine ungewöhnliche und sicher auch für den gebildeten Zeitgenossen Augustins provozierende Perspektive auf die klassische Antike: Gegen die in der antiken Philosophie erhobene Verpflichtung des Menschen, sich selbst zu vervollkommnen, setzt er den Gedanken der Erbschuld, die eine Vervollkommnung nur

absolute Wahrheit nicht erkennbar sei und dem Redner deshalb die Aufgabe zukomme, durch sein persönliches Können Überzeugung und Handlungssicherheit selbst zu erzeugen. Bei Augustinus wird die Rhetorik zu einem Hilfsmittel verkürzt, das man einsetzt, weil man es einsetzen muß, um die Bibel besser zu verstehen und ihre Wahrheit weiterzugeben."

[26] Vgl. Flasch (1994), 373: „Er suchte nach einer Orientierung für die, die durch den Zusammenbruch Roms ratlos geworden sind. Er mußte den Wert des Staates, der Gesellschaft und der weltlichen Kultur neu bestimmen, nachdem seine Gnadenlehre den Zusammenbruch der antiken Wertekonzeptionen ausgesprochen und besiegelt hatte."

im göttlichen Gnadenakt ermöglicht; die patriotischen Tugenden der Römer in Krieg und Frieden wertet er unter dem Aspekt ihrer Verpflichtung auf den schlechten Staat und die falschen Götter ab. Die Schrift demontiert die meisten antiken Ideale und *exempla*, lehnt die griechische Philosophie als unnütz ab, interpretiert das *imperium Romanum* als machtbesessenen Imperialstaat und erklärt zudem die politische Tätigkeit für moralisch gefährlich und von geringem Nutzen. Die Differenz zwischen dem profanen Rom und dem geistigen Reich der Erlösten hebt Augustinus immer wieder hervor.[27]

Diese Distanzierung von einem Konzept Roms als Idealstaat und christliches Reich hat zwar der Entwicklung einer Identität von Staat und Kirche (im Sinne des modernen Begriffs vom Gottesstaat) entgegengewirkt, aber nicht verhindert, dass staatliche Instanzen zu Hilfe gerufen werden, wenn Einfluss und Einheit der Kirche in Gefahr stehen: Im Streit gegen Donatisten und Pelagianer bedient sich Augustinus der staatlichen Autorität, um die ‚Ketzer' zu verfolgen.

In der Dogmatik von *De civitate Dei* liegt einerseits die Bilanz einer lebenslangen Beschäftigung mit der Antike; in ihr schlagen sich aber auch die wesentlichen theologischen Debatten nieder, die in Augustinus' Lebenszeit die Einheit der Kirche und ihre umfassende Autorität gefährden. So ist Augustinus' Antike-Interpretation und seine Theologie auch kirchlich-machtpolitischen Interessen des Bischofs von Hippo Regius geschuldet. Mit fesselnder Ambiguität des Urteils formuliert das Karl Jaspers:

> In allen großen Ansätzen Augustins meine ich philosophische Gedankenbewegungen zu sehen, sofern die ewigen Fragen des Philosophierens zur Geltung kommen. Nirgends sonst aber meine ich so erregend, so beunruhigend die Bewegung philosophischen Denkens aus einem philosophiewidrigen Prinzip in der christlichen Kirchlichkeit wahrzunehmen.[28]

[27] Vgl. Flasch (1994), 392.

[28] Jaspers (1957), 164f. – Aus ebendiesem Motiv heraus antwortet Jaspers auf die Frage nach „Augustins Bedeutung für uns": „An ihm läßt sich auf höchstem Niveau der ewige Gegensatz einsehen, der durch die Kirche hell geworden ist: zwischen Katholizität und Vernunft, zwischen der geschlossenen Autorität und der Offenheit der Freiheit, zwischen

Augustinus' Lehre von Kirche, Welt und Mensch bereitet in vielen Aspekten das mittelalterliche Denken vor[29] und wird erst rund 1000 Jahre später durch die Humanisten grundlegend in Frage gestellt. Dass die Philosophen und Philologen der Renaissance ihr Ideal des mit Bildung und Tugend in der Welt wirkenden Menschen im Wesentlichen aus der erneuten Begegnung mit den Autoren der klassischen Antike gewinnen, hat seine innere Folgerichtigkeit.

# Literatur

## Textausgaben und Übersetzungen

Augustinus, *De civitate dei.* Corpus Christianorum. Series Latina XLVII/XLVIII, 1 et 2, ed. B. Dombart/A. Kalb, Turnhout 1955.

Des heiligen Kirchenvaters Aurelius Augustinus zweiundzwanzig Bücher über den Gottesstaat. Aus dem Lateinischen übers. von Alfred Schröder (Des heiligen Kirchenvaters Aurelius Augustinus ausgewählte Schriften 1–3, Bibliothek der Kirchenväter, 1. Reihe, Band 01, 16, 28), Kempten/München 1911–16.

Augustinus, *Confessiones*, ed. M. Skutella, Stuttgart/Leipzig 1996.

## Forschungsliteratur

Angus, Samuel (1906): The Sources of the First Ten Books of Augustine's De civitate Dei, Princeton.

Arnoldi, Sara Antonietta Luisa (2011): Manichäismus und Bibelexegese bei Augustinus: De Genesi contra Manichaeos, München, 5–90 (Diss., veröffentlicht in elektronischer Form).

Brandt, Hartwin (2010): Am Ende des Lebens: Alter, Tod und Suizid in der Antike, München.

Flasch, Kurt (1994): Augustin. Einführung in sein Denken (Reclam), Stuttgart.

Jaspers, Karl (1957): Drei Gründer des Philosophierens: Plato, Augustin, Kant, München.

Fortin, Ernest L. (1972): Augustine and his pagan models, in: Horn, Christoph (Hg.): Augustinus, München, 41–62.

der absoluten Ordnung in der Welt als Gegenwart der Transzendenz und den relativen Ordnungen in der Welt [...]." (176f.).

29 Zur Nachwirkung Augustins vgl. den Überblick von Marrou (1965), 128–156.

Fuhrer, Therese (2004): Augustinus (Klassische Philologie kompakt), Darmstadt.

Horn, Christoph (Hg.) (1997):Augustinus. De civitate dei, Berlin.

Marrou, Henri (1965): Augustinus in Selbstzeugnissen und Bilddokumenten, aus dem Frz. übertr. v. Christine Mathesius, Hamburg.

Neumann, Uwe (1998): Augustinus, Reinbek.

van Oort, Johannes (1972): Civitas Dei – terrena civitas, in: Horn, Christoph (Hg.), Augustinus, München, 157–169.

Peetz, Siegbert (1972): Augustin über menschliche Freiheit (Buch V), in: Horn, Christoph (Hg.), Augustinus, München, 62–86.

Pfeilschifter, René (2017): Augustinus und das Kaisertum des 5. Jahrhunderts. Festvortrag anlässlich der Jahresvollversammlung der Gesellschaft zur Förderung der Augustinus-Forschung, Würzburg (www.augustinus.de/home/nachrichten/629-augustinus-und-das-kaisertum-des-fuenften-jh, zuletzt abgerufen am 20.8.2019).

Pollmann, Karla (1972): Augustins Transformation der traditionellen römischen Staats- und Geschichtsauffassung, in: Christoph Horn: Augustinus, München, 25–40.

Walsh, Peter G. (2003–2016): Augustine. De civitate Dei, I–XIV, edited with an Introduction, Translation and Commentary, 7 vols., Oxford.

ALEXANDER GLIECH

# Bibliographie einer Bekehrung

## Die lektüregestützte Suche nach dem richtigen Glaubens- und Gottesverständnis in den *Confessiones*

Zusammenfassung
Augustins Bekehrungsgeschichte in den ersten acht Büchern der Confessiones enthält dem Titel des Werkes gemäß eine Reihe an Bekenntnissen über die vielfältigen Verfehlungen des Autors auf seinem Weg zum wahren Glauben an Gott. Der Großteil dieser Bekenntnisse ist durch Begegnungen mit und Erkenntnisse aus Literatur verschiedenster Art ausgelöst, die Augustinus selbst und mit anderen rezipiert. Der Beitrag zeigt auf, wie diese Lese-Erlebnisse zu zentralen Stationen auf Augustins Weg zum Bekehrungserlebnis von Mailand werden, und erläutert anschließend, warum die Lektürestationen das maßgebliche Gliederungsmotiv der Confessiones sind.

## 1. Einleitung

Im achten Buch der *Confessiones* schildert Augustinus seine entscheidenden Schritte zum festen Glauben. Besonders das Bekehrungserlebnis (Aug. *conf.* 8,12,29) hat in Literatur und Kunst einen starken Nachhall hervorgerufen und ist auch für eine moderne Leserschaft die sicherlich eindrucksvollste Passage: In einem Zustand emotionaler und religiöser Unruhe liegt Augustinus in einem Mailänder Garten weinend unter einem Feigenbaum und hört aus dem Nachbarhaus eine Kinderstimme, die mehrfach „*tolle, lege*“ ruft. Nachdem er dies als göttlichen Befehl an sich interpretiert hat, greift er das nächstbeste Buch, eine Sammlung der Paulusbriefe, und liest dort eine Stelle aus dem Römerbrief, die ihn dazu bewegt, seine weltlichen Ambitionen aufzugeben und sich ganz Gott zu widmen.

Versteht man ein Bekehrungserlebnis im Sinne einer Wandlung ‚vom Saulus zum Paulus‘ als radikalen Einschnitt in die Lebensführung, könnte man hinsichtlich Augustins Konversion ohne genauere Kenntnis der *Confessiones* leicht annehmen, Augustinus habe bisher nur selten ein christliches Buch in der Hand gehabt, wenn er erst durch göttlichen Befehl zur Lektüre gebracht werden muss. Tatsächlich ist der autobiographische Teil der *Confessiones* aber, mehr noch als eine Lebensgeschichte, vor allem ein Bericht über die Auseinandersetzungen Augustins mit verschiedensten literarischen Werken philosophischer, christlicher und sogar poetischer Natur, die ihm immer wieder neue Denkhorizonte erschließen und damit seinem Leben eine neue Richtung geben. Konsequenterweise stellt auch der exegetische letzte Teil eine Anleitung zur richtigen Lektüre der *Genesis* dar. Augustins Weg zu Gott gelingt ihm also nahezu nur über Literatur.

Der vorliegende Beitrag belegt in einem ersten Schritt, welche Bedeutung Augustinus in den *Confessiones* seinen Lektüreerlebnissen für die persönliche Entwicklung beimisst. Dabei stehen unvermeidlich die ersten acht Bücher im Mittelpunkt, die in das Bekehrungserlebnis von Mailand münden, das Augustins christlichen Findungsprozess – zumindest der Narration der *Confessiones* zufolge – abschließt. Zentrales Thema dieses ersten Teils ist die Suche des jungen Augustinus nach dem richtigen Verständnis von und dem festen Glauben an Gott, einschließlich seiner Irrwege und Verfehlungen auf dieser Suche. Anschließend wird untersucht, warum Augustins Konversionsgeschichte fast ausschließlich durch seine Auseinandersetzung mit Literatur bedingt ist und nicht etwa nach paulinischem Vorbild durch eine direkte Begegnung mit Gott geschieht. Schließlich soll bewertet werden, welchen Beitrag er damit leistet, um den christlichen Glauben im geistigen Horizont paganer Philosophie zu verorten.

## 2. Lektüreerlebnisse in den *Confessiones*

Das nun folgende Kapitel ist nach den ‚Lektürestationen' Augustins gegliedert, angefangen bei seiner Schulbildung bis hin zur Bekehrung in Mailand. Weitestgehend wird die Ordnung damit auch dem inhaltlichen Verlauf der *Confessiones* folgen, ohne jedoch deren gesamten Gedankengang nachzeichnen zu wollen. Zudem werden Sprünge und Rückgriffe auf relevante Textpassagen vorgenommen.

Bereits vor Beginn der autobiographischen Schilderung kann man dem Proömium des Werkes die Intention und den Leitgedanken, unter denen Augustinus seine Lektüre im Rückblick deutet, entnehmen. So heißt es dort, an Gott gerichtet, in Bezug auf den Menschen:

> *Tu excitas, ut laudare te delectet, quia fecisti nos ad te et inquietum est cor nostrum, donec requiescat in te* (Aug. *conf.* 1,1).[1]
>
> Du treibst ihn an, dass er seine Freude daran finde, dich zu loben, denn auf dich hin hast du uns gemacht und unruhig ist unser Herz, bis es ruht in dir (Übers. Kurt Flasch, Burkhard Mojsisch).

Gott hat den Menschen darauf ausgerichtet und treibt ihn dazu an, Gott zu loben und nach ihm zu streben, um bei ihm (endlich) Ruhe zu finden. Augustins Lektüreerlebnisse werden von dieser Unruhe, Gott näher kommen zu wollen, getragen sein. Der Unruhe, einem Leitmotiv des gesamten Werkes[2], ist dabei die Problematik inhärent, ob man zuerst genaue Kenntnis von Gott erlangen muss, um ihn anzurufen, oder ob genau das Gegenteil der Fall ist:

> *Da mihi, domine, scire et intellegere, utrum sit prius invocare te an laudare te et scire te prius sit an invocare te* (Aug. *conf.* 1,1)
>
> Gib mir, Herr, dass ich weiß und einsehe, was das erste ist – dich anflehen oder dich loben, dich wissen oder dich anflehen (Übers. Flasch/Mojsisch).

Die Vereinbarkeit eines intellektuellen Verständnisses von Gott mit einem festen Glauben an Gott stellt den jungen Augustinus über Jahrzehnte vor ein Problem, das er über die Lektüre zu lösen versucht. Erst

[1] Wird in der Arbeit Primärliteratur zitiert, bezieht sich der Textnachweis, sofern nicht anders angegeben, immer auf die *Confessiones*. *Confessiones*, ed. corr. cur. H. Juergens et W. Schaub. Stuttgardiae 1996 (BT).
[2] Vgl. Fuhrer (2004), 108.

im Kulminationspunkt der Mailänder Gartenszene wird ihm der Einklang von *credere* und *intellegere* gelingen. Seine ersten Erfahrungen mit Literatur sind jedoch zunächst weder christlich noch philosophisch.

## 2.1 Augustins Kindheits- und Jugendlektüre

Bezeichnenderweise setzt Augustinus den Beginn seines bewussten Lebens an den Punkt, als er sprechen konnte, was für ihn der Anlass zu einem kurzen Exkurs über den Spracherwerb ist (1,13). Die Worte anderer zu verstehen und sich selbst mitteilen zu können, ist für ihn also ein wesentlicher Entwicklungsschritt. Während er für seine Säuglingszeit auf fremde Quellen angewiesen ist, kann er von diesem Punkt an selbstständig Zeugnis über sein Leben ablegen. Seine Sprachfähigkeit übt Augustinus in Form von Lesen und Schreiben, das er in der Schule lernt (1,14). Hinsichtlich seines Elementarunterrichts klagt er über sein sündiges Verhalten, Lesen und Schreiben häufig zugunsten des Spielens vernachlässigt zu haben (1,15). Die Bestrafungen, die er dafür von Eltern und Lehrern erhielt, erachtet er als gerecht, denn Lesen und Schreiben seien wertvolle Güter (1,16). Doch auch die Erwachsenen, die ihn zum Lernen trieben, seien Sünder, da sie dies in der Hoffnung auf eine glanzvolle Karriere des Jungen taten und nicht, damit er den Weg zu Gott finden könne (1,19). Denn grundsätzlich hing Augustinus, wenn auch noch nicht getauft, über seine Mutter Monnica bereits als Kind dem christlichen Glauben an (1,17), und sie und er hätten es also besser wissen können. Da Augustinus bereits Kleinkindern eine Sündhaftigkeit zuschreibt und an ihnen einen „vormoralischen Defekt“[3] diagnostiziert, ist dies für ihn kein übertriebenes Schuldbewusstsein. Dass Augustinus über die wertvollen Fähigkeiten des Lesens und Schreibens verfügte, über die er den Weg zu seiner Bekehrung finden sollte, hat er darum nur Gott selbst zu verdanken, weil jener sich des falschen Ehrgeizes der Erwachsenen bediente, um Augustinus auszubilden (1,19).

[3] Brachtendorf (2005), 51.

Diesen ersten elementaren Unterricht sieht Augustinus also in einem positiven Licht, denn er vermittelte ihm Fähigkeiten, die ihm bis in die Gegenwart nützlich sind:

> *Nam utique meliores, quia certiores, erant primae illae litterae, quibus fiebat in me et factum est habeo illud, ut et legam, si quid scriptum invenio, et scribam ipse, si quid volo* (Aug. *conf.* 1,20).
>
> Denn wertvoller, weil sicherer, waren jedenfalls diese elementaren Kenntnisse. Mit ihrer Hilfe erreichte ich, dass ich alles Geschriebene lesen und alles schreiben kann, was ich will, bis heute (Übers. Flasch/Mojsisch).

Kritik übt er jedoch an den Unterrichtsinhalten, an denen diese Fähigkeiten im anschließenden Grammatikunterricht geübt wurden, wobei diese insbesondere Vergils *Aeneis* trifft. Als Kind liebte er das Epos, empfand Mitgefühl mit Dido (1,21) und schrieb einen Vortrag aus Sicht der Juno, obwohl er wusste, dass es sich um bloße Fiktion handelte (1,27). Das Lob, das er damit gewann und das er genoss, war in Wirklichkeit ohne Wert, weil es ihn Gott nicht näher brachte. Der Blick auf die wesentlichen Dinge wurde ihm durch die *Aeneis* verstellt, wortspielerisch illustriert durch:

> *tenere cogebar Aeneae nescio cuius errores oblitus errorum meorum* (Aug. *conf.* 1,20).
>
> [Dieser Unterricht war besser als der spätere, der] mich zwang, die Irrfahrten irgendeines mir unbekannten Äneas zu behalten und darüber meine eigenen Irrwege zu vergessen (Übers. Flasch/Mojsisch).

*Aeneae nescio cuius* verdeutlicht zudem die Distanz, die der erwachsene Augustinus inzwischen zu dem Epos gewonnen hat.[4] Als Kind lehnte er es jedoch ab, tatsächliche, intelligible Inhalte zu lernen und zu verstehen und tauchte lieber in fiktive Welten ein (1,20). Ebenso kritisch bewertet er ein Schauspiel des Terenz über den Ehebruch Jupiters mit Danae, das den Zuschauern in Form der paganen Götter ein Vorbild zur

[4] Vgl. Müller (2003), 187.

Sünde gebe (1,26). Im Rückblick plädiert er nun dafür, die sprachlichen Fähigkeiten an Werken erlernen zu lassen, die nicht nur sprachlich, sondern auch inhaltlich und moralisch wertvoll sind, also an christlicher Lektüre:

> *Didici enim in eis multa verba utilia, sed et in rebus non vanis disci possunt, et ea via tuta est, in qua pueri ambularent* (Aug. *conf.* 1,24).
>
> Ich habe dabei ja viele nützliche Wörter gelernt. Aber man könnte sie genausogut an Gegenständen lernen, die nicht so nichtig sind, und das wäre der richtige Weg, den die Kinder gehen sollten (Übers. Flasch/Mojsisch).

Im Hinblick auf seine persönliche Entwicklung fällt Augustins Fazit über seine frühe Schulzeit demnach gemischt aus. Lesen und Schreiben sind elementare Fähigkeiten, die ihm sein ganzes Leben lang, insbesondere bei der Beschäftigung mit Gott von Nutzen sind. Sein erstes Lektüreerlebnis mit der *Aeneis* bewertet er im Rückblick jedoch als Täuschung, der er sündhaft verfiel und die ihn vom rechten Weg abbrachte. Damit erweist er sich als im typischen Widerstreit kulturell gebildeter christlicher Autoren der Spätantike stehend, ob pagane Literatur ganz zu unterdrücken sei oder man sie nützlich einbinden könne.[5] Denn noch zur Zeit der Cassiciacum-Dialoge 386 n. Chr. wird Augustinus täglich seinen Vergil lesen (Aug. *ord.* 1,26) und auch die *Confessiones* enthalten weitere kleine sprachliche Anspielungen auf den Dichter.[6] Unabhängig davon zeigt sich, dass Augustinus bereits als Kind gerne liest und sich von seiner Lektüre beeinflussen, ja sogar mitreißen lassen kann, auch wenn er dies in diesem Fall als Verfehlung ansieht.

## 2.2 Lektüreerlebnisse in Karthago

Nachdem Augustinus den Grammatikunterricht abgeschlossen und einiges an Talent auf dem Feld der Rhetorik gezeigt hat, ziehen ihn seine

[5] Vgl. Shanzer (2012), 163.
[6] Vgl. Müller (2003), 205–208.

Eltern von seinem bisherigen Unterrichtsstandort Madaura ab, um ihn für den Abschluss dieser Ausbildung nach Karthago zu schicken (2,5–6), wo aufgrund der Bedeutung der Stadt deutlich bessere Studienbedingungen herrschen.[7] Hier liest er im Rahmen des Unterrichts Ciceros *Hortensius*:

> *Sed liber ille ipsius exhortationem continet ad philosophiam et vocatur Hortensius* (Aug. *conf.* 3,7).
>
> Dieses Buch (von ihm) aber – es trägt den Titel *Hortensius* – enthält eine Aufforderung zur Philosophie (Übers. Flasch/Mojsisch).

Im Gegensatz zur sonstigen Schullektüre steht für Augustinus nun der Inhalt eines Buches im Mittelpunkt, nicht die rhetorischen Techniken, die in ihm angewendet werden. Die Botschaft dieses protreptischen Werkes macht sich der Neunzehnjährige begeistert zu eigen und beschließt, sein Leben auf die Liebe zur und die Suche nach Weisheit auszurichten, womit auch Gott wieder in sein Blickfeld gerät: *Apud te est enim sapientia* (3,8).

Durch den *Hortensius* vermag es Augustinus, sich von den Wertvorstellungen und Plänen seiner Eltern abzugrenzen und seinem Leben erstmals selbstständig eine Orientierung zu geben[8]. Die Begegnung mit dem *Hortensius* stellt somit beinahe ein Bekehrungserlebnis im Kleinen dar, auch wenn er seine bisherige Liebe zu wertlosen Dingen lediglich neu auf die Liebe zur Weisheit ausrichtet.[9] Nach dem sündhaften Leben, das er bisher führte (3,1–6 sowie das gesamte zweite Buch), erlebt er nun am Tiefpunkt den ersten Umschwung zur Besserung und macht sich als ‚verlorener Sohn' auf den Heimweg zum ‚Gottvater'.[10] Noch dreizehn Jahre nach der ersten Lektüre wird der *Hortensius* in den philosophi-

[7] Vgl. Hadot (1989), 118–119.
[8] Vgl. Brachtendorf (2005), 71.
[9] Vgl. Bettetini (1998), 143.
[10] Vgl. Moser (2006), 467-468.

schen Frühdialogen von Cassiciacum als Einstiegs- und Motivationshilfe immer zur Hand sein.[11] So bemüht sich Augustinus, dem Leser den exzeptionellen Charakter seiner Neuausrichtung auf die Weisheit hin durch ein emotionales Vokabular und eine Bildsprache des Feuers (3,8) nachdrücklich deutlich zu machen. Dennoch:

> *hoc solum me in tanta flagrantia refrangebat, quod nomen Christi non erat ibi* (Aug. *conf.* 3,8).
>
> Meinem so gewaltigen glühenden Eifer stellte sich nur dies eine Hemmnis in den Weg, dass der Name Christus in dieser Schrift fehlte (Übers. Flasch/ Mojsisch).

Der ihm seit der Kindheit vertraute Name Christi ist im *Hortensius* nicht enthalten, sodass ihn das Werk letztlich nicht gänzlich fesseln kann.

Als Reaktion darauf greift er zur Bibel, um diese mit neuem Eifer zu lesen. Doch die in einfacher Sprache gehaltene Heilige Schrift fällt in Stil und Redeweise im Vergleich zur *Tulliana dignitas* deutlich ab, sodass sich der Rhetorikstudent Augustinus, der qualitativ besseres gewohnt ist, nicht vorstellen kann, hier erkenntnisreiche Inhalte zu finden (3,9). Im Rückblick erkennt der Verfasser der *Confessiones* seinen Fehler: Er ging, stolz auf seine sprachliche und intellektuelle Brillanz, in der falschen Erwartung an die Bibel heran, sie würde ihm philosophische Wahrheiten in möglichst ansprechendem rhetorischen Gewand erschließen. Angesichts scheinbarer Ermangelung derselben hält er die Bibel für unzureichend, dabei übersehend, dass vielmehr er noch ein *parvulus* ist, noch nicht in der Lage, die Heilige Schrift richtig zu verstehen. Dass deren tieferliegende Inhalte einer Entzifferung und Exegese bedürfen, muss der junge Augustinus, der an unmittelbar verständliche Literatur gewöhnt ist, erst noch lernen.[12]

Der *Hortensius* hat in Augustinus die Liebe zur Weisheit geweckt. Doch im Gegensatz zum rein irdischen Anspruch Ciceros möchte Augustinus die Weisheit bei Gott finden, also *credere* und *intellegere*

[11] Vgl. Doignon (1989), 80–81.
[12] Vgl. Doignon (1989), 474–475.

zugleich können. Da ihm die Bibel dabei jedoch (noch) keine Hilfe ist, sucht er anderweitig nach einem Weg, der diese Vereinbarkeit ermöglicht und wird ein Anhänger des Manichäismus. Diese im 3. Jahrhundert in Mesopotamien entstandene dualistische Religion, die den Kosmos in ein Reich des Lichts und in ein Reich der Finsternis einteilt, hatte sich zu Augustins Lebzeiten auf das gesamte römische Reich ausgedehnt und war dort eine Verbindung mit dem Christentum eingegangen.[13] Der westliche Manichäismus setzte den christlichen Gott mit dem Herrn des Lichtreiches gleich, der im Krieg mit dem Reich der Finsternis liegt, das sich mit dem Licht vermischen will.[14] Innerhalb des Manichäismus gab es ein Rangsystem, wobei Augustinus nach eigener Aussage (4,1) neun Jahre im niedrigsten Rang eines Hörers verbrachte.[15] Als Verfasser der *Confessiones* – nun ein erklärter Gegner des Manichäismus – bereut er es, diesem Irrglauben angehangen zu haben und bezeichnet seine ehemaligen Glaubensbrüder als

> *delirantes, carnales nimis et loquaces, in quorum ore laquei diaboli et viscum confectum* (Aug. *conf.* 3,10).
>
> Leute, die in ihrer Überheblichkeit nur Schwachsinn an den Tag legten, eine allzu fleischliche Gesinnung zeigten und übermäßig geschwätzig waren; in ihrem Mund lauerten Teufelsschlingen und verbarg sich ein Fangmittel (Übers. Flasch/Mojsisch).

Für den jungen Rhetorikstudenten war der Manichäismus jedoch von großer Attraktivität. Zum einen nahmen die Manichäer Bezug auf Jesus Christus, der innerhalb ihres religiösen Gedankengebäudes als Erleuchtungs- und Erlöserfigur fungiert[16] und den Augustinus im *Hortensius* vermisst hatte. Zum anderen hatte der Manichäismus Ähnlichkeit mit einer Philosophenschule, die dem neuen Anhänger intellektuellen Fortschritt beim Verständnis der Bibel innerhalb einer Gemeinschaft mit

[13] Vgl. Brachtendorf (2005), 74–75.
[14] Vgl. Brachtendorf (2005), 76.
[15] Vgl. van Oort (2012), 190.
[16] Vgl. Brachtendorf (2005), 77–78.

einem gemeinsamen Lebensstil bot[17]: perfekte Bedingungen für sein frisch erwachtes Streben nach Weisheit. Der Manichäismus versprach dem Intellektuellen, den wahren christlichen Glauben aus freier Einsicht zu gewinnen – und nicht durch das bloße Vertrauen auf Autoritäten.[18] Des Weiteren mag Augustinus eingeleuchtet haben, dass die Manichäer das Alte Testament, dessen strafender Gott im Vergleich zum gnadenvollen Gott des Neuen Testamentes in sehr widersprüchlichem Licht erscheint, ablehnten, und dass der dualistische Charakter dieser Religion eine Erklärung dafür gab, wie das Böse in die Welt gekommen war. Beide Themen durchziehen zumindest den weiteren Verlauf der *Confessiones*[19] und spielen teilweise eine Rolle in den Frühdialogen, so etwa die Frage *unde malum* in *De ordine*.

Unter dem Aspekt der Literatur betrachtet ist auffällig, dass Augustinus explizit die *libri multi et ingentes* der Manichäer erwähnt, die er anschließend als *fercula* bezeichnet, auf denen ihm Speisen aus Trugbildern (*phantasmata*) serviert wurden, jedoch nicht Gott (3,10). Die kulinarische Metaphorik kann man einerseits als direkte Adressierung an die Manichäer deuten, die strenge Speisevorschriften befolgten[20], andererseits zeigt sich erneut, wie Augustinus der Verführungskraft von Büchern erliegt und sie geradezu ‚verschlingt'. In diesem Zusammenhang fügt sich zudem ein, dass die Manichäer im Besitz besonders edler, materiell hochwertiger Bücher waren, die Augustinus beeindruckten.[21] Jedoch bieten gerade die Bücher der Manichäer auch die Möglichkeit der Rückkehr zum wahren christlichen Glauben. Als Monnica, die über das neue religiöse Umfeld ihres Sohnes tief beunruhigt ist, einen Bischof bittet, Augustinus von seinem Irrweg abzubringen, lehnt dieser ab und rät ihr:

> *Sed* [...] *sine illum ibi. Tantum roga pro eo dominum: ipse legendo reperiet, quis ille sit error et quanta inpietas* (Aug. *conf.* 3,21).

[17] Vgl. Clark (2012), 261–262.
[18] Vgl. Raffelt (1998), 208.
[19] Vgl. Kotzé (2004), 215.
[20] Vgl. Kotzé (2004), 213.
[21] Vgl. van Oort (2012), 195–196.

> Lass ihn nur da, wo er ist! […] Bete nur für ihn zum Herrn! Er wird selbst durch ständiges Lesen darauf stoßen, was jene Irrlehre bedeutet und welch gewaltige Gottlosigkeit ihr innewohnt (Übers. Flasch/Mojsisch).

Durch beständiges Lesen und mit Gottes Hilfe wird Augustinus langfristig die Einsicht über die Irrtümer des Manichäismus gewinnen können. Hinsichtlich der Manichäer hat die Lektüre einerseits verführenden Charakter, andererseits stellt sie den Weg zur Besinnung dar. Außerdem muss trotz Augustins starker Selbstverurteilung aufgrund seiner manichäistischen Zeit festgehalten werden, dass ihm die Sekte im weiteren Verlauf seines Lebens gerade als Kontrastfolie und Gegenpart hilft, seine eigenen Glaubensvorstellungen zu entwickeln.[22] Folglich muss eine fehlgeleitete Lektüre nicht unbedingt wertlos sein.

Der *Hortensius*, die Bibel und die manichäischen Schriften bleiben jedoch bei weitem nicht die einzigen Schriften, die Augustinus während seiner Zeit als Rhetorikstudent und -lehrer in Karthago liest. Für ihn und seinen früh verstorbenen, namenlos bleibenden Freund, um den er sehr trauert, war das gemeinsame *legere libros dulciloquos* ein verbindendes Element (4,13). Inhaltlich widmet er sich eine Zeit lang der Astrologie, offensichtlich interessiert an der Möglichkeit, die Zukunft vorherzusagen. Thematisch passend baut Augustinus an dieser Stelle eine ‚Zukunftsvoraussage' ein, indem er seinen Gesprächspartner Vindicianus berichten lässt:

> *Si enim de paginis poetae cuiuspiam longe aliud canentis atque intendentis, cum forte quis consulit, mirabiliter consonus negotio saepe versus exiret* (Aug. *conf.* 4,5).

> Denn oft sei es der Fall, dass einer, der gerade einen Rat benötige, das Buch eines Dichters aufschlage, der etwas ganz anderes vorbringe und im Auge habe, und ihm dann ein Vers entgegentrete, der auf wundersame Weise mit seinem Anliegen übereinstimme (Übers. Flasch/Mojsisch).

Genauso wird Augustins eigenes Bekehrungserlebnis ablaufen, nur wird es keine Poesie, sondern die Bibel sein, die ihm die Erleuchtung bringt.

22 Vgl. Brachtendorf (2005), 80.

Obwohl ihn sein *carissimus (...) Nebridius* für seine astrologischen Studien verspottet, ist es die *ipsorum auctorum (...) auctoritas*, die ihn daran festhalten lässt (4,6). Nicht nur die Literatur an sich, auch bedeutende Literaturschaffende können den jungen Augustinus also für sich einnehmen. Dementsprechend widmet er auch sein erstes selbst geschriebenes Werk *De Pulchro et Apto* dem berühmten römischen Redner Hierius, ohne ihn persönlich zu kennen (4,21).

Darüber hinaus liest er alle Bücher aus dem Bereich der *artes liberales*, die er finden kann, im Selbststudium ohne Verständnisprobleme (4,30). Die Bücher bieten ihm eine preiswerte Alternative zum Unterricht in diesen Fächern, den er vielleicht auch aus religiösen Gründen oder aufgrund mangelnder Griechischkenntnisse nicht nahm.[23] Vergleichsweise unbescheiden spricht er von seiner *celeritas intellegendi et dispiciendi acumen* im Umgang mit diesen schwierigen Schriften, jedoch mit der Einschränkung, dass ihm sein gutes und schnelles Verständnis dennoch nutzlos war, weil es nicht auf Gott ausgerichtet war (4,30f.). Die *parvuli*, die zwar mit weniger Geistesgaben ausgestattet sind, haben es besser, da sie sich in ihrem simplen Glauben, der kein philosophisches Fundament erfordert, sondern durch die *auctoritas* der Kirche gesichert ist, nie weit von Gott entfernt haben (4,31). Als exemplarisch für dieses schnelle, aber nicht weiterführende Lesen steht Augustins Lektüre der Kategorienschrift des Aristoteles. Während andere dieses Werk nur mit Mühe und der Hilfe von erfahrenen Lehrern verstehen, gelingt Augustinus dies auf sich allein gestellt mühelos (4,28). In der Kategorienlehre, in die alles Seiende eingeteilt werden kann, sucht er nach Gott, irrtümlich annehmend[24] – wie er rückblickend erkennt –, Gott ließe sich wie ein Körper im Hinblick auf seine Eigenschaften messen, während er jedoch in Wirklichkeit seine Eigenschaften *sei* (4,29). Das Bewältigen der schwierigen Lektüre stärkt seinen Stolz auf

[23] Vgl. Hadot (1989), 125.

[24] Grund für diesen Irrtum war vor allem, dass Augustinus sich in Ermangelung von Griechischkenntnissen nicht tiefergehend mit der aristotelischen Philosophie beschäftigen konnte und ihm somit die Kategorienschrift alleine nicht weiterhelfen konnte, s. Flasch (1980), 20–21.

das eigene Leistungsvermögen, während er übersieht, dass es Gott ist, der ihm seine Fähigkeiten gegeben hat und ihn erleuchtet (4,30). „Diese Lektüre ist mithin das Gegenteil einer Erleuchtung, denn sie rückt die göttliche Lichtquelle aus dem Blickfeld des Lesers.“[25]

In den letzten Schul- respektive ersten Berufsjahren sind es erneut Bücher, die Augustins persönliche Entwicklung prägen. Der *Hortensius* hat in ihm den Wunsch zum Streben nach Weisheit, das für ihn gleichbedeutend mit dem Streben nach Gott ist, geweckt. Seine neuerwachte Wissbegierde kann die Bibel jedoch nicht stillen, da er Weisheit nur dort vermutet, wo philosophische Erkenntnisse sprachlich gewandt und gestützt auf die *auctoritas* bedeutender Denker dargelegt sind. So schließt er sich dem Manichäismus an, der ihm einen scheinbar intellektuell fundierten Glauben anbieten kann. Dies hält ihn jedoch nicht davon ab, sich auch außerhalb seiner Glaubensgemeinschaft auf allen wissenschaftlichen Gebieten in der Hoffnung weiterzubilden, durch seine Lektüre ein besseres Gottesverständnis zu erlangen.

## 2.3 Der Weg nach Mailand – Flucht in die Skepsis

Seine intensive Auseinandersetzung mit den Wissenschaften weckt in Augustinus nach und nach Skepsis gegenüber den Lehren der Manichäer. Gegenüber deren *longae fabulae* erscheinen ihm die Erkenntnisse der Philosophen wahrscheinlicher und rationaler (5,3). Der Manichäismus kann insbesondere im Hinblick auf Naturereignisse keine hinreichenden Begründungen liefern, sondern sie bloß als Ausdruck seines dualistischen Kosmos interpretieren.[26] Augustinus erkennt: *Ibi autem credere iubebar* (5,6). Die Einheit von *intellegere* und *credere*, um deretwillen er sich einst der Sekte angeschlossen hatte, scheint nicht mehr gegeben. Als ihm deshalb zunehmend Fragen kommen, verweisen ihn seine Mitbrüder, die selbst keine Antworten darauf zu geben wissen, auf die nahende Ankunft des *episcopus Manichaeorum* Faustus, der im

[25] Moser (2006), 478.
[26] Vgl. Brachtendorf (2005), 102.

Ruf eines auf allen Gebieten bewanderten Mannes steht (5,3;10). Als es endlich zur Begegnung mit Faustus kommt, ist Augustinus zwar von dessen Redekunst beeindruckt, doch im persönlichen Gespräch muss er feststellen, dass der hochgerühmte Bischof nur oberflächlich gebildet und bei weitem nicht so belesen wie Augustinus ist (5,11). Die Aufzählung der wenigen Werke, die der Bischof gelesen hat, wirkt eher geringschätzig[27] und deutet an, dass für Augustinus offenbar ein gewisser Literaturkanon existiert, den man als gebildeter Mensch gelesen haben sollte.

Faustus ist dann auch gar nicht in der Lage, den von Augustinus gewünschten Vergleich von *numerorum rationes* mit den *Manichaei libri* anzustellen (5,12). So ist die Konsequenz:

> *Refracto itaque studio, quod intenderam in Manichaei litteras* (Aug. *conf.* 5,13).
>
> So war denn der Eifer, mit dem ich mich der manichäischen Lehre zugewandt hatte, gebrochen (Übers. Flasch/Mojsisch).

Doch ebenso ist die Naturwissenschaft kein gangbarer Weg für Augustinus, da die Philosophen zwar über die göttliche Schöpfung zutreffende Berechnungen anstellen, Gott als *artifex* dieser Schöpfung und Spender ihrer geistigen Gaben jedoch nicht erkennen und demütig ehren, sondern sich aus Stolz über ihre Erkenntnisse selbst für weise halten (5,5). Im Spannungsfeld von Manichäismus und Wissenschaft arbeitet Augustinus die Ambivalenz seines rationalen Hungers heraus.[28] Rationalität hilft dabei, *phantasmata* aufzudecken, führt andererseits aber zu Hochmut und verstellt den Weg zu Gott.

Nicht nur im Glauben, auch beruflich orientiert sich Augustinus in dieser Zeit neu und verlegt seinen Arbeitsplatz als Rhetoriklehrer von Karthago nach Rom, weil er gehört hatte, dort seien die Studenten ruhiger

[27] Vgl. Müller (2003), 197.
[28] Vgl. Raffelt (1998), 210.

und friedfertiger (5,14).[29] Monnica ist strikt gegen die Trennung von ihrem Sohn und bemüht sich, ihn entweder in Nordafrika zu halten oder wenigstens mitzukommen, was Augustinus dazu treibt, sich heimlich in der Nacht auf ein Schiff zu begeben und seine Mutter zurückzulassen (5,15).

Diese Begebenheit ist des Öfteren als Nachstellung der Flucht des Aeneas, der Dido in Karthago zurücklässt, verstanden und unterschiedlich interpretiert worden. Unter einer psychoanalytischen Deutung, nach der Augustinus, bedingt durch die eheliche Situation seiner Eltern und deren Persönlichkeiten, eine kindliche Neurose entwickelte und unter der übergroßen Aufmerksamkeit seiner Mutter litt, diente das ‚re-enactment' der *Aeneis*, seiner Lieblingslektüre als Kind, als Schlüssel zur Abnabelung von Monnica.[30] Anderweitig ist der Versuch unternommen worden, hier und in den *Confessiones* insgesamt eine Vergil-Allegorese festzustellen, mit der Augustinus eine unter christlichen Maßstäben korrekte Form der Vergillektüre einführen wollte, um so das pagane Epos für den christlichen Glauben nutzbar zu machen.[31] Dem kindlichen Lektüreerlebnis mit der *Aeneis* eine solche Bedeutung zuzusprechen, wie es die genannten Interpretationsansätze zur Abreise aus Karthago tun, ist jedoch überzogen. Während es der psychoanalytischen Deutung an Material fehlt und sie zudem sozialgeschichtliche Umstände außer Acht lässt[32], steht eine mögliche Vergil-Allegorese im Gegensatz zu der deutlichen Poesiekritik des ersten Buches, die insbesondere die *Aeneis* traf. Des Weiteren existieren klare Unterschiede zwischen dem Figurenpaar Aeneas – Dido und Augustinus – Monnica.[33] Angesichts des Raumes,

[29] Neben dieser etwas schwach anmutenden Begründung haben wohl auch Karrieregründe eine Rolle gespielt. So kann man bereits seine Ablösung vom Manichäismus auch unter diesem Aspekt deuten, vgl. Flasch (1980), 32. Auch eine Flucht aus der Enge des heimatlichen und familiären Umfelds kann angenommen werden, vgl. Guardini (1935), 212.

[30] S. dazu Kligerman (1957), 469–484. Ebenso Flasch (1980), 246.

[31] S. Bennett (1988), 47–69.

[32] Vgl. Raffelt (1998), 221–222.

[33] Vgl. Schultheiß (2011), 175–178; sowie Müller (2003), 183–184.

den Augustinus seinen sonstigen Lektüreerlebnissen einräumt, ist eine ‚versteckte' Vergil-Allegorese kaum denkbar.

In Rom angekommen, verkehrt Augustinus trotz seiner Bedenken weiterhin in manichäischen Kreisen, vermutlich da er auf diese Weise in der fremden Stadt am schnellsten gesellschaftlichen Anschluss finden kann. Innerlich und teils auch in Gesprächen sympathisiert er jedoch mit der skeptischen Akademie (5,19). Da ihn die Bibel, der Manichäismus und die *artes liberales* in seiner Hoffnung, zu einer wirklichen Erkenntnis der Wahrheit, d. h. einem Verständnis von Gott, zu gelangen, enttäuscht haben, zieht er konsequenterweise die Möglichkeit der wahren Erkenntnis generell in Zweifel. Sein Fehler liegt darin, dass er sich Gott nur als *moles corporum* (5,19) denken kann und ihn außerhalb, nicht durch innere Kontemplation sucht, wie er auch moralisch weiterhin den weltlichen, nicht den geistigen Gütern anhängt.[34] In diesem Zusammenhang bereitet ihm nach wie vor die Frage *unde malum* Probleme, denn der körperlichen Masse Gottes müsste dann zwangsläufig eine *mali substantia* gegenüberstehen, die der gute Gott nicht selbst geschaffen haben kann (5,20).

Der Manichäismus hatte diese Frage leicht lösen können, doch mit ihm kann Augustinus nicht mehr konform gehen, auch wenn er ihm in seiner Vorstellung von Gut und Böse offensichtlich noch anhängt.[35] So ist es erneut Cicero, der ihm eine intellektuelle Heimat gibt, da jener ebenfalls die skeptische Position einnahm und eine Lebensführung auf Basis des Wahrscheinlichen propagierte.[36] Der Skeptizismus der neuen Akademie bietet Augustinus zeitweilig eine wertvolle Zwischenstation, auf der er bei seiner Wahrheitssuche verharren kann, bis sich neue Erkenntnisse ergeben.[37] Die Existenz Gottes und die Sinnhaftigkeit des Glaubens zieht er trotz philosophischer Skepsis nämlich nicht in Zweifel.[38] Später, als Neuplatoniker und bekehrter Katholik in Mailand, wird

[34] Vgl. Fuhrer (1998), 244.
[35] Vgl. Raffelt (1998), 224.
[36] Vgl. Brachtendorf (2005), 107.
[37] Vgl. Brachtendorf (2005), 109–110.
[38] Vgl. Flasch (1980), 36.

er in seinem Dialog *Contra Academicos* gegen den Skeptizismus argumentieren und ihn so überwinden. In den *Confessiones* verweist er darum schon im Bericht über seine skeptische Periode auf die durch vorgeschobene Skepsis angeblich verschleierte, wahre *intentio* der Akademiker, die er damals noch nicht erkannte (5,19). Nach dieser nur bedingt glaubhaften Hypothese habe die Jüngere Akademie unter Arkesilaos die skeptische Position bloß zum Schein übernommen, um gegen den Dogmatismus der Stoiker zu disputieren, sei in Wirklichkeit jedoch weiterhin von einer erkennbaren Wahrheit im Sinne Platons ausgegangen (Aug. *Acad.* 3,18,41).

Auch in Rom ist Augustinus mit seinen Rhetorikschülern nicht zufrieden und bewirbt sich auf eine Stelle in Mailand, die er über den römischen Stadtpräfekten Symmachus erhalten kann (5,22). Da Mailand zu dieser Zeit die wichtigste westliche Kaiserresidenz ist[39], bedeutet dies für Augustinus einen steilen beruflichen Aufstieg. Dort begegnet er dem katholischen Bischof Ambrosius, den er ebenso wie Faustus über eine Bewertung von dessen Redekunst und Bildungsgrad einführt, anhand derer er die beiden Bischöfe sogar vergleicht (5,23). Augustins Angewohnheit, neue Bekanntschaften nach ihren Fähigkeiten auf diesen beiden Gebieten, denen er sich selbst besonders verschrieben hat, zu beurteilen, zeigt, für wie wichtig er Bildung und sprachliche Gewandtheit an einem kirchlichen Würdenträger erachtet, wobei der Weg dorthin zwangsläufig über Literatur führen muss. Im Gegensatz zu Faustus ist Ambrosius ihm in Glaubensfragen eine große Hilfe, denn der Bischof macht Augustinus mit der Möglichkeit bekannt, die Heilige Schrift *spiritaliter*, also im übertragenen Sinne, und nicht ausschließlich *ad litteram* auszulegen (5,24). Nun kann er endlich auch Stellen des Alten Testaments einen Sinn entnehmen, die ihm vorher verschlossen oder unvereinbar mit seiner Gottesvorstellung waren. Zudem wird er damit in die Lage versetzt, der Schriftkritik der Manichäer etwas entgegenzusetzen.

Rätselhaft bleibt ihm an Ambrosius allerdings, dass der Bischof entgegen den antiken Traditionen immer still und alleine für sich liest

[39] Vgl. Fuhrer (2012), 358.

Augustinus würde seine Schwierigkeiten in Glaubensfragen gerne mit ihm besprechen, doch er wagt es nicht, Ambrosius zu stören, wenn dieser in seine Lektüre versunken ist und ansonsten findet sich keine Zeit (6,3–4). Einmal mehr erkennt man, dass Lektüre für Augustinus auch ein Mittel ist, Gemeinschaft und Austausch zu stiften. Neben dem Erkenntnisgewinn trägt auch dieser Faktor für ihn zur Attraktivität des Lesens bei, man denke an seinen namenlosen Freund in Karthago, das gemeinsame Philosophieren unter den Manichäern und die Diskussionsrunden in Cassiciacum. Die gemeinsame Interaktion des Lesens knüpft ein Beziehungsgeflecht von Menschen mit einheitlichem Geisteshorizont.[40] Mit Ambrosius kann Augustinus nicht in diese dritte Dimension der Lektüre (neben der des Inhalts und der sprachlichen Gestaltung) eintreten, auch wenn ihm der Bischof den Weg weist, wie er gerade über die stille Wendung nach innen zur Erkenntnis kommen kann.[41]

Vorläufig freut er sich an der neuentdeckten Form der Schriftexegese und macht sich den ambrosianischen Leitspruch *littera occidit, spiritus autem vivificat* (6,6) zu Eigen. Anders als früher versteht er nun, dass die Bibel in einer so schlichten Sprache gehalten ist, um allen Menschen zugänglich zu sein, und trotzdem den Gebildeten vor die Herausforderung stellt, ihren tieferen Sinn durch die richtige Exegese zu entschlüsseln:

> *et omnibus ad legendum esset in promtu et secreti sui dignitatem in intellectu profundiore servaret* (Aug. *conf.* 6,8).
>
> Ihre Lektüre (war) für alle leicht zugänglich [...] und doch (blieb) die Würde ihres Geheimnisses einem tieferen Verständnis vorbehalten (Übers. Flasch/Mojsisch).

Folglich nimmt er sein Katechumenat in der katholischen Kirche wieder auf, da er erkennt, dass diese im Gegensatz zum Manichäismus nicht versucht, ihn unter Berufung auf aus der Luft gegriffene Beweise zu täuschen, sondern nur fordert, *ut crederetur quod non demonstrabatur*

[40] Vgl. Erb (1998), 183.
[41] Vgl. Fuhrer (1988), 247.

(6,7). Um zu erläutern, dass diese Forderung nicht so unmöglich ist, wie sie auf den ersten Blick klingt, verweist Augustinus darauf, wie man beispielsweise auch in Bezug auf historische Ereignisse, bei denen man selbst nicht zugegen war, darauf angewiesen ist, den Berichten anderer Glauben zu schenken (6,7). Ciceros Ausrichtung auf das *probabile* und *veri simile* scheint einmal mehr durch.

Durch Ambrosius hat Augustinus gelernt, die Bibel neu und gewinnbringend zu lesen. Nachdem seine wissenschaftliche Lektüre schon Zweifel in ihm geweckt hat, kann er sich dadurch endgültig vom Manichäismus lösen. Während ein *credere* im katholischen Glauben somit möglich erscheint, da die *auctoritas* der Heiligen Schrift alle Menschen aufnehmen kann, verlegt sich Augustinus hinsichtlich des *intellegere* bis auf weiteres auf den Skeptizismus. Auch wenn dieser ihm einem Gottesverständnis nicht näher bringt, macht er ihn zumindest unempfindlich gegenüber Täuschungen und Irrglauben. Für Augustinus ist der Glaube ohne festes Wissen ein kleineres Hindernis als man nach moderner Denkweise vielleicht annehmen könnte. „Wer gefunden hat, glaubt der Wahrheit selbst, der Suchende der Autorität [...].“[42] Bis man die Wahrheit gefunden hat, ist es nicht falsch, an die *auctoritas* der Schrift zu glauben, wie dies weniger gebildete Menschen ohnehin tun. Dem Wahrheitssuchenden ist der Glaube an die (richtige) *auctoritas* sogar hilfreich, weil sie ihm zeigt, dass Verständnis prinzipiell möglich ist, denn die Aussagen der Heiligen Schrift können als Aussagen Gottes nicht unwahr sein. Anders als alle sonstigen Schriften kann die Bibel darum nicht in Zweifel gezogen werden.[43]

## 2.4 Der Neuplatonismus als intellektuelle Bekehrung

Ein neuer Denkhorizont ergibt sich für Augustinus als ihm *quidam Platonicorum libri ex Graeca lingua in Latinum versi* in die Hände fallen (7,13). Um welche Werke es sich genau handelt, bleibt unbe-

[42] Raffelt (1998), 230.
[43] Vgl. Williams (2012), 230.

kannt, garantiert stammten einige von Plotin, möglicherweise auch von Porphyrios.[44] Er liest diese Bücher dann gleich darauf hin, welche Inhalte er in der Bibel wiederfinden kann und entdeckt große Schnittmengen zwischen der Ideenlehre und dem Prolog zum Johannes-Evangelium. „Es steht nicht mehr das Lektüreereignis als solches im Blick, sondern die inhaltliche Übereinstimmung der platonischen Schriften mit den Evangelien.“[45] Zentral ist für ihn:

> *hominis anima, quamvis testimonium perhibeat de lumine, non est tamen ipsa lumen, sed verbum deus, est ipse lumen verum* (Aug. *conf.* 7,13).
>
> (Sie sagen auch, dass) die Seele des Menschen, wenn sie auch Zeugnis ablegt vom Licht, nicht selbst das Licht ist, sondern dass das Wort, Gott, das wahre Licht ist (Übers. Flasch/Mojsisch).

Für Augustinus ergibt sich damit erstmals die Möglichkeit, Gott nicht materiell, sondern als Teil einer höheren, intelligiblen Welt zu denken, von der aus jener auf die körperliche Welt ausstrahlt. Zwar fehlen in den platonischen Büchern auch viele wichtige Aussagen der Heiligen Schrift und die Philosophen begehen erneut den Fehler, in ihrer *superbia* Gott nicht zu verehren, obwohl sie ihn erkannt haben (7,14–15), doch bieten sie einen Ansatzpunkt für Augustinus. Durch die Bücher aufgefordert, kehrt er in der Hoffnung, Gott zu erkennen, in sich selbst zurück (7,16). Auf diese Weise vollzieht er den plotinischen Aufstiegsweg zur Erkenntnis nach, wie der Philosoph über das irdische Leben hinauszusteigen und gänzlich an der transzendenten Welt teilzuhaben.[46]

Tatsächlich gelingt es Augustinus, Gott nahe zu kommen, und vernimmt von ihm: *immo vero ego sum qui sum* (7,16). Dadurch erkennt er, dass alle Dinge der materiellen Welt existieren, weil sie von Gott stammen, jedoch nicht in dem Sinne wahrhaft unabhängig existieren, wie es allein Gott tut (7,17). Die Ideenlehre, nach der alle körperlichen Gegenstände zu ihrer Existenz als Anteil an der Welt der Ideen kom-

[44] Vgl. Brachtendorf (2005), 122.
[45] Schobinger (1977), 86.
[46] Vgl. Kenney (2012), 288.

men, deutet Augustinus dahingehend um, dass nur Gott ‚rein seiend' ist, während seine Schöpfung nur in Abhängigkeit von ihm ihre Existenz erhält. Somit erschließt sich für ihn endlich auch die *unde malum*-Frage. Das Böse an sich kann nicht existieren, denn dann hätte es Anteil an Gottes Schöpfung und wäre gut. Das, was man als Böses bezeichnet, ist somit nur Gutes, das so weit wie möglich seines Guten beraubt ist (7,18–19). Für das Böse ist also nicht Gott verantwortlich, sondern die Teile seiner Schöpfung, die sich von ihm entfernt haben (7,22). Damit ist der Manichäismus endgültig überwunden.

Augustinus begreift, dass er Gottes transzendentes Wesen nur negativ als *incorruptibile, inviolabile, incommutabile* (7,1) ausdrücken kann. Doch auch wenn er Gott nun erkannt hat: *aciem figere non evalui* (7,23). Ein dauerhaftes Genießen Gottes ist ihm noch nicht möglich, von seinem Aufstieg stürzt er wieder in die körperliche Welt zurück. Was für Plotin den Gipfel der Kontemplation darstellt, weil es das Produkt einer disziplinierten Übung der Seele ist[47], kann für Augustinus nur einen bedingten Erfolg bedeuten, da die gewonnene *memoria* an Gott für sein Seelenheil nicht ausreicht (7,23). Die Schau Gottes ist keine Erfüllung, sondern vielmehr eine Selbsterkenntnis, wie weit Gott noch entfernt ist.[48] Erst das bleibende Anhängen an Gott ist für den Menschen das höchste Gut, sein *bonum.*[49] Der Weg dorthin kann nur über den Glauben und Jesus Christus geschehen, der nach den Evangelien die Inkarnation des göttlichen Logos ist und diesen in die Welt trägt.[50] Augustinus betrachtet Jesus aber lediglich als einen Mann von hervorragender Weisheit (7,25). Entscheidend ist jedoch vielmehr die *humilitas* Jesu, an der ein Beispiel zu nehmen Augustinus nicht in der Lage ist:

> *Non enim tenebam deum meum Iesum humilis humilem* (Aug. *conf.* 7,24).
>
> Ich war nicht demütig, daher fasste ich nicht die Demut meines Gottes Jesu (Übers. Flasch/Mojsisch).

[47] Vgl. Kenney (2012), 291.
[48] Vgl. Moser (2006), 503–504.
[49] Vgl. Ruhstorfer (1998), 291.
[50] Vgl. Brachtendorf (2005), 129.

Die platonischen Bücher haben ihm zwar Einsicht über die unkörperliche Wahrheit verliehen, doch damit gleichzeitig stolz und hochmütig über sein Wissen gemacht, obwohl er in Wahrheit voll von charakterlichen Mängeln ist (7,26). Erst das demütige Anerkennen der eigenen *humilitas* und das Hoffen auf Gottes Hilfe werden der Schlüssel zum festen Halt bei Gott sein.

Die Lektüre der platonischen Bücher hat für Augustinus die intellektuellen Hindernisse für das Gottesverständnis beseitigt, weshalb sie durchaus als eine Bekehrung des Denkens bezeichnet werden können.[51] Er selber bewertet das Lektüreerlebnis rückblickend jedoch tendenziell negativ, da er der philosophischen *superbia* anheimgefallen ist, die in ihrer ‚Aufgeblähtheit' glaubt, eine vollständige Reflexion unternommen zu haben, aber dabei ihr Auge vor dem vollkommenen Heil bei Gott verschließt, das nicht aus eigener Kraft erreicht werden kann.[52] Dementsprechend beschreibt sich Augustinus am Ende des siebten Buches als auf einem Berg sitzend, die *patria pacis* betrachtend, ohne den Weg dorthin zu finden (7,27). Die Lektüre ist somit ein zweischneidiges Schwert, das einerseits den Weg zur Wahrheit ebnet, aber andererseits mit dem adamitischen Sündenfall, dem hochmütigen Verlangen nach Weisheit aus eigenen Mitteln, assoziiert wird.[53] Daher ist Augustinus froh, dass Gott ihm die platonischen Bücher vor der Heiligen Schrift offenbart, da sie ihn im umgekehrten Fall vielleicht von der Frömmigkeit weggeführt hätten (7,26). So liest er erst im Anschluss die Schriften des Paulus, in denen er nun endlich keine Widersprüche mehr erkennen kann, da sie mit den platonischen Büchern übereinstimmen, aber zusätzlich auf die *gratia Dei* und das sündhafte Wesen des Menschen verweisen, die die Schlüssel zu seiner vollständigen Bekehrung sein werden.

[51] Vgl. Ruhstorfer (1998), 336.

[52] Vgl. Casper (1982), 41.

[53] Vgl. Moser (2006), 501.

## 2.5 *Tolle, lege* – Das Bekehrungserlebnis

Das *intellegere* beherrscht Augustinus dank der neuplatonischen Lektüre, aber

> *nec certior de te, sed stabilior in te esse cupiebam* (Aug. *conf.* 8,1).
>
> wonach ich jetzt verlangte, war nicht größere Gewissheit über dich, sondern größere Festigkeit in dir (Übers. Flasch/Mojsisch).

Dabei steht ihm sein Lebenswandel, der ihm keine Freude mehr macht, im Weg. Insbesondere belastet ihn die Aussicht auf das Eheleben, dem er noch nicht völlig entsagen möchte, wie es bei Paulus als Ideal propagiert wird (8,2). Es handelt sich also um eine Frage des Willens, der bei Augustinus trotz kognitiver Erkenntnis Gottes noch zu schwach ist, um diesen letzten Schritt zu gehen. In seiner Not wendet er sich an Simplicianus, den geistlichen Vater des Ambrosius, und berichtet ihm von seinen Glaubensschwierigkeiten. Als dabei die *libri Platonicorum* zur Sprache kommen, berichtet Simplicianus, er habe deren Übersetzer ins Lateinische, den römischen Rhetor Victorinus sehr gut gekannt. Er erzählt, dass Victorinus umfassend gebildet und beruflich höchst erfolgreich war – die Parallelen zu Augustinus liegen auf der Hand –, aber bis ins hohe Alter pagane Götter anbetete (8,3). Durch eine gründliche Lektüre der Bibel und aller christlichen Autoren wurde er schließlich Christ, zögerte jedoch, dies öffentlich zu bekennen, um seine Reputation und sein soziales Umfeld nicht aufs Spiel zu setzen (8,4). Nachdem ihn aber die Furcht überkam, von Christus verleugnet zu werden, besuchte er eine Kirche und machte unter dem Jubel der Menge seinen Glauben publik (8,4–5). Die Konversion des Victorinus weckt in Augustinus das Verlangen, ihn zu imitieren (8,10). Er erkennt, dass der mutige Akt der Überwindung viel eher eine Chance ist, sich von den Fesseln des bisherigen Lebens zu befreien.[54] Ebenso ist sie ihm Anlass, zu reflektieren, dass die Bekehrung einer verlorenen Seele eine viel größere Freude erzeugt als eine solche, die immer schon einen festen und richtigen Glauben

[54] Vgl. Jacques (1988), 361.

hatte, wie es die Bibel im Gleichnis vom Verlorenen Sohn veranschaulicht (8,6–9).

Das Vorbild des Victorinus hat die völlige Hinwendung zu Gott für Augustinus deutlich attraktiver gemacht. Doch noch immer hält ihn die *libido* auf, die als *voluntas carnalis* mit der *voluntas spiritalis* streitet (8,10).[55] Während der eine Wille Augustinus zu Gott hindrängt, antwortet der andere in ihm immer wieder: „*Modo*“, „*Ecce modo*“, „*Sine paulum*“ (8,12). In dieser Zeit des seelischen Ungleichgewichts besucht der kaiserliche Beamte Ponticianus Augustinus und dessen Freund Alypius. Wie schon bei Simplicianus ist ein Buch, in diesem Fall eine Sammlung der Paulusbriefe, Auslöser für diesmal gleich mehrere Konversionsgeschichten (8,14). Ponticianus erzählt zunächst vom Heiligen Antonius, der durch das zufällige Mitanhören des Aufrufs Christi, sein Hab und Gut zu verkaufen und den Armen zu geben[56], sich eben diese Stelle zu Herzen nahm und fortan als Eremit lebte. Daran anschließend folgt eine persönliche Erinnerung Ponticians an zwei seiner Kollegen, die in Trier in einer Gartenhütte auf die Vita des Antonius in Buchform stießen. Der eine begann sie zu lesen und entschied sich nun ebenfalls, seine weltliche Karriere aufzugeben. Der andere folgte ihm in seiner Entscheidung, ohne die Vita selbst gelesen zu haben. Ebenso akzeptierten die Verlobten der beiden diesen Entschluss und führten ihr weiteres Leben in Keuschheit (8,15).

Mit Hilfe dieser narrativen *exempla* erfährt Augustinus gewissermaßen ein Konversionstraining, das seinen spirituellen Willen stärkt und die Schwäche seines fleischlichen Willens bloßstellt.[57] Sie lehren ihn, dass eine völlige Hinwendung zu Gott ein Glaubensbekenntnis vor Gott und den Menschen erfordert und die bloße innerliche Bekehrung nicht ausreicht. Die Erzählung Ponticians stellt zudem eine sorgfältig kon-

[55] Augustins Lehre von den zwei Willen ist erneut eine Antwort an die Manichäer. Der Wille zum Schlechten resultiert aus der freien Wahl des Menschen, nicht aus der Macht der Finsternis, vgl. Jacques (1988), 364.

[56] Mt. 19,21.

[57] Vgl. Moser (2006), 512.

struierte Kettenreaktion der Bekehrungen dar.[58] Antonius hört die Heilige Schrift, der erste Beamte liest dessen Vita, der zweite wird nur noch durch den bloßen Entschluss seines Kollegen bekehrt, ebenso ihre Frauen. Über Ponticianus vernimmt daraufhin Augustinus diese Erzählung und kann nun seine eigene Konversionsgeschichte schreiben, die er schließlich in Form der *Confessiones* wiederum an andere weitergibt. Auch die *Confessiones* sollen für ihre intendierten Leser zu einer solchen Geschichte werden.[59] So transformiert sich das Bekehrungserlebnis der Antoniusvita ad infinitum.[60] In diesem Konversionstraining spielen Bücher weniger die Rolle einer Wissens- und Inspirationsquelle, wie das zuvor der Fall gewesen ist. Stattdessen werden Bücher selber zu Akteuren und Motoren der Erzählung.[61] Victorinus tritt über seine Tätigkeit als Übersetzer der *libri Platonicorum* in den Fokus der Erzählung, für Ponticianus sind die paulinischen Briefe Anlass zur Erzählung, Antonius wird durch das rezitierte Matthäus-Evangelium bekehrt, der Trierer Beamte durch dessen verschriftlichte Vita.

Aufgerüttelt durch Ponticians Erzählung und im Schuldbewusstsein darüber, dass mittlerweile zwölf Jahre seit der *Hortensius*-Lektüre vergangen sind, in denen er sein damals anvisiertes Ziel nicht erreicht hat, zieht sich Augustinus in den Garten des Hauses, das er mit Alypius bewohnt, zurück (8,16–19). Dort führt er einen inneren Kampf gegen seinen fleischlichen, sündigen Willen und die Verlockungen, mit denen ihn dieser fesselt (8,20–26). Im Rückblick auf die gehörten Bekehrungsgeschichten sieht Augustinus ein, dass er dies nicht aus eigener Kraft erreichen kann, sondern dazu die Gnade Gottes erflehen muss (8,27). Damit ist seine *superbia* als letztes Glaubenshindernis beseitigt. Nachdem er Gott um Hilfe angefleht hat und weinend unter einem Feigenbaum zusammengebrochen ist, hört er aus dem Nachbarhaus eine Kinderstimme, die im Singsang: „*Tolle lege, tolle lege*", ruft. Augustinus interpretiert dies als göttlichen Befehl, das erstbeste Buch aufzuschlagen

58 Vgl. Moser (2006), 531.
59 Vgl. Kotzé (2004), 175.
60 Vgl. Moser (2006), 531.
61 Vgl. Jacques (1988), 359; Moser (2006), 528.

und die Stelle, die er dort findet, als Weisung zu verstehen, denn er erinnert sich, wie auch der Heilige Antonius durch eine scheinbar zufällige Bibelstelle seine Bekehrung erfuhr. Das am schnellsten verfügbare Buch ist die Sammlung der Paulusbriefe, die schon Anlass zum Gespräch mit Ponticianus war, und Augustinus liest darin als erstes *Röm.* 13,13–14, wo zum Verzicht auf weltliche Genüsse und Laster aufgefordert wird.

> *Statim quippe cum fine huiusce sententiae quasi luce securitatis infusa cordi meo omnes dubitationis tenebrae diffugerunt* (Aug. *conf.* 8,29).
>
> Denn sofort, als ich den Satz zu Ende gelesen hatte, strömte das Licht der Gewissheit in mein Herz; jegliche Finsternis des Zweifels war verschwunden (Übers. Flasch/Mojsisch).

Gleich darauf nimmt auch Alypius die Paulusbriefe in die Hand, liest noch über die Stelle hinaus und erfährt durch einen der folgenden Sätze[62] ebenfalls eine vollständige Bekehrung (8,30).

Die Bekehrung im Mailänder Garten kann deshalb gelingen, da Augustinus in allen Dimensionen des Handelns in der Lage ist, sich gänzlich Gott hinzuwenden: Durch die Konversionsgeschichten will er es tun, durch den Neuplatonismus versteht er, es zu tun, durch die Gnade Gottes vermag er, es zu tun.[63] Dementsprechend ist der Inhalt der gelesenen Paulus-Stelle fast nebensächlich, denn Aufrufe, sich von Lastern fernzuhalten, hat Augustinus zu diesem Zeitpunkt sicherlich schon viele Male gelesen. Bedenkt man, wie stark sich Augustinus inhaltlich mit seinen bisherigen Lektürestationen auseinandergesetzt hat, wirkt es beinahe ironisch, dass er nun durch einen einzigen Satz den Glauben an Gott festhalten kann. Dass der Aufruf diesmal jedoch nachhaltige Wirkung bei ihm zeigt, liegt daran, dass er nun mit der richtigen, nämlich demütigen, Lesehaltung an die Lektüre herangeht.[64] Es handelt

[62] Röm. 14,1.
[63] Vgl. Jacques (1988), 366.
[64] Vgl. Brachtendorf (2005), 158.

sich darum nicht um eine spontane Offenbarung[65], wie sie etwa Paulus erlebte, sondern um den folgerichtigen Kulminationspunkt einer langfristigen Entwicklung. Augustinus hat das Wesen Gottes verstanden und kann deshalb an ihn glauben, doch erst im Glauben erkennt er, wie sehr er auf die Gnade Gottes angewiesen ist und kann seinen hochmütigen, fleischlichen Willen überwinden, nicht indem er ihn gänzlich ablegt, sondern weil ihm die Stärke verliehen wurde, der *voluntas carnalis* nicht mehr nachgeben zu müssen.[66] Seine philosophische Lektüre hat ihm das *intellegere* ermöglicht, die Bereitschaft zum demütigen *credere* kann der Mensch aus innerer Einkehr heraus jedoch nicht erreichen, sondern ist auf Impulse von außen angewiesen.[67] Darum nutzt Gott Bücher und Menschen im Rahmen der Konversionsgeschichten als inspirierende Hilfestellungen, die den Weg weisen.[68] Die Eigenleistung Augustins besteht darin, diese Zeichen richtig zu deuten.[69]

Mit dem Bekehrungserlebnis im achten Buch endet auch der Untersuchungsrahmen dieser Arbeit, die sich auf Augustins persönliche Entwicklung zum gläubigen Christen beschränken will. Dennoch sollen die übrigen fünf Bücher der *Confessiones* nicht ganz unbeachtet bleiben, sondern werden im nachfolgenden Kapitel unter anderem eine Rolle spielen, auch wenn die Auseinandersetzung mit ihnen weit weniger intensiv ausfallen wird.

# 3. Sinn und Bedeutung der Lektüreerlebnisse in Konzeption und Denkhorizont der *Confessiones*

Im vorangegangenen Kapitel konnte gezeigt werden, wie Augustinus im Rückblick seine Bekehrung zum katholischen Glauben, aber auch

[65] So z.B. interpretiert in Kuhlenkampff (1999).
[66] Vgl. Wetzel (2012), 340.
[67] Es kann also von einer einseitigen Abkehr vom *foris* und Hinwendung zum *intus* wie bei Schobinger (1977), 70, gerade nicht gesprochen werden.
[68] Vgl. Moser (2006), 534–544.
[69] Vgl. Moser (2006), 547–548.

seine gesamte Lebensgeschichte von Lektüreerlebnissen beeinflusst und getragen sieht. Es stellt sich nun die Frage, warum er gerade diese zu einem Gliederungsmotiv seiner autobiographischen Erzählung und zum Motor seiner Bekehrung macht. Als Antwort darauf liegt es nahe, schlicht auf Augustins charakterliche Disposition und seine Lebensumstände zu verweisen. Als Rhetor und Lehrer dieser Disziplin sind Lesen und Schreiben alltägliche Praxis und sein berufliches Handwerkszeug. Nicht umsonst betont er, wie wertvoll es für ihn war, diese Fähigkeiten als Kind erlernt zu haben, und wie gut er sie seitdem beherrscht. Ebenso zeigt sich bereits seit seiner Kindheit, dass ihn Literatur emotional und rational stark beeinflussen kann, sei es, dass ihn der Inhalt, der sprachliche Schmuck oder die Bedeutung des Schriftstellers beeindrucken. Außerdem lebt er in einer Zeit, in der der gebundene Codex die Papyrusrolle verdrängt, wodurch ein bequemeres und vor allem hermeneutisch wertvolleres Lesen, einschließlich des Referenzierens auf andere Teile des Werkes oder des Corpus, ermöglicht wird.[70]

Mit der Verbreitung des Codex einhergehend ändert sich auch die Lesegewohnheit vom lauten Rezitieren zum mönchhaften, stillen Lesen, wie es Ambrosius praktiziert, durch das die geschriebenen Worten einen schnelleren Weg ins Herzen und ins Gedächtnis finden soll.[71] In letzterem verortet Augustinus im zehnten Buch entsprechend auch den Sitz Gottes im Menschen. Weiterhin ist das frühe Christentum als ‚Religion des Buches' auf die transportableren, billigeren Codices zur Verbreitung seines Glaubens und Weitergabe seiner Heiligen Schrift angewiesen.[72] Im Gegensatz zu allen anderen antiken Religionen legt das Christentum Wert darauf, Lehre und Tradition über ein festes Textcorpus zu legitimieren und zu autorisieren.[73] Für einen christlichen Rhetor der Spätantike wie Augustinus liegt es unter diesen Umständen nahe, ein ‚Bücherwurm' zu werden, denn nur über dieses Medium kann er in

[70] Vgl. Stroumsa (2012), 152–153.
[71] Vgl. Stroumsa (2012), 155.
[72] Vgl. Stroumsa (2012), 153–154.
[73] Vgl. Edwards (2012), 215.

ausreichender Menge die Informationen finden, die er für seine berufliche und vor allem geistige Weiterentwicklung benötigt.

Wenn auch der kulturgeschichtliche Deutungsansatz sicherlich zutreffend ist, wäre es doch zu oberflächlich, diesen für ausreichend zu erklären. Es muss bedacht werden, dass Augustinus in den *Confessiones* mit einem Abstand von über zehn Jahren (und mehr) auf seine ersten 33 Lebensjahre zurückschaut und als Verfasser natürlich selbstständig daran mitwirkt, nach welchen Gesichtspunkten er seine Autobiographie gliedert. Was hätte beispielsweise dagegen gesprochen, das Bekehrungserlebnis nach paulinischem Vorbild zu gestalten, dem christlichen Paradigma in dieser Hinsicht? Schließlich rezipiert Augustinus zur Zeit der Mailänder Gartenszene keinen christlichen Autoren so intensiv wie Paulus. Im Folgenden soll nicht nur darauf eine Antwort gegeben werden, sondern vor allem aufgezeigt werden, wie Augustinus in den *Confessiones* die frühchristliche Theologie über die Schilderung seiner persönlichen Lektüreerlebnisse mit dem literarischen Angebot der Spätantike weiterentwickelt und auf diese Weise das Verhältnis von Theologie und Philosophie nachhaltig bestimmt. Es wird darum nun nachgewiesen, dass Augustinus in der Betonung seiner Lektüreerlebnisse als Marksteine seines Bekehrungsweges durchaus bewusst und planvoll handelt.

Grundsätzlich steht Augustinus wie jeder Autobiograph vor dem Problem, einen noch unvollendeten literarischen Gegenstand, das eigene Leben, in einer nach literarischer Konvention abgeschlossenen und einheitlichen Erzählung darzustellen. Die eigene Lebensgeschichte unter dem Aspekt der Konversion zu lesen, bietet ihm die Möglichkeit, „sein Leben noch *im* Leben selbst zu Ende zu bringen“[74] und so dem autobiographischen Dilemma eines fehlenden Endpunktes zu entkommen. Indem er die Konversion zum Thema seiner Autobiographie macht, stellt sich Augustinus gleichzeitig in die literarische Tradition der Konversionsgeschichte, wie er selbst im achten Buch reflektiert. Zu seinen Vorgängern auf diesem Feld zählen u.a. Paulus als Sinnbild der christlichen Bekehrung schlechthin, der in den *Confessiones* prominent er-

[74] Moser (2006), 425.

wähnte Heilige Antonius, aber auch die christlichen Schriftsteller Hilarius von Poitiers und Cyprian von Karthago, deren Schriften autobiographische Abrisse enthalten und die Augustinus aller Wahrscheinlichkeit nach kannte.[75] Auf diese soll kurz ein vergleichender Blick geworfen werden.

Die Konversion des Paulus ist die dem Wortsinn nach vollkommenste. Als ihm Christus auf dem Weg nach Damaskus erscheint, erhält sein Leben unvermittelt und schlagartig eine gänzlich neue Orientierung. In einer radikalen Wende wird er vom Christenverfolger zum eifrigsten Missionar der Religion.[76] Die Gegensätze zu Augustinus liegen auf der Hand: Erstens hat Paulus vor der Bekehrung überhaupt nicht den Wunsch, Christ zu werden, und unternimmt dementsprechend im Vorhinein auch keinerlei theologisch-philosophische Bemühungen, Gott besser zu verstehen, zweitens geschieht die göttliche Intervention persönlich in Form einer direkten Ansprache und nicht durch indirekte Hilfsmittel, deren Sinn erst entschlüsselt werden muss. Die Pointe der Paulusbekehrung ist das Ausmaß der göttlichen Macht, einen Feind des Christentums zu seinem größten Missionar umkehren zu können. Die unumschränkte Macht Gottes ist in den *Confessiones* dagegen längst Prämisse.

Das Bekehrungserlebnis des Antonius ist dem Augustins deutlich näher, da beiden eine zufällig rezipierte Bibelstelle den entscheidenden Impuls gibt. Anders als Augustinus ist Antonius aber bereits vor der Bekehrung mit dem nötigen festen Willen zum Widerstand gegen die Versuchungen der Sünde ausgestattet, die Bekehrung verleiht Antonius' Streben nach Tugend nur noch den christlichen Rahmen. Er steht damit in der griechisch-heidnischen Askesetradition des Gelehrten, der einen Willenskonflikt gar nicht austragen muss, weil er ihn schon bewältigt hat.[77] Antonius hat also aus eigener Kraft erreicht, was Augustinus erst nach fünfzehn Jahren und dann auch nur durch Gottes Hilfe gelingt: die Überwindung der *voluntas carnalis*.

[75] Vgl. Courcelle (1963), 95–96 (zu Hilarius von Poitiers), 119–125 (zu Cyprian von Karthago).
[76] Apg. 9,3–6.
[77] Vgl. Moser (2006), 539.

Während Paulus und Antonius Bekehrungsgeschichten von eher ‚mythischem' Charakter darstellen, die dementsprechend nicht autobiographisch erzählt werden, liefern Augustins direkte Vorgänger auf dem Gebiet der christlichen Autobiographie, Hilarius und Cyprian, lebensnähere Bekehrungserlebnisse. Hilarius stellt seinem Werk *De Trinitate* einleitend seinen persönlichen Weg zum Glauben voran. Ebenso wie bei Augustinus vollzieht sich dieser Weg auf einer spirituellen Suche nach Wahrheit und durch die Auseinandersetzung mit verschiedenen intellektuellen Angeboten (*trin.* 1,1–10). Cyprian beschreibt in seiner Schrift *Ad Donatum,* wie Augustinus in Dunkelheit und Sünde gefangen gewesen zu sein (*ad Don.* 3;4), bis ihn die Bekehrung trifft (*ad Don.* 4). In seinem Fall wird diese vermittelt durch die Lehre des Priesters Caecilius (Pont. *Vit. Cyp.* 4,1). Die autobiographischen Elemente bei Cyprian und Hilarius sind als typisch für die spätantike Praxis zu sehen, die propagierte Philosophie am eigenen Leben zu exemplifizieren.[78] Dabei besteht vor der bekehrenden Erkenntnis immer ein Zustand der Unruhe, der den Suchenden zu immer neuen Philosophemen treibt, weil die bisherigen Lösungen nicht genügen.[79] Es ist wahrscheinlich, dass Augustinus an seine Vorgänger anknüpfend selbst eine autobiographische Suche nach Wahrheit erzählen wollte, die aus Irrtum und Sünde zum Seelenheil bei Gott führt.[80] Insbesondere die für ihn wichtige Gnadenlehre wollte er am eigenen Leben beispielhaft verdeutlichen.[81] Der zeitgenössische, mit der Gattungstradition vertraute Leser würde den autobiographischen Teil der *Confessiones* problemlos als Bekehrungsgeschichte identifizieren und als solche lesen.[82]

In Abgrenzung von seinen Vorgängern entwickelt Augustinus die literarische Form der Konversionsgeschichte jedoch weiter, sodass sie nicht mehr nur als bloße Einleitung eines philosophischen Programms dient und vor allem weitaus näher am Leben des intendierten Lesers ist.

[78] Vgl. Schultheiß (2011), 28.
[79] Vgl. Pfligersdorffer (1987), 81.
[80] Vgl. Courcelle (1963), 96f.
[81] Vgl. Flasch (1980), 175f.
[82] Vgl. Kotzé (2004), 85.

Welcher Christ kann schon hoffen, dass ihm – wie dem auserwählten Missionar Paulus – Christus persönlich erscheint, oder von sich behaupten, aus sich selbst heraus die nötige Willensstärke zur Enthaltsamkeit aufzubringen, wie das Antonius gelungen ist? Durch seine schonungslose und gänzlich subjektive Offenheit hinsichtlich seiner Schwächen und Fehler, eben durch das Ablegen einer *Confessio*, wirkt die Bekehrungsgeschichte realitätsnäher, objektiver und authentischer.[83] Diese Art der Darstellung gibt der Leserschaft die Möglichkeit einer sympathetischen Identifikation: Der Weg zum festen Glauben ist gangbar, selbst für einen Menschen mit Zweifeln, Schwächen und Fehlern.[84] Aus diesem Grund sind die *Confessiones* in den letzten Jahrzehnten häufig als christlicher Protreptikos gedeutet worden, der eine *excitatio* zur Suche nach wahrem Glauben gibt.[85] Dabei richten sich die Bücher I–IX an noch nicht zum katholischen Glauben konvertierte Leser, die weiteren an bereits konvertierte, denen Augustinus über die Genesisexegese einen Zugang zur Bibel eröffnen möchte.[86] Als Endergebnis bieten die *Confessiones* eine Lebensform an, in der *sapientia*, ethische Sicherheit und ein Verständnis der Heiligen Schrift erreicht sind und damit Ruhe bei Gott gefunden wurde.[87]

In der protreptischen Wirkungsabsicht wächst der von Augustinus als prägend empfundenen Lektüre die Rolle des Vermittlers zu. Der Leser der *Confessiones* wird indirekt eingeladen, die erwähnten Werke selbst zu lesen und sich ihre Inhalte anzueignen. Entsprechend Augustins Sprach- und Gedächtnistheorie sind die nötigen Erkenntnisbegriffe in der *memoria* eines jeden Menschen bereits von Gott angelegt und müssen nur durch die *admonitio verborum* freigelegt werden.[88] Dieser Weg zu Gott steht jedem offen und verlangt nicht, die Qualitäten eines Heiligen zu besitzen, wenn auch beständige Demut zur Vermeidung der

[83] S. Fuhrer (2008), 175–188.
[84] Vgl. Fuhrer (2004), 128.
[85] Vgl. Feldmann (1998), 11–59; Kotzé (2004), 117–196; Fuhrer (2004), 128.
[86] Vgl. Kotzé (2004), 88.
[87] Vgl. Feldmann (1989), 42–45.
[88] Vgl. Schobinger (1977), 70–73.

philosophischen *superbia* gefordert wird, um auf die Gnade Gottes hoffen zu können. Der augustinische Bekehrungsweg verlangt gerade keine persönliche Gotteserscheinung, vielmehr äußert sich Gott versteckt durch die Worte von Menschen, seien sie gesprochener oder geschriebener Art. Gott macht sich als Quelle aller Sprachen[89] durch die Nutzung menschlicher Sprache klein, um für die *parvuli* verständlich zu sein.[90] So kann man die *Confessiones* auch als eine allmähliche Konstituierung eines Gesprächs zwischen Augustinus und Gott betrachten.[91]

Damit ein solches Gespräch aber zustande kommt, muss der Mensch die Zeichen Gottes auch als solche verstehen. Augustinus berichtet selbst, wie er viele Signale Gottes vor der Bekehrung nicht verstehen konnte, da sie sich ihm durch ihre Unscheinbarkeit nicht erschlossen, allen voran die Bibel. Erst in der gegenwärtigen *narratio* der *Confessiones* kann er rückblickend die Vorgeschichte der Bekehrung als bereits stattfindende Interaktion mit Gott deuten.[92] Er unterzieht sein gesamtes bisheriges Leben einer ‚Lektüre' und erkennt, wie die göttliche Vorsehung ihn durch das Lesen zum richtigen Lesen – nämlich der Heiligen Schrift – erzogen hat.[93] So sind die *Confessiones* als gesamtes Werk vom Moment der Bekehrung her komponiert und strukturiert.[94] Dem Leser der *Confessiones* zeigt Augustinus nun anhand seiner Lebensgeschichte, wie er die Zeichen Gottes auch in seinem Leben über Lektüre deuten und verstehen kann, und demonstriert ihm darüber hinaus das Lesen der Heiligen Schrift anhand der Genesisexegese.[95] Damit andere Christen nicht ebenfalls einen derart schwierigen Weg zum richtigen Verständnis der Bibel haben oder gar Irrwege beschreiten wie er selbst, gibt Augustinus seinen Lesern mit den *Confessiones* eine Hilfestellung, gewissermaßen ein *Pre-Reading* zur Bibel, an die Hand.

[89] Vgl. Burton (2012), 114.
[90] Vgl. Moser (2006), 458.
[91] Vgl. Herzog (1984), 215.
[92] Vgl. Moser (2006), 429 u. 564; Herzog (1984), 219.
[93] Vgl. Moser (2006), 464.
[94] Vgl. van Hooff (1998), 350.
[95] Die sich außerdem wohl auch explizit an die Manichäer richtete, die den Schöpfungsbericht gänzlich ablehnten, vgl. Desch (1988), 16.

Bei aller Bedeutung, die Augustinus dem Lesen als Weg zu Gott in der Konzeption der *Confessiones* zuweist, darf nicht vergessen werden, dass er seine Lektüre noch viel öfter kritisch reflektiert als von ihrer Wirkung zu schwärmen. Seine Kritik trifft die Poesie, die manichäischen Bücher, die aristotelische Kategorienschrift, die *artes liberales* und selbst die *libri Platonicorum*, die ihm zur Gottesschau verholfen haben, weil sie entweder unnütz, falsch oder von philosophischer *superbia* getränkt seien. Von bedenkenlosen Leseempfehlungen kann darum kaum gesprochen werden. Bei näherer Betrachtung erweist sich Augustinus als noch deutlich schärferer Kritiker. So erklärt er ausführlich und an mehreren Stellen, dass der *Hortensius* in ihm die Liebe zur Weisheit geweckt habe. Andererseits teilt er über dessen Inhalt nicht mehr mit, als dass er eine *adhortatio ad philosophiam* erhält und das Werk eines *cuiusdam Ciceronis* sei (3,7). Natürlich kennen Augustinus und seine intendierte Leserschaft den *Hortensius* und seinen Verfasser genau, auf sprachlicher Ebene wird jedoch der Eindruck erweckt, es handele sich um ein zufällig entdecktes, eher unbekanntes Werk, das zwar wertvoller Impulsgeber, ansonsten jedoch nicht weiter von Bedeutung ist.[96] In ähnlicher Weise werden die Verfasser der *libri Platonicorum* nie genannt und kein Wort aus ihnen zitiert. Darüber hinaus berichtet Augustinus noch, ein von ungeheurem Hochmut aufgeblähter Mann habe ihm die Bücher zukommen lassen (7,13). Es stellt sich folglich die Frage, wie Augustinus einerseits die paganen Schriftsteller begeistert rezipieren, andererseits mit offensichtlicher Geringschätzung behandeln kann. Dazu muss noch einmal die Kulturgeschichte der Spätantike herangezogen werden.

Im westlichen Teil des römischen Reiches galt die Philosophie im dritten und vierten Jahrhundert als nutzlose, weltfremde Disziplin, die allenfalls als Liebhaberei taugte.[97] Auch die lateinischen (nicht griechischen) christlichen Autoren standen der Philosophie ablehnend gegenüber, da sie die Wahrheit verfälsche und von Gott wegführe, der als

[96] Ob es sich dabei um einen Ausdruck der Geringschätzung handelt, ist natürlich diskutabel, für andere Interpretationen s. Bettetini (1998), 145.
[97] Vgl. Fuhrer (1997), 292.

einziger wahre Erkenntnis und Seelenheil geben könne.[98] Gleichzeitig wurde mitunter die Philosophie gegen das Christentum ins Feld geführt, wie etwa von Kaiser Julian, der, gestützt auf den Neuplatonismus, den letzten Versuch unternahm, die alte römische Staatsreligion wiederherzustellen.[99] Der exklusive Anspruch des Christentums auf die einzig wahre Offenbarung schloss notwendigerweise die vernunftbasierte, in einer Vielzahl von Schulen zergliederte hellenistische Philosophie aus.[100] Doch nicht nur die Philosophie, auch das Christentum setzte sich in unterschiedlichen Strömungen mit sich selbst auseinander. So besteht fast die Hälfte des augustinischen Gesamtwerkes aus Schriften, in denen der Bischof gegen verschiedene Häresien anschreibt.[101]

Augustinus hatte durch seine langjährige weltliche Karriere und seinen permanenten Lesehunger wohl anfänglich keine Vorurteile gegen pagane Philosophie. Unter den neuplatonischen Christen in Mailand bemüht er sich darum um eine Annäherung von Christentum und Philosophie und kann über den Neuplatonismus sogar eine Vereinbarkeit herstellen.[102] In den Dialogen von Cassiciacum wird nach einer Synthese gesucht, in welcher der Glaube Antworten auf philosophische Probleme gibt.[103] Zur Zeit des Abfassens der *Confessiones*, als Bischof von Hippo Regius, hat er allerdings erkannt, dass die *auctoritas* der Kirche weitaus mehr als die Philosophie dazu beiträgt, die Masse der Gläubigen in der *fides catholica* zu halten, wobei Monnica exemplarisch für den einfachen Glauben steht.[104] Ihr gelingt im neunten Buch der *Confessiones* entsprechend auch ohne Vermögen zum *intellegere* der Aufstieg zu Gott. Widmet sich der einfache Gläubige jedoch zu sehr der Philosophie, besteht die Gefahr, dass er vom rechten Glauben abkommt.

[98] Vgl. Fuhrer (1997), 293.
[99] Vgl. Flasch (1980), 10.
[100] Vgl. Honnefelder (1992), 57.
[101] S. beispielsweise die Werksübersicht in Fuhrer (2004), 57–60.
[102] Vgl. Fuhrer (1997), 294.
[103] Vgl. Madec (1989), 22.
[104] Vgl. Flasch (1980), 156.

In diesem Zusammenhang muss daran erinnert werden, dass Augustinus in einer Epoche kulturellen Umbruchs schrieb, in der dem Menschen eine Vielfalt von geistigen und religiösen Angeboten sowie alten und neuen Wertesystemen offenstand, in dem es galt, eine Position zu finden.[105] Augustinus, der ein Interesse daran hat, Christen den Weg zum rechten Glauben zu weisen und sie dort zu halten, ist daher gezwungen, in den *Confessiones* eine Doppelstrategie anzuwenden. Dem Intellektuellen, der wie er den Glauben nur in Vereinbarkeit mit rationaler Erkenntnis zu finden vermag, bietet er seinen Lebensweg als buchgestützten Protreptikos an. Gleichzeitig muss er einen deutlichen Abstand zu den paganen Autoren und ihren Werken einnehmen, um nicht zu *superbia* und *errores* zu verleiten. Die paganen Philosophen stehen im Schatten der größeren, göttlichen Weisheit und bleiben damit auf ihre Rolle als Instrumente der göttlichen Vorsehung beschränkt.

Mit dieser zwiegespaltenen Einstellung zur Philosophie hat Augustinus nachhaltig Einfluss auf das Denken des Mittelalters genommen und das Verhältnis von Theologie und Philosophie grundlegend bestimmt. Sein Drang, wissen und erkennen zu wollen, was er glaubt, eröffnete die langewährende theologische Diskussion des *intellectus fidei.*[106] Die wahre Philosophie ist nach Augustinus das durch die Schrift angeregte Denken, da die Bibel Antworten auf alle philosophischen Probleme gibt, die der gelehrte Christ durch eine philosophische Exegese nur kenntlich machen muss.[107] Die Bibel stellt in dieser Perspektive einen rhetorischen Metatext dar, der ständiger Auslegung bedarf.[108] In seiner Interpretation der Theologie als ‚wahrer Philosophie' integrierte Augustinus die pagane Philosophie zwar in das christliche Denken, degradierte sie jedoch im Gegenzug zur bloßen Hilfswissenschaft. Sie dient als *ancilla Theologiae* der *domina scientiarum.*[109] Im Mittelalter raubte diese Denkweise der Philosophie die Eigenständigkeit und über-

[105] Vgl. Schultheiß (2011), 50; 276.
[106] Vgl. Kienzle, Klaus (1998), 71f.
[107] Vgl. Flasch (1980), 264.
[108] Vgl. Cameron (2012), 204; Schultheiß (2011), 40.
[109] Vgl. Mayer (1989), 234.

forderte gleichzeitig die Theologie, die nun alle Antworten geben musste.[110]

## 4. Zum Abschluss der Lektüre

Die Untersuchung der ersten acht Bücher des Werkes konnte aufzeigen, wie sehr Augustinus seine persönliche Entwicklung und seine Suche nach festem Glauben im Guten wie im Schlechten von Büchern beeinflusst sieht. Dabei reflektiert er die Verführungskraft der Poesie, die aufrüttelnde Wirkung von Ciceros protreptischem Werk *Hortensius*, seine Irrwege als Manichäer, sein Studium der *artes liberales* und der Philosophie. Zentral für seine Glaubenskrise ist die Suche nach einer Möglichkeit, *intellegere* und *credere* vereinbaren zu können. Über den Neuplatonismus gelingt ihm die wahre Erkenntnis Gottes. Um an diesem jedoch dauerhaft im Glauben festhalten zu können, ist er auf Gottes Gnade angewiesen, die sich durch eine Reihe von indirekten Hilfestellungen, insbesondere dem Mitteilen von Konversionsgeschichten, äußert. Auf diese Weise gelingt es Augustinus, seinen menschlichen Mangel an Willenskraft zu überwinden und festen Glauben zu finden.

In der Exemplifizierung des eigenen Lebens als lektüregestützter Weg zum Glauben entwickelt er die frühchristliche Form der Bekehrungsgeschichte weiter und gibt seiner Leserschaft einen Protreptikos an die Hand, der nicht nur eine *excitatio* zur Glaubenserkenntnis enthält, sondern auch zeigt, wie man in der Lektüre des eigenen Lebens die Zeichen Gottes erkennen und interpretieren kann. Die offene, selbstkritische Haltung des autobiographischen Teils der *Confessiones* lädt zur Identifikation ein und vermittelt im Gegensatz zu den Heiligenviten viel eher das Gefühl, auch als einfacher Mensch den Weg zu Gott finden zu können. Dem konvertierten Leser veranschaulicht er im letzten Teil des Werkes zudem die korrekte Form der Bibelexegese, die gleichzeitig als Demonstration seiner Auffassung von wahrer Philosophie als durch

[110] Vgl. Honnefelder (1992), 73.

die Schrift angeregtes Denken dient. Dadurch erklärt sich sein ambivalentes Verhältnis zur paganen Philosophie, die zwar helfen kann, zur göttlichen Erkenntnis zu gelangen, aber dennoch in deren Schatten steht, und im Zweifel eher zu Hochmut und Irrtum verleitet.

# Literatur

## Textausgaben

Augustinus: *Confessiones*, ed. corr. cur. H. Juergens et W. Schaub. Stuttgardiae 1996 (BT).

Augustinus: *Contra Academicos, De beata vita, De ordine*, rec. T. Fuhrer, S. Adam. Berlin/Boston 2017 (BT).

Athanasius Alexander: Vie d'Antoine, introd., texte critique, trad., notes et index par G. J. M. Bartelink. Paris 1994.

Cyprianus Carthaginensis: *Ad Donatum,* ed. M. Simonetti. Corpus Christianorum, Series Latina IIIA. Turnholti 1976.

Hilarius Pictavienis: *De Trinitate, Praefatio, Libri I-VII*, cura et studio P. Smulders. Corpus Christianorum, Series Latina LXII. Turnholti 1979.

Pontius: Das Leben Cyprians von Pontius: die erste christl. Biographie, untersucht von Adolf Harnack, in: Texte und Untersuchungen zur Geschichte der altchristlichen Literatur 39,3. Leipzig 1913.

## Forschungsliteratur:

Bennett, Camille (1988), The Conversion of Vergil. The *Aeneid* in Augustine's Confessions, in: Revue des Etudes Augustiniennes, Bd. 34, S. 47–69.

Bettetini, Maria (1998), Augustinus in Karthago: gleich einem Roman, in: Mayer, Cornelius; Fischer, Norbert (Hg.): Die *Confessiones* des Augustinus von Hippo: Einführungen und Interpretationen zu den dreizehn Büchern. Freiburg i. Br., S. 133–164.

Brachtendorf, Johannes (2005), Augustins *Confessiones.* Darmstadt.

Burton, Philip (2012), Augustine and Language, in: Vessey, Mark (Hg.): A companion to Augustine, Oxford, S. 113–124.

Cameron, Michael (2012), Augustine and Scripture, in: Vessey, Mark (Hg.): A companion to Augustine, Oxford, S. 200–214.

Casper, Bernhard (1982), Das Problem der theologischen Differenz. Überlegungen zum 7. Buch der *Confessiones* Augustins, in: Casper, Bernhard (Hg.): Die Angewiesenheit der Theologie auf das philosophische Fragen, München, S. 28–43.

Clark, Gillian (2012), Philosopher: Augustine in retirement, in: Vessey, Mark (Hg.): A companion to Augustine, Oxford, S. 257–269.

Courcelle, Pierre (1963), Les confessions de Saint Augustin dans la tradition littéraire. Antécédents et Postérité. Paris.

Desch, Waltraud (1988), Augustins *Confessiones*. Beobachtungen zu Motivbestand und Gedankenbewegung. Frankfurt.

Doignon, Jean (1989), État des questions relatives aux premiers Dialogues de saint Augustin, in: Mayer, Cornelius, Chelius, Karl H. (Hg.): Internationales Symposion über den Stand der Augustinus-Forschung, Würzburg, S. 47–85.

Edwards, Mark (2012), Augustine and his Christian predecessors, in: Vessey, Mark (Hg.): A companion to Augustine, Oxford, S. 215–226.

Erb, Wolfgang (1998), Die Wahrnehmung der eigenen Ortlosigkeit und die Suche nach einem Zugang zur Welt und zu Gott, in: Mayer, Cornelius; Fischer, Norbert (Hg.): Die *Confessiones* des Augustinus von Hippo: Einführungen und Interpretationen zu den dreizehn Büchern. Freiburg i. Br., S. 165–198.

Feldmann, Erich (1989), Literarische und theologische Probleme der *Confessiones*, in: Mayer, Cornelius; Chelius, Karl H. (Hg.): Internationales Symposion über den Stand der Augustinus-Forschung, Würzburg, S. 27–45.

Feldmann, Erich (1998), Einführung. Das literarische Genus und das Gesamtkonzept der *Confessiones*, in: Mayer, Cornelius; Fischer, Norbert (Hg.): Die *Confessiones* des Augustinus von Hippo: Einführungen und Interpretationen zu den dreizehn Büchern. Freiburg i. Br., S. 11–59.

Flasch, Kurt (1980), Augustin. Einführung in sein Denken. Stuttgart.

Fuhrer, Therese (1997), Philosophie und christliche Lehre im Widerstreit. Augustins Bemühungen um eine Integration, in: Zeitschrift für antikes Christentum, Bd.1, S. 291–301.

Fuhrer, Therese (1998): Zwischen Glauben und Gewißheit: Auf der Suche nach Gott und dem „uitae modus“, in: Mayer, Cornelius; Fischer, Norbert (Hg.): Die *Confessiones* des Augustinus von Hippo: Einführungen und Interpretationen zu den dreizehn Büchern. Freiburg i. Br., S. 241–281.

Fuhrer, Therese (2004), Augustinus. Darmstadt.

Fuhrer, Therese (2008), De-Konstruktion der Ich-Identität in Augustins *Confessiones*, in: Arweiler, Alexander; Möller, Melanie (Hg.): Vom Selbst-Verständnis in Antike und Neuzeit, Berlin, S. 175–188.

Fuhrer, Therese (2012), „Denkräume“. Konstellationen von Personen, Texten und Gebäuden im spätantiken Mailand, in: Fuhrer, Therese (Hg.): Rom und Mailand in der Spätantike. Repräsentationen städtischer Räume in Literatur, Architektur und Kunst (Topoi. Berlin Studies of the Ancient World, Bd 4). Berlin, S. 357–378.

Guardini, Romano (1935), Die Bekehrung des heiligen Aurelius Augustinus. Der innere Vorgang in seinen Bekenntnissen. Leipzig.

Hadot, Ilsetraut (1989), Erziehung und Bildung bei Augustin, in: Mayer, Cornelius; Chelius, Karl H. (Hg.): Internationales Symposion über den Stand der Augustinus-Forschung, Würzburg, S. 99–129.

Herzog, Reinhart (1984), *Non in sua voce*. Augustins Gespräch mit Gott in den *Confessiones*. Voraussetzungen und Folgen, in: Stierle, Karlheinz; Warning, Rainer (Hg.): Das Gespräch, München, S. 213–251.

Honnefelder, Ludger (1992), Christliche Theologie als „wahre Philosophie", in: Colpe, Carsten; Honnefelder, Ludger; Lutz-Bachmann, Matthias (Hg.): Spätantike und Christentum. Beiträge zur Religions- und Geistesgeschichte der griechisch-römischen Kultur und Zivilisation der Kaiserzeit, Berlin, S. 55–76.

Jacques, Robert (1988), Le Livre VIII des *Confessions* de Saint Augustin. Une approche herméneutique, in: Laval théologique et philosophique, 44,3. Laval 1988, S. 357–367.

Kenney, John P. (2012), Mystic and monk: Augustine and the spiritual life, in: Vessey, Mark (Hg.): A companion to Augustine, Oxford, S. 284–296.

Kienzle, Klaus (1998), Die unbegreifliche Wirklichkeit der menschlichen Sehnsucht nach Gott, in: Mayer, Cornelius; Fischer, Norbert (Hg.): Die *Confessiones* des Augustinus von Hippo: Einführungen und Interpretationen zu den dreizehn Büchern. Freiburg i. Br., S. 61–105.

Kligerman, Charles (1957), A psychoanalytic study of the confessions of St. Augustine, in: Journal of the American Psychoanalytic Association, 5/1957, S. 469–484.

Kotzé, Annemaré (2004), Augustine's Confessions. Communicative Purpose and Audience. Leiden/Boston.

Kuhlenkampff, Sabine (1999), Schreiben nach Damaskus. Darstellung und Funktion von Ad-hoc-Offenbarungen in autobiographischer Prosa von Aurelius Augustinus, August Hermann Francke, Jean Paul und Robert Musil. Kraków.

Madec, Goulven (1989), Le néoplatonisme dans la conversion d'Augustin. Etat d'une question centenaire (depuis Harnack et Boissier, 1888), in: Mayer, Cornelius; Chelius, Karl H. (Hg.): Internationales Symposion über den Stand der Augustinus-Forschung, Würzburg, S. 9–25.

Mayer, Cornelius (1989), Paradigma neuzeitlicher Augustinuskritik. Kurt Flaschs Einführung in das Denken Augustins, in: Mayer, Cornelius; Chelius, Karl H. (Hg.): Internationales Symposion über den Stand der Augustinus-Forschung, Würzburg 1989, S. 231–245.

Moser, Christian (2006), Buchgestützte Subjektivität. Literarische Formen der Selbstsorge und der Selbsthermeneutik von Platon bis Montaigne. Tübingen.

Müller, Gerhard A. (2003), Formen und Funktionen der Vergilzitate bei Augustin von Hippo. Formen und Funktionen der Zitate und Anspielungen. (Studien zur Geschichte und Kultur des Altertums Bd. 18). Paderborn.

Pfligersdorffer, Georg (1987), Das Bauprinzip von Augustins *Confessiones*, in: Forstner, Karl; Fussl, Maximilian (Hg.): *Augustino Praeceptori*. Gesammelte Aufsätze zu Augustinus (Salzburger Patristische Studien Bd. 4). Salzburg, S. 79–100.

Raffelt, Albert (1998), „Pie quaerere". Augustins Weg der Wahrheitssuche, in: Mayer, Cornelius; Fischer, Norbert (Hg.): Die *Confessiones* des Augustinus von Hippo: Einführungen und Interpretationen zu den dreizehn Büchern. Freiburg i. Br., S. 199–240.

Ruhstorfer, Karlheinz (1998), Die Platoniker und Paulus. Augustins neue Sicht auf das Denken, Wollen und Tun der Wahrheit, in: Mayer, Cornelius; Fischer, Norbert

(Hg.): Die *Confessiones* des Augustinus von Hippo: Einführungen und Interpretationen zu den dreizehn Büchern. Freiburg i. Br., S. 284–341.

Schobinger, Jean-Pierre (1977), Augustins Einkehr als Wirkung seiner Lektüre. Die *admonitio verborum*, in: Holzhey, Helmut; Zimmerli, Walter Ch. (Hg.): Esoterik und Exoterik der Philosophie. Beiträge zu Geschichte und Sinn philosophischer Selbstbestimmung, Basel, S. 70–100.

Schultheiß, Jochen (2011), Generationenbeziehungen in den *Confessiones* des Augustinus. Theologie und literarische Form der Spätantike. Stuttgart.

Shanzer, Danuta (2012), Augustine and the Latin classics, in: Vessey, Mark (Hg.): A companion to Augustine, Oxford, S. 161–174.

Stroumsa, Guy G. (2012), Augustine and books, in: Vessey, Mark (Hg.): A companion to Augustine, Oxford, S. 151–157.

van Hooff, Anton (1998), Die Dialektik der Umkehr, in: Mayer, Cornelius; Fischer, Norbert (Hg.): Die *Confessiones* des Augustinus von Hippo: Einführungen und Interpretationen zu den dreizehn Büchern. Freiburg i. Br., S. 343–388.

van Oort, Johannes (2012), Augustine and the books of the Manicheans, in: Vessey, Mark (Hg.): A companion to Augustine, Oxford, S. 188–199.

Wetzel, James (2012), Augustine on the Will, in: Vessey, Mark (Hg.): A companion to Augustine, Oxford, S. 339–352.

Williams, Michael S. (2012), Augustine as a Reader of his Christian contemporaries, in: Vessey, Mark (Hg.): A companion to Augustine, Oxford, S. 227–239.

PETER M. GÜNZEL

# Ciceros Staatsdefinition in Augustins *De civitate Dei*

Zusammenfassung
Der Aufsatz nimmt die Person Augustins vor dem Hintergrund seines apologetischen Hauptwerkes *De civitate Dei* in den Blick und untersucht in diesem Zusammenhang die Bewertung und Weiterentwicklung von Ciceros Staatsdefinition, die dieser in *De re publica* präsentiert. Dabei wird deutlich, dass Augustin Ciceros Staatsdefinition ausgehend von seiner *civitas*-Lehre kritisiert und hinsichtlich des zentralen *iustitia*- Begriffes in christlichem Sinne neu und gänzlich anders interpretiert. Die gewonnenen Erkenntnisse werden schließlich unter didaktischen Gesichtspunkten betrachtet und drei Möglichkeiten zur konkreten Umsetzung im Lateinunterricht der Oberstufe vorgestellt.

## 1. Thematische Hinführung

Künstler beinahe aller Epochen haben Darstellungen des Heiligen, Kirchenvaters, Bischofs, Mönchs, Philosophen und Redners Aurelius Augustinus hinterlassen. Die meisten unter ihnen weisen ähnliche Attribute auf, wie sie auch in dem Fresco von Sandro Botticelli aus dem Jahre 1480 zu beobachten sind (siehe folgende Seite):

Wir sehen einen Mann in fortgeschrittenem Alter, der zweifelsohne Mitglied einer geistigen und geistlichen Oberschicht ist. So trägt er die mönchstypische Tonsur. Die für einen Bischof obligatorische Mitra hat er abgelegt und etwas weiter hinten auf seinem Studiertisch platziert, um mehr Platz für das Schriftstudium, erkennbar an den Lese- und Schreibwerkzeugen, zu haben. Er ist hochwertig gekleidet und auch das Instrumentarium seines Arbeitszimmers ist von besonderer Wertigkeit, wie die Stundenuhr und die kunstvoll gearbeiteten Bücher im Hintergrund beweisen. Vor allem aber ist er allein in seinem Arbeitszimmer, bis zum Moment der Vision, den Botticelli hier abgebildet hat, war er vermutlich in seine Studien und seine Schriften vertieft. Wir haben es somit vermeintlich mit dem Idealtyp des eremitisch im Elfenbeinturm des Studiums und der Exegese wirkenden Geistlichen zu tun, der im Einklang mit Gott theologische Theoreme erörtert. Diese Ansicht verstärkt sich gemeinhin noch, wenn, wie im Unterricht der gymnasialen Oberstufe, im unmittelbaren unterrichtlichen Zusammenhang Cicero behandelt wird:

Abb. 1: Sandro Botticelli, Hl. Augustinus in betrachtendem Gebet

Abb. 2: Cicero. Statue in seinem Heimatort Arpinum

Hier der weltgewandte Anwalt und Politstar der ausgehenden Republik, der auch in seinen philosophischen Schriften abseits der praktischen Politik bis zu seinem gewaltsamen Tod für die *libera res publica* kämpft, oben der abgeschottete Dogmatiker, der mit seinen heute beinahe schon krude anmutenden Ansichten über Erbsünde, Sexualmoral, und die radikale Abhängigkeit von der Gnade des christlichen Gottes in die Welt des finsteren Mittelalters vorausweist.

Diese verengte und hier anhand zweier künstlerisch stark überformter Darstellungen gezeigte Ansicht ist im Grunde eine falsche und resultiert vor allem aus dem kontrastierenden Lesen nur weniger Textauszüge der beiden Autoren. Dass Augustinus nämlich als klassisch gebildeter Mensch der Antike für das antike Staatsdenken ebenfalls ein wichtiger Gewährsmann ist, der die bis auf seine Zeit gekommenen Ansichten kritisch reflektiert und neu bewertet, ist unstrittig und rechtfertigt somit auch die Lektüre dieses spätantiken Autors im gymnasialen Unterricht.[1] Doch nicht nur für die Staatsphilosophie ist Augustin ein zentraler antiker Autor. Augustin war vor allem ein wahrheitssuchender Mensch, der trotz einer Bilderbuchkarriere diese am Beginn seines dritten Lebensjahrzehnts aufgibt und sich ganz der Gottessuche widmet. Augustinus hat somit vor allem als ein klassisch gebildeter und wissensdurstiger Geist zu gelten, der das Wissen und die Ansichten seiner Zeit höchst kritisch durchmustert und ausgehend vom christlichen Offenbarungsglauben redefiniert.

Es soll im Zusammenhang mit dieser grundlegenden Herangehensweise an tradierte Vorstellungen[2] die Person Augustins ausgehend von *De civitate Dei*, einem seiner Hauptwerke, betrachtet werden und darauf basierend aufgezeigt werden, wie Augustin darin tradierte und als un-

[1] Die aktuellen Abiturvorgaben des Landes NRW sind unter folgender Adresse abrufbar: https://www.standardsicherung.schulministerium.nrw.de/cms/zentralabitur-gost/faecher/getfile.php?file=4579 (abgerufen am 18.11.2019). Das Modellvorhaben kann unter dieser Adresse abgerufen und heruntergeladen werden: www.schulentwicklung.nrw.de/lehrplaene/upload/klp_SII/la/Modellvorhaben_Kontinuitaet_im_Wandel_Baustein_1.pdf (abgerufen am 18.11.2019).

[2] Tornau (2002), 318f.

umstößlich geltende antike Konzepte, hier exemplarisch die Staatsdefinition Ciceros, kritisch durchleuchtet und aus christlicher Perspektive neu bewertet.

## 2. Augustinus und der Gottesstaat

Als Augustinus im Jahr 426 die letzten Bücher seines insgesamt 22 Bücher umfassenden Werkes *De civitate Dei*, an dem er insgesamt 14 Jahre lang arbeitete, fertiggestellt hat, sehen wir ihn als einen Mann von 72 Jahren. Er ist seit bereits 30 Jahren Bischof der nordafrikanischen Stadt Hippo Regius, dessen Ruinen im Süden der heutigen, etwas über 200.000 Einwohner zählenden algerischen Stadt Annaba zu finden sind. Sein Geburtsort Thagaste, das heutige Souk Ahras, liegt von hier aus Luftlinie nur etwa 70 km weiter südöstlich. Beide Städte waren zu Augustins Lebenszeit natürlich Teil des *imperium Romanum* und so wurde auch Augustinus als Kind eines städtischen Beamten namens Patricius und dessen Frau Monnica in diesem kulturellen Umfeld erzogen. Aus den *Confessiones*, einem Werk, das in höchstem Maße autobiographische Elemente aufweist, wissen wir, dass Augustin die gesamte klassisch-antike Schulbildung genossen hat und bereits im Alter von 20 Jahren als Rhetoriklehrer in Karthago wirkte. Augustinus ist zu dieser Zeit noch kein getaufter Christ, vielmehr gehört er der Religion des Manichäismus[3] an. Mit Hilfe einflussreicher Freunde[4] aus diesem

[3] Die Religion des Manichäismus, benannt nach ihrem Religionsstifter Mani, bot durch den Dualismus von Licht und Dunkelheit eine rationalistische Erklärung der Welt. Er fasst damit in einer materialistischen Vorstellung allein das Stoffliche als Wirklichkeit auf und geht von einer generellen Verderbtheit des Menschen aus, die durch göttliche Erlösung in Form von Erkenntnis aufhebbar ist. Im Manichäismus, der sich schnell zu einer Weltreligion ausbreitete und in der intellektuellen Oberschicht des römischen Reiches auf breites Interesse stieß, hatten auch christliche Elemente, darunter beispielsweise die paulinischen Schriften, einen Platz. Seine Anhänger schieden sich in bloße Laien (*auditores*) und Auserwählte (*electi*), wobei sich letztere durch eine streng asketische Lebensweise auszeichneten (vgl. Fuhrer (2004), 20–24; Wurst (2007), 86–91).

[4] Aug. *conf.* 5,23.

Kreis, erlangt er nach einem Lehraufenthalt in Rom mit 29 Jahren die Stellung als Rhetorikprofessor bzw. Hofredner am kaiserlichen Hof in Mailand. Dort lernt er den charismatischen Bischof Ambrosius kennen. Seine Predigten sowie die Lektüre neuplatonischer Autoren überzeugen ihn von der Immaterialität des geistig Seienden und es kommt zur Konversion zum katholischen Glauben sowie zur Taufe durch Ambrosius in der Osternacht des Jahres 387 im Alter von 32 Jahren. Augustin beschließt daraufhin, seine Stellung als oberster Redner des Kaiserhofes aufzugeben, in seine afrikanische Heimat zurückzukehren und dort ein zurückgezogenes, asketisches Leben zu führen. Augustins Ruf als brillanter Gelehrter und Redner war jedoch weithin bekannt, weshalb er bald nach seiner Ankunft in Hippo Regius von Bischof Valerius zum Priester geweiht wurde. Nach einer Phase als Hilfsbischof neben Valerius bekleidete er sodann im Alter von 45 Jahren das Amt des Bischofs bis zu seinem Tod im Jahr 430.

Biographische Darstellungen von Augustins Leben neigen dazu, die ereignisreichen und von etlichen Ortswechseln begleiteten ersten 32 Jahre seines Lebens, die auch in den *Confessiones* anschaulich geschildert werden, stärker zu beleuchten als die zweite Lebenshälfte Augustins. Während Augustinus im Rahmen seiner Lehr- und Wanderjahre ein vor allem auf sich bezogenes und – so berichten die *Confessiones* – der Gottessuche gewidmetes Leben führt, wächst er seit Beginn der 390er Jahre in seine öffentliche Rolle als Bischof von Hippo hinein. Dieses Amt verunmöglicht eine solche Zurückhaltung und fordert zudem auch politisches Engagement. Insofern lockt das obige Fresco von Botticelli den Betrachter etwas auf die falsche Fährte, da es Augustin, wie viele andere Darstellungen, als zurückgezogen arbeitenden und nicht als öffentlich wirkenden Bischof zeigt.

Dabei sieht er sich als katholischer Bischof in Nordafrika sogar als Vertreter einer Minderheitenkirche, denn die Fraktion der Donatisten ist die mitgliederstärkere Glaubensrichtung. Gegen sie und gegen weitere Häresien, darunter den Pelagianismus, Arianismus und auch den heidnischen Götterglauben, geht Augustinus in mündlicher als auch schriftlicher Weise in Konzilien, Predigten und Schriften rhetorisch-argumentativ vor.

Die politische Gemengelage, in der Augustin lebt, bedarf einer genaueren Betrachtung. Zwar fallen verschiedenste politische Umbrüche in seine Lebenszeit, darunter die Reichsteilung 395, verschiedene Barbareneinfälle am Rhein und an der mittleren Donau und die Aufgabe Britanniens als römische Provinz. Kaiser Honorius, den Augustin über 23 Jahre lang als Kaiser erlebt, beherrscht im Jahr 408 nur noch Teile Italiens – die Völkerwanderung beginnt ihr volles Ausmaß zu entwickeln.[5] Nichtsdestotrotz bleibt Nordafrika von größeren Umwälzungen dieser Art bis zum Vandaleneinfall verschont. Diesen erlebt Augustin erst in den letzten Jahren seines Lebens.

In diesem politischen und kirchenpolitischen Spannungsfeld eines an Einfluss verlierenden *imperium Romanum* und den innerreligiösen Auseinandersetzungen in Nordafrika, in die Augustin in höchstem Maße verwickelt ist, entsteht *De civitate Dei*, das apologetische Hauptwerk des Kirchenvaters.

## 3. *De civitate Dei* – Vom Gottesstaat[6]

> *haeret uox et singultus intercipiunt uerba dictantis. capitur urbs, quae totum cepit orbem* [...]. (Hier. *epist.* 127,12)

> Meine Stimme versagt und Schluchzen hindert mich, weitere Worte zu diktieren. Die Stadt wird eingenommen, die die ganze Welt erobert hat [...]. (eig. Übers.)

[5] Pfeilschifter (2017), 7.

[6] Der Begriff ‚Gottesstaat' wird in dieser Arbeit analog zu weiten Teilen der deutschsprachigen Forschungsliteratur synonym für den lateinischen Originaltitel *De civitate Dei* verwendet, auch wenn diese Übersetzung des Titels berechtigte Kritik hervorgerufen hat, da Augustin darin nicht die Darstellung einer bestimmten Staatslehre im Sinn hatte und überdies für den Begriff des Staates im eigentlichen Sinn nur selten das lateinische *civitas* verwendet (vgl. van Oort (2007), 347–363, 353sq).

Mit diesen geradezu erschütternden Worten beschreibt Hieronymus die Geschehnisse in Rom während der Plünderung der Stadt durch den westgotischen Stamm der Vandalen unter ihrem Führer Alarich am 24. August des Jahres 410.[7] Er vergleicht diese in ihrer psychologisch-ideologischen Bedeutung kaum zu überschätzende Eroberung im weiteren Verlauf des Briefes mit der Einnahme Jerusalems durch Babylon und dem Fall Trojas, zitiert dabei sogar Verse aus den Psalmen und aus Vergils *Aeneis*. Es gilt jedoch zu beachten, dass die Eroberer, die selbst Christen waren, die heiligen Stätten Roms aus religiöser Pietät schonten. Auch die Plünderung an sich geschah aus der prekären Versorgungslage des Heeres Alarichs heraus. Es wurde daher zwar nahezu alles an Wert aus Rom geraubt und es kam natürlich auch zu diversen Gräueltaten, will man den wenigen Quellen, die diesbezüglich eine Aussage treffen, aber Glauben schenken, so gestaltete sich die Plünderung weniger schlimm, als Hieronymus, der ohnehin zu diesem Zeitpunkt nicht in Rom weilte und daher kein Augenzeuge war, es uns in seinem Brief glauben lassen mag.

Neben dem Verlust an Sachwerten, der die Stadt Rom materiell schwächte, muss jedoch der psychologische Aspekt der Eroberung betrachtet werden, da die Stadt in ihrer Geschichte zuvor erst einmal, nämlich im Zusammenhang mit der Schlacht an der Allia 387 v. Chr., erobert worden war. Rom wähnte sich also in einer seit über 700 Jahren andauernden Freiheit von Eroberungen, wodurch die Plünderung durch die Westgoten schockierend wirkte. Dieser ‚ideologische Knick' wird dann besonders verständlich, wenn man sich das Rombild[8] vergegenwärtigt, das seit der augusteischen Zeit, nicht zuletzt durch die sogenannten Klassiker Vergil, Ovid, Horaz und Livius, Einzug in den Bildungskanon und damit in das kollektive Bewusstsein gefunden hatte. Dieser Zusammenhang von Klassikerlektüre und Geschichtsbild schlägt sich folglich in einer epochenübergreifenden und typisierenden Romidee nieder. Rom war *caput mundi*. Die außen- und innenpolitischen Schwierigkeiten, die das weströmische Reich nicht mehr zur Ruhe kommen

[7] Demandt (1984); Meier (2007).

[8] Christes (1975); Galinsky (1996); Eigler (2003); Brodka (1998).

ließen, brachten Kreise der heidnischen Aristokratie dazu, die Klage auf den Untergang Roms anzustimmen, sodass die Eroberung Roms von 410 in breiten Schichten als Strafe der alten Götter angesehen wurde, da sich Rom der ‚neuen' Religion des Christentums zugewandt hatte.

Die Diskussion der kulturellen Krise fand auch ihren Weg nach Nordafrika, da die gebildete und wohlhabende Oberschicht Roms vor der Plünderung dorthin auf ihre Landgüter geflüchtet war.

Vor dem Hintergrund dieser Ereignisse und Diskurse wird Augustinus an der Arbeit an *De civitate Dei* tätig, die Beweggründe dafür lassen sich in drei wesentlichen Punkten zusammenfassen:

Es ist erstens für ihn als Bischof wichtig, seine Kirche und seine Religion gegen die paganen Vorwürfe zu verteidigen. Dies tut er im ersten Teil des Werkes (Bücher 1–10) dezidiert in Auseinandersetzung mit den Positionen der heidnischen Religion. Im zweiten Werkteil (Bücher 11–22) zeigt der Kirchenvater, dass nur die auf Christus gegründete *civitas dei* das glückliche und damit das ewige Leben garantieren kann.

Zweitens hat Augustin einen bestimmten Adressatenkreis seiner Schrift vor Augen: Er schreibt für einen christlich orientierten Leser, etwa Katechumenen oder dem Christentum nahestehende Heiden, den er mit seinen Ausführungen gegen pagane Vorwürfe argumentativ rüsten möchte.

Drittens sind neben diesen apologetischen Zielen auch theologische zu berücksichtigen: Zum einen kann Augustin auf Grund seiner Theorie von der Gnade Gottes den monokausalen Zusammenhang zwischen einem Verlassen der alten Götter und einer Bestrafung aufgrund dieser Verfehlung nicht akzeptieren. Für ihn steht fest, dass der Mensch in radikaler Art und Weise von der Gnade Gottes abhängig ist und das Gnadenhandeln Gottes dem menschlichen Verhalten vorausgeht. Der Gang der Geschichte wird demnach als ein providentieller betrachtet, d.h. er ist von Gott bereits festgelegt, weshalb eine simpel gedachte Wechselwirkung von Verlassen der paganen Gottheiten und Bestrafung durch die Eroberung Roms, wie sie oben skizziert wurde, für Augustin inakzeptabel ist. Er kann ohnehin die paganen Gottheiten nicht als solche anerkennen. Aus seiner Perspektive ist nur der christliche unwandelbare Gott denkbar, was die Existenz anderer, d. h. paganer Gottheiten per se ad absurdum führt.

Zusammenfassend erscheint es einleuchtend, dass *De civitate Dei* ein rhetorisch-apologetischer Text ist, der das Christentum gegen pagane Angriffe verteidigt, und zugleich auch ein philosophisch-interpretatorischer Text, der historische Begebenheiten und philosophische Denkmuster unter der Zielsetzung einordnet, das Christentum zu verteidigen und die Mitgliedschaft in der *civitas dei* als unabdingbaren Garanten für das glückliche Leben für und in Gott einzuordnen.

An dieser Stelle ist es notwendig, kurz zu erläutern, was unter der Begrifflichkeit der *civitas Dei*[9] zu verstehen ist, nach der das Werk letzendlich benannt ist. *Civitas Dei* meint nicht einen wie auch immer gearteten göttlichen Staat oder gar Gottesstaat, sondern bezeichnet die Bürgerschaft Gottes im Unterschied zur *terrena civitas* bzw. *civitas diaboli*. Die *civitas Dei* umfasst dabei alle im Diesseits oder Jenseits befindlichen Gott liebenden Menschen, Heilige und Engel. Die andere *civitas*, die *terrena civitas* bzw. *civitas diaboli*, beinhaltet die Gruppe der Dämonen und der sich selbst liebenden Menschen. Dabei ist der *amor sui*, die Selbstverliebtheit, als Distinktionsmerkmal im Gegensatz zum *amor Dei*, der Gottesliebe, zu verstehen, durch den sich die Mitglieder der *civitas Dei* auszeichnen. Auf Erden leben die beiden *civitates* nebeneinander, während sie im Jenseits streng voneinander getrennt werden. Die Mitglieder der *civitas Dei* genießen dann in der Gemeinschaft mit Gott die ewige Ruhe, während die Mitglieder der *terrena civitas* der ewigen Verdammnis anheimfallen. An diesem Konzept wird zweierlei deutlich, was für das Verständnis des Werkes und des augustinischen Denkens von Bedeutung ist. Erstens: Augustin liest die Bibel, auf der der historische Gang der beiden *civitates* durch die Geschichte beruht, in dogmatischem Sinne, das heißt wörtlich. Augustinus betrachtet somit beispielsweise den Sündenfall Adam und Evas und die Vertreibung aus dem Paradies als historische Tatsachen. Zweitens: Die Trennung von

[9] Van Oort (2007), 353–360.

Dies- und Jenseits war für ihn wesentlich weniger stark ausgeprägt als für einen Menschen der Moderne, sodass Augustin ganz selbstverständlich von Engeln und Dämonen ausgeht, die mit dem Menschen in Kontakt treten können. Durch diese Sichtweise wird deutlich erkennbar, wie Augustins Denken schon in die geistige Welt des christlichen Mittelalters vorausweist. Dennoch hat die *civitas*-Lehre mit dem Gebilde eines Staates, wie Augustins Lehre dann im Mittelalter in der Ausprägung des sogenannten politischen Augustinismus[10] verstanden wurde, keinerlei Gemeinsamkeiten.

Es wurde bereits erwähnt, dass das umfangreiche Werk *De civitate Dei* in zwei Teile zu scheiden ist, was Augustin selbst in einem Brief so formuliert und noch detaillierter beschrieben hat (Aug. *epist.* 1A*,1). Die Bücher 1–10 hätten dabei die Widerlegung von Verfechtern der heidnischen Religion zum Inhalt und die Bücher 11–22 den Weg der beiden *civitates* durch den Gang der biblischen Geschichte. Im selben Brief konkretisiert Augustin jedoch, dass man statt zweier großer Bände auch fünf kleinere erstellen könne, deren inhaltliche Gliederung sich sodann wie folgt darstelle: Buch 1–5 behandle die Widerlegung von Meinungsvertretern, die den paganen Polytheismus als verbindlich für weltliches Glück erachteten, die Bücher 6–10 die Vertreter der Ansicht, paganer Polytheismus verbürge jenseitiges Glück. Der zweite Großteil von *De civitate Dei* müsse sodann in drei Volumina unterteilt werden, von denen das erste die Bücher 11–14 umfassen und den Ursprung der beiden *civitates* in der Engelwelt sowie den Sündenfall und die Vertreibung aus dem Paradies beinhalte. Das zweite müsse in den Büchern 15–18 den Fortgang der *civitates* durch die Geschichte zum Thema haben. Ausgangspunkt ist dabei der Brudermord von Kain an Abel. Kain gründet nach der Ermordung des Bruders die erste Stadt, die die *terrena*

10 Unter ‚politischer Augustinismus' versteht man die Tatsache, dass Augustins *De civitate Dei* in seiner Wirkungsgeschichte bereits relativ früh als staatstheoretische Schrift aufgefasst wurde. So verstand man unter der *terrena civitas* die Macht des Kaisers, während unter der *civitas Dei* die päpstliche Macht verstanden wurde Dieser daraus entspringende Gegensatz diente somit auch dazu, den Machtanspruch des Klerus zu legitimieren (vgl. Fuhrer (2004), 144; Arquillière (1934, erweiterte Ausgaben 1955 und 1972); Byer de Ryke (1999); Dyson (2001)).

*civitas* symbolisiert, während Abel in der *civitas Dei* verbleibt und die christliche Kirche im Alten Testament somit präfiguriert. Die biblisch-historische Geschichte insgesamt gliedert sich sodann in sechs Weltalter, das letzte beginnt mit der Geburt Christi und dauert bis zum heutigen Tage an. Der dritte Abschnitt innerhalb des zweiten Großabschnittes umfasse dann die Bücher 19–22 und beinhalte den Ausgang der beiden *civitates* nach dem Weltende. Die Mitglieder der *terrena civitas* erleiden die Strafe der Verdammung in der Hölle, die Mitglieder der *civitas Dei* erhalten nach der Auferstehung des Leibes die ewige Sabbatruhe mit Gott und den Engeln.[11]

Für die unterrichtliche Arbeit mit diesem Werk ist vor allem die Auseinandersetzung mit den vermeintlich unumstößlichen philosophischen und politischen Denkmustern der paganen Antike von zentraler Bedeutung. Im Zusammenhang mit *De civitate Dei* soll im Folgenden nun der Umgang Augustins mit Ciceros Staatsdefinition betrachtet werden. Dieser ist auch für die unterrichtliche Arbeit von Relevanz, da die grundlegenden staatstheoretischen Abhandlungen Ciceros auch in Augustins *De civitate Dei* ihren Niederschlag gefunden haben und daher in Auseinandersetzung mit diesem gelesen werden können, ja sogar, wie dies in den aktuellen Handreichungen des nordrhein-westfälischen Ministeriums für Schule und Bildung der Fall ist, Augustin als Ausgangsbasis für eine staatstheoretische Unterrichtssequenz gefordert ist.[12]

## 4. Augustins Auseinandersetzung mit Ciceros Staatsdefinition

Cicero[13] ist für Augustinus der wichtigste Klassiker. An ihm lernt und trainiert er in Kindes- und Jugendjahren die Rhetorik, seine heute ver-

[11] Vgl. Gall (in diesem Band), Kap. 2, S. 15–18.

[12] Vgl. das NRW-Modellvorhaben, das unter dieser Adresse abgerufen werden kann: www.schulentwicklung.nrw.de/lehrplaene/upload/klp_SII/la/Modellvorhaben_Kontinuitaet_im_Wandel_Baustein_1.pdf (abgerufen am 26.10.2019).

[13] Hübner (2007), 50–53; Testard (1994), 914f.

lorene protreptische Schrift *Hortensius*[14] weckt Augustins Interesse für die Philosophie. Über Ciceros philosophische Werke erhält er zudem Zugang auch zur griechischen Philosophie. Augustin stellt in seinem unvollendet gebliebenen Spätwerk *Contra Iulianum* sogar – rhetorisch überformt – fest, dass Cicero in seinen philosophischen Ansichten schon beinahe beim Christentum angekommen sei (Aug. *c. Iul.* 4,72–4,78). Trotz dieser grundlegenden Bewunderung, die Augustinus für Cicero und dessen Schriften empfindet, kommt es zu einer dezidiert kritischen Auseinandersetzung mit Ciceros Staatsphilosophie: Ihr gegenüber ist Augustinus ausgehend von seiner oben skizzierten *civitas*-Lehre gänzlich anders eingestellt. Betrachten wir zunächst aber die staatsphilosophischen Äußerungen Ciceros in aller Kürze:

Ciceros staatstheoretische Schrift *De re publica* ist nur fragmentarisch tradiert. Die einzige Handschrift, die den Text überliefert, besteht in einem Palimpsest, dessen Text mit einem Psalmenkommentar Augustins überschrieben wurde. Die erhaltenen Fragmente der sechs Bücher von *De re publica* befassen sich in den ersten beiden Büchern mit dem Idealstaat, wobei das erste Buch die Beschaffenheit desselben darstellt und das zweite die römische Mischverfassung als Realisierung dieser theoretischen Forderungen zur Darstellung bringt. Die Bücher drei und vier befassen sich mit den sittlichen Grundlagen des idealen Gemeinwesens, allen voran der schon am Ende des zweiten Buches postulierten *summa iustitia*, ohne die ein Staat nicht bestehen könne. Bücher fünf und sechs thematisieren abschließend den idealen Staatsmann. Die berühmt gewordene Staatsdefinition aus dem ersten Buch von *De re publica* ist dabei die Basis, von der aus auch Augustins staatsphilosophischen Gedanken ihren Anfang nehmen:

> *'Est igitur' inquit Africanus 'res publica res populi; populus autem non omnis hominum coetus quoquo modo congregatus, sed coetus multitudinis iuris consensu et utilitatis communione sociatus. Eius autem prima causa coeundi est non tam imbecillitas, quam naturalis quaedam hominum quasi congregatio. Non est enim singulare nec solivagum genus hoc, sed ita*

[14] Testard (1994), 918–921; Schlapbach (2010).

> *generatum ut ne in omnium quidem rerum affluen<tia in solitudine vitam agere velit, sed communionis ac societatis appetens sit.>*[15] [...] *Omnis ergo populus, qui est talis coetus multitudinis qualem exposui; omnis civitas, quae est constitutio populi; omnis res publica, quae, ut dixi, populi res est, consilio quodam regenda est, ut diuturna sit.* (Cic. *rep.* 1,39;41)
>
> Folglich ist der Staat, so Scipio, Angelegenheit des Volkes. Ein Volk aber ist nicht jeder wie auch immer gestaltete Zusammenschluss von Individuen, sondern der Zusammenschluss einer Vielzahl an Menschen unter gemeinsamer Rechtsauffassung und zum Nutzen für alle. Dessen Basis ist weniger die eigene Schwäche als vielmehr ein gleichsam naturgegebener Gemeinschaftssinn des Menschen. Die Vertreter dieser Spezies sind nämlich nicht als Einzelwesen und Einzelgänger geschaffen, sondern so, dass sie nicht einmal im absoluten Überfluss <ihr Leben in Einsamkeit fristen wollen, sondern nach gemeinschaftlicher Gesellschaft streben.> Jedes Volk also, das ein solcher Zusammenschluss einer Vielzahl von Menschen ist, wie ich es dargestellt habe, jede Bürgerschaft, die die institutionelle Verfassung eines Volkes ist, und jeder Staat, der wie ich sagte, Angelegenheit des Volkes ist, muss durch eine bestimmte Instanz so regiert werden, dass er Bestand hat. (eig. Übers.)

Es sind in diesem Textauszug die folgenden Punkte bemerkenswert: Zum einen leitet Cicero den *res publica*-Begriff vom Begriff *populus* ab, wodurch er den Fokus auf das Staatsvolk und weniger auf das Staatsgebiet legt. Als weitere Grundpfeiler des Staates sind dann das gemeinsame Recht und der gemeinsame Nutzen sowie der natürliche Gesellschaftstrieb des Menschen zu erkennen. Diese Schwerpunktsetzung dient zum einen der Orientierung an den staatsphilosophischen Äußerungen der Stoa sowie des Aristoteles und stellt gleichzeitig eine Emanzipation von denen Platons dar, der in der Politeia seiner Staatsdefinition durch eine ausführliche Definition des Begriffes der Gerechtigkeit eine theoretische Grundlage verliehen hat. Cicero hingegen stellt das Resultat der natürlichen Neigung des Menschen zur Bildung von Gemeinschaften dar und legt die Grundlage für die sich anschließende Darstellung der römischen Mischverfassung als idealer Staatsform.[16]

[15] Konjektur nach Theodor Schiche (1903), orientiert an Lakt. *inst.* 6,10,18.

[16] Vgl. Höffe (2017), 7–9.

Diese Staatsdefinition greift Augustinus dezidiert wieder auf. Er zeigt in seiner Darstellung, dass Rom kein idealer Staat ist und für seine Krisen, ja seinen beginnenden Zerfall das Christentum keine Verantwortung trägt. Dabei geht er aber rhetorisch-argumentativ sogar noch einen Schritt weiter:

> *Quae definitio si uera est, numquam fuit Romana res publica, quia numquam fuit res populi, quam definitionem uoluit esse rei publicae. Populum enim esse definiuit coetum multitudinis iuris consensu et utilitatis communione sociatum. Quid autem dicat iuris consensum, disputando explicat, per hoc ostendens geri sine iustitia non posse rem publicam; ubi ergo iustitia uera non est, nec ius potest esse. Quod enim iure fit, profecto iuste fit; quod autem fit iniuste, nec iure fieri potest. Non enim iura dicenda sunt uel putanda iniqua hominum constituta, cum illud etiam ipsi ius esse dicant, quod de iustitiae fonte manauerit, falsumque esse, quod a quibusdam non recte sentientibus dici solet, id esse ius, quod ei, qui plus potest, utile est. Quocirca ubi non est uera iustitia, iuris consensu sociatus coetus hominum non potest esse et ideo nec populus iuxta illam Scipionis uel Ciceronis definitionem; et si non populus, nec res populi, sed qualiscumque multitudinis, quae populi nomine digna est. Ac per hoc, si res publica res est populi et populus non est, qui consensu non sociatus est iuris, non est autem ius, ubi nulla iustitia est: procul dubio colligitur, ubi iustitia non est, non esse rem publicam. Iustitia porro ea uirtus est, quae sua cuique distribuit. Quae igitur iustitia est hominis, quae ipsum hominem Deo uero tollit et inmundis daemonibus subdit? Hocine est sua cuique distribuere? An qui fundum aufert eius, a quo emptus est, et tradit ei, qui nihil habet in eo iuris, iniustus est; et qui se ipsum aufert dominanti Deo, a quo factus est, et malignis seruit spiritibus, iustus est?* (Aug. *civ.* 19,21)

Wenn diese Begriffsbestimmung stimmt, dann war der römische Staat niemals einer, weil er niemals Angelegenheit des Volkes war, was er (sc. Cicero) als Begriffsdefinition des Staates voraussetzt. Er legt nämlich fest, dass ein Volk der Zusammenschluss einer Vielzahl an Menschen ist, geeint unter gemeinsamer Rechtsauffassung und einem Nutzen für alle. Was er aber unter gemeinsamer Rechtsauffassung versteht, erläutert er in seiner Darstellung, gemäß der ein Staatswesen nicht ohne Gerechtigkeit geleitet werden kann. Wo es folglich keine wahre Gerechtigkeit gibt, kann auch kein Recht bestehen. Was nämlich rechtskonform geschieht, geschieht in der

> Tat auch gerechterweise. Was aber zu Unrecht geschieht, kann nicht rechtskonform geschehen. Man darf nämlich nicht die ungleichen Bestimmungen der Menschen als rechtskonform bezeichnen oder sie dafür erachten, wenngleich gerade die Menschen das für Recht halten, was von der Quelle der Gerechtigkeit herabgeflossen ist. Und weiter halten sie das für nicht der Wahrheit entsprechend, was für gewöhnlich von gewissen Personen mit einer fehlerhaften Auffassung vertreten wird, nämlich dass das Recht in dem bestehe, was dem Stärkeren von Nutzen ist. Daher kann, wo es keine wahre Gerechtigkeit gibt, auch keinen Zusammenschluss von Menschen geeint unter gemeinsamer Rechtsauffassung geben und somit auch kein Volk – gemäß jener Definition von Scipio beziehungsweise Cicero. Und wenn es kein Volk gibt, gibt es auch keine Angelegenheit des Volkes, sondern nur die einer wie auch immer gearteten Menge von Menschen, die der Bezeichnung ‚Volk' unwürdig ist. Und so ergibt sich: Wenn der Staat Angelegenheit des Volkes ist und ein Volk nicht existiert, wenn es nicht unter gemeinsamer Rechtsauffassung geeint ist, Recht aber nicht existiert, wo es keine Gerechtigkeit gibt, dann lässt sich ohne Zweifel resümieren, dass ohne Gerechtigkeit kein Staat existieren kann. Gerechtigkeit ist ferner die handelnde Kraft, die jedem das Seine zuteilt. Was ist das also für eine Gerechtigkeit des Menschen, die gerade den Menschen dem wahren Gott entzieht und ihn sündhaften Dämonen unterwirft? Das heißt jenem das Seine zuteilen? Oder ist nicht derjenige ungerecht, der ein Grundstück von einem Käufer enteignet und jemandem gibt, der keinen Rechtsanspruch darauf hat; und wer sich selbst vom Herrgott, seinem Schöpfer, entfernt und schädlichen Geistern dient, der ist gerecht? (eig. Übers.)

Augustins Darstellung ist eine Fundamentalkritik an Ciceros Staatsvorstellung und demontiert diese direkt im ersten Satz. Rom war nicht etwa ein schlechter Staat, sondern überhaupt keiner. Augustin leitet diese generelle Ablehnung dann in streng logischer Folge von den Definitionen der Begriffe des Volkes, des Rechts und schließlich der Gerechtigkeit ab. Da ein Volk in der gemeinsamen Rechtsauffassung bestünde, diese aber an die Gerechtigkeit gekoppelt sei, könne es ohne Gerechtigkeit auch keinen Staat geben. Es ist auffallend, dass Augustin hier mit dem Begriff der Gerechtigkeit operiert, der bei Ciceros Staatsdefinition nicht explizit zur Sprache kam. Den Begriff der *iustitia* führt Augustin hier jedoch bewusst in seine Argumentation ein und manifestiert ihn dort, indem er im weiteren Verlauf der Ausführung ‚das Pferd gleichsam von hinten aufzäumt' und die *iustitia* als staatsphilosophische Basis darstellt. Wo keine wahre Gerechtigkeit besteht, kann es auch kein Recht geben, Recht und Gerechtigkeit hängen somit unmittelbar zusammen. Dabei ist das Recht auch keine niedere Form der Gerechtigkeit und darf ebenso wenig als Recht des Stärkeren missinterpretiert werden. Der Gerechtigkeitsbegriff zeigt sich somit aufs Engste mit dem Rechtsbegriff verbunden und hat damit auch Auswirkungen auf den Begriff des Volkes, da dieser nach Ciceros Definition bekanntlich auf einer gemeinsamen Rechtsauffassung beruht. Ohne Gerechtigkeit gibt es also auch kein Volk. Wenn es demnach ohne Gerechtigkeit kein Volk gibt, der Staat aber als Angelegenheit des Volkes definiert ist, kann es ohne wahre Gerechtigkeit auch keinen Staat geben.

Man kann klar erkennen, welch großen Teil die Herleitung dieses Zusammenhanges in der Textpassage einnimmt, ist sie doch von zentraler Bedeutung, um Ciceros Staatsdefinition auseinanderzudividieren. Augustin geht nun rhetorisch-argumentativ noch eine Stufe weiter, indem er den Begriff der *iustita* definiert und in diesem Zuge in den Bereich des Göttlichen sublimiert. Wesenskern der Gerechtigkeit ist es, jedem das ihm Zustehende zuzuteilen. Hier ist jedoch die menschliche Gerechtigkeit unzulänglich, da sie imstande ist, den Menschen bewusst zum Bösen zu manövrieren. Augustinus arbeitet hier mit zwei rhetorischen Stilmitteln, die gemeinhin häufiger in seiner Argumentation anzutreffen sind. Dies sind zum einen die rhetorische Frage, *Hocine est sua cuique distribuere?* (Das heißt jeden das Seine zuteilen? (eig. Übers.)) und zum anderen ein *exemplum de minore ad maius*, das ebenfalls in Form einer rhetorischen Frage auftritt: Wer etwas Materielles rechtsungültig weitergibt – hier am Beispiel des Grundstücks – soll ungerecht sein, wie kann dann derjenige, der sich selbst, und damit vor allem seine Seele, von Gott abwendet, gerecht sein?

Gerade der letzte Gedankengang ist voraussetzungs- und erklärungsbedürftig. Die vorgelegte Passage ist dem 19. Buch von *De civitate Dei* entnommen und damit dem eschatologisch orientierten Teil der Darstellung der beiden *civitates*. Ein zentrales Element hier ist die Erkenntnis, dass das *summum bonum* nur im Jenseits erreicht werden kann. Für den Staat heißt das, dass er dem Grundprinzip der *vera iustita* entsprechen muss, die es ebenfalls auf Erden nicht geben kann. Ein legitimer Staat ist daher erst dann gegeben, wenn seine Mitglieder die christliche Nächstenliebe vollkommen verinnerlicht haben und für die Befehle Gottes empfänglich geworden sind.

Es ist an der Analyse dieses Textauszuges erkennbar, dass von der *prima facie* so einleuchtenden und überzeugenden Staatsdefinition Ciceros nach Augustins Ausführungen nicht viel übrigbleibt. Augustin bleibt bei der Demontage der ciceronianischen Definition jedoch nicht stehen, sondern bietet einige Kapitel später eine eigene, wiederum in Anlehnung an Cicero:

> *Si autem populus non isto, sed alio definiatur modo, uelut si dicatur; „Populus est coetus multitudinis rationalis rerum quas diligit concordi communione sociatus" – profecto, ut uideatur, qualis quisque populus sit, illa sunt intuenda, quae diligit. Quaecumque tamen diligat, si coetus est multitudinis non pecorum, sed rationalium creaturarum et eorum quae diligit concordi communione sociatus est, non absurde populus nuncupatur; tanto utique melior, quanto in melioribus, tantoque deterior, quanto est in deterioribus concors. Secundum istam definitionem nostram Romanus populus populus est et res eius sine dubitatione res publica. Quid autem primis temporibus suis quidue sequentibus populus ille dilexerit et quibus moribus ad cruentissimas seditiones atque inde ad socialia atque ciuilia bella perueniens ipsam concordiam, quae salus est quodam modo populi, ruperit atque corruperit, testatur historia; de qua in praecedentibus libris multa posuimus. Nec ideo tamen uel ipsum non esse populum uel eius rem dixerim non esse rem publicam, quamdiu manet qualiscumque rationalis multitudinis coetus, rerum quas diligit concordi communione sociatus.* (Aug. *civ.* 19,24)

Wenn man aber den Begriff Volk nicht so, sondern anders festlegte – wenn man beispielsweise sagte: „Ein Volk ist der Zusammenschluss einer vernunftbegabten Menge von Menschen, geeint durch die Übereinstimmung in den Dingen, die ihr lieb und teuer sind" – und in der Tat, um zu sehen, welche innere Ausrichtung ein bestimmtes Volk aufweist, muss man die

> Dinge ins Auge fassen, die ihm lieb und teuer sind. Was auch immer ihm jedoch lieb und teuer ist, wenn es der Zusammenschluss einer Menge nicht von Vieh, sondern von vernunftbegabten Geschöpfen ist und durch die Übereinstimmung in den Dingen, die ihm lieb und teuer ist, geeint wird, kann man es sinnvollerweise Volk nennen; und zwar ein umso besseres, je mehr es seinen inneren Zusammenhalt auf Besseres, ein umso schlechteres, je mehr es seinen inneren Zusammenhalt auf Schlechteres ausrichtet. Gemäß dieser unserer Begriffsbestimmung ist das römische Volk ein Volk und zweifelsohne auch ein Staat. Was aber jenem Volk in seiner Frühzeit und in der darauf folgenden lieb und teuer war und durch welche sittliche Einstellung dieses Volk es zu äußerst grausamen Aufständen und danach zu Kriegen mit Verbündeten und Bürgerkriegen hat kommen lassen und gerade das einträchtige Streben, das gewissermaßen das Heil des Volkes ist, gebrochen und verdorben hat, das beweist ein Blick in die Geschichte; darüber habe ich in den vorangegangenen Büchern viele Zusammenhänge dargelegt. Und dennoch könnte ich weder sagen, dass es selbst kein Volk ist, noch dessen Angelegenheit kein Staat, solange ein wie auch immer gearteter Zusammenschluss einer vernunftbegabten Menge von Menschen, geeint durch die Übereinstimmung in den Dingen, die ihr lieb und teuer sind, bestehen bleibt. (eig. Übers.)

Betrachten wir an dieser Stelle die Veränderungen, die Augustin hinsichtlich der ciceronianischen Staatsdefinition vornimmt, ergibt sich folgendes Bild: Die zentralen Begriffe des *iuris consensus*, der gemeinsamen Rechtsauffassung, sowie der *utilitatis communio*, dem Nutzen für alle, werden ersetzt durch die Vernunftbegabung des Menschen, der *multitudo rationalis*, und der Einigkeit darüber, was im Staat als erstrebenswert zu erachten ist, der *communio concors rerum, quae diligit*. Dies führt zu einer grundlegend anderen Staatsauffassung: Zum einen rechnet Augustin nach dem Begriff der Gerechtigkeit auch noch den des Rechts heraus und spricht nur noch von der notwendigen Veranlagung zum logischen Denken sowie von einer gemeinsamen Ansicht über im Staat erstrebenswerte und zu vermeidende Aspekte. Durch diese Reduzierung der moralisch hochgradig aufgeladenen Begriffe der Gerechtigkeit, des Rechts und des Gemeinwohls entwickelt Augustin einen Zustand moralischer Indifferenz hinsichtlich eines Staatsvolkes sowie eines Staates. Durch den Verweis auf Beispiele aus der römischen Geschichte, darunter die Ständekämpfe, die Bundesgenossenkriege und die Bürgerkriege, zeigt er exemplarisch, dass ein Staat losgelöst von moralischen Grundwerten existieren kann beziehungsweise diese veränderlich sein können, bis hin zu dem Punkt, an dem nicht einmal mehr die *concordia* als grundlegendes Fundament im Staat gewahrt ist. Staaten sind somit nicht mehr als wohlüberlegte, auf ein bestimmtes Ziel hin ausgerichtete, jedoch strikt amoralische Zweckgemeinschaften. Eine Staatsdefinition, wie sie Cicero formuliert hat, kann somit nur auf die *civitas dei* zutreffend sein, da die *uera iustitia* in Augustins Augen nur bei und in Gott, niemals aber auf Erden realisiert werden kann. Dies führt in logischer Konsequenz dazu, dass Staaten rein weltliche soziale Konstrukte sind, die keinen tieferen moralischen Anspruch aufweisen können. Diesen Gedanken hat Augustin in *De civitate Dei* schon einmal aufgenommen, und zwar in dem berühmt gewordenen und rhetorisch stark überformten Auszug aus dem vierten Buch:

> *Remota itaque iustitia quid sunt regna nisi magna latrocinia? quia et latrocinia quid sunt nisi parua regna? Manus et ipsa hominum est, imperio principis regitur, pacto societatis astringitur, placiti lege praeda diuiditur. Hoc malum si in tantum perditorum hominum accessibus crescit, ut et loca teneat sedes constituat, ciuitates occupet populos subiuget, euidentius regni nomen adsumit, quod ei iam in manifesto confert non dempta cupiditas, sed addita inpunitas.* (Aug. *civ.* 4,4)

> Lässt man daher die Gerechtigkeit außen vor, was sind dann Reiche anderes als große Räuberbanden? Denn was sind auch Räuberbanden anderes als kleine Reiche? Es handelt sich gleichermaßen um eine Schar von Menschen, die unter dem Befehl eines Anführers, in verbindlicher Gemeinschaft zusammengehalten wird und nach fester Abmachung die Beute teilt. Wenn dieses Übel durch den Zulauf schlechter Menschen zu solcher Größe anwächst, dass es Orte in Besitz nimmt, Niederlassungen gründet, Städte einnimmt und Völker unterjocht, dann nimmt es recht deutlich den Namen Reich an, was offensichtlich nicht daran liegt, dass es seine Habgier abgelegt hat, sondern Straffreiheit erhalten hat. (eig. Übers.)

Zu den großen Reichen, von denen Augustin hier spricht und die er mit einer unglaublichen Chuzpe mit Verbrecherbanden gleichsetzt, gehörte natürlich auch das Römische Reich. Alle höheren Werte Roms, der *mos maiorum*, die *virtus*, *fides* und *pietas*, werden im Handstreich entwertet und Staaten zu amoralischen gesellschaftlichen Konglomeraten abqualifiziert. Wie erwähnt, war Augustin Zeitzeuge eines sich von innen heraus verändernden und äußerlich zerfallenden *imperium Romanum*, das er, anders als Cicero, nicht mehr als naturgegebene und zeitlos mächtige Weltmacht wahrnehmen konnte. Die grundlegende Verschiedenheit der Staatsphilosophie der beiden hier thematisierten Denker ist jedoch tiefer begründet, und zwar in ihren basalen und daher prägenden philosophisch-theologischen Ansichten:

Cicero begründet den Staat durch seine Bestimmung eines *iuris consensus* sowie einer *utilitatis communio* aus der Natur des Menschen heraus. Die *recta ratio* des Menschen entspricht dabei der *uera lex*, also einem im Menschen vorhandenen Naturrechtsempfinden, das mit der Gerechtigkeit, der *iustita*, aufs Engste verbunden ist. Die *res publica* wird demnach zu einer Hüterin der *iustita*, da diese erst in der Verwirklichung in einer *res publica*, die auch *res populi* ist, zur Umsetzung kommt. Der Staat ist somit höchstes Ziel menschlichen Handelns, er ist gelebte und praktisch umgesetzte Philosophie. Für Augustin hingegen kann es wahre *iustitia* auf Erden nicht geben. Wahre *iustita* kann es nur in der *civuitas* geben, deren Urheber Christus ist. Dadurch werden Staaten für ihn reine Interessensgemeinschaften, die sich nicht auf höhere moralische Wertvorstellungen zurückführen lassen. Nicht der Staat ist somit höchstes Ziel menschlichen Handelns, sondern Gott.

Diese grundlegend unterschiedliche Betrachtung des gesellschaftlichen Konstruktes eines Staates kann anhand der vorgestellten Texte in der Schule durch deren Lektüre und einer Ergebnissicherung vermittelt werden, die die unterschiedlichen Ansichten der beiden Denker einander plakativ gegenüberstellt. Um Augustins Texte im Unterricht motivierend lesen zu können, sollen abschließend drei Möglichkeiten vorgestellt werden, mit denen es gelingen kann, den zugegeben abstrakten staatsphilosophischen Gehalt in den Unterrichtsgang und in aktuelle Zusammenhänge einzubetten.

## 5. Didaktische Fortführung – Ideen und Vorschläge für den Unterricht

Die erste Möglichkeit basiert auf einer Verknüpfung des staatsphilosophischen Themenbereiches mit dem der römischen Gesellschaft und Politik, der gemeinhin ebenfalls Gegenstand des Lateinunterrichts in der Oberstufe ist. Rom ist ein Staat, der von seinen Anfängen bis in die Zeit Trajans beständig expandierte. Diese Expansion basierte auf der kriegerischen Eroberung anderer Gebiete, die dann in das *imperium* eingegliedert wurden. Die Frage, wie die Ausrichtung des römischen Staates an höheren moralischen Werten mit der brutalen Expansion in Einklang gebracht werden kann, ist keine moderne. Bereits die Antike kannte das Konzept des *bellum iustum*, des gerechten Krieges, und auch Cicero und Augustinus widmen sich der nicht unkomplizierten Frage, ob und unter welchen Voraussetzungen Kriege angesichts des gewaltigen Leides, das sie unweigerlich mit sich bringen, als gerecht bezeichnet werden können. Eine tiefschürfende didaktische Aufarbeitung hat dieses Thema im Doppelband 58.2+3 des Altsprachlichen Unterrichts aus dem Jahre 2015 erfahren. Dort werden mit einer fachlichen Einleitung die wesentlichen Texte besprochen und für den Unterricht mit aktuellem Bezug aufbereitet, natürlich auch die hier behandelten Autoren Cicero und Augustinus. Es ergäbe sich also die Chance, den hehren Anspruch theoretischer Staatsphilosophie mit der politischen bzw. militärischen Praxis kritisch zu vergleichen.

Eine zweite Möglichkeit, die gelesenen Texte in aktuelle Kontexte einzubetten, besteht darin, Verfassungstexte unterschiedlicher Staaten vor dem Hintergrund von Staatstheorie und Staatswirklichkeit zu betrachten. Die Definitionen Ciceros und Augustins können dabei als Referenzpunkte zu den modernen Verfassungstexten dienen. Exemplarisch soll dies hier an Auszügen aus den Präambeln der Verfassungen der USA und des Iran gezeigt werden.

> Wir, das Volk der Vereinigten Staaten, von der Absicht geleitet, unseren Bund zu vervollkommnen, die Gerechtigkeit zu verwirklichen, die Ruhe im Innern zu sichern, für die Landesverteidigung zu sorgen, das allgemeine

> Wohl zu fördern und das Glück der Freiheit uns selbst und unseren Nachkommen zu bewahren, setzen und begründen diese Verfassung für die Vereinigten Staaten von Amerika. (Präambel der Verfassung der Vereinigten Staaten von Amerika)[17]

Diese Präambel weist erkennbar Elemente auf, die uns an die Ausführungen Ciceros erinnern dürften. So ist von einem Volk die Rede, das nicht weiter definiert wird, da es allerdings der Urheber und Begründer dieser Verfassung ist, kann der US-amerikanische Staat hier zweifelsohne als *res populi* ausgemacht werden. Als Staatsziele werden dann Einheit, Gerechtigkeit, innerer Friede, Schutz nach außen, Wohlstand und fortdauernde Freiheit genannt. Der Wunsch nach Verwirklichung von Gerechtigkeit kann mit Ciceros *iuris consensus* in Zusammenhang gebracht werden, der Wunsch nach Wohlstand und Freiheit mit Ciceros *communio utilitatis*. Es dürfte durch den Vergleich dieser Verfassungspräambel mit den staatstheoretischen Äußerungen Ciceros für die Schüler augenscheinlich werden, wie stark sich antike und moderne Staatsziele tatsächlich einander ähneln. Es stellt sich nun aber die Frage, wie Augustinus diesen Verfassungstext inhaltlich bewertet hätte.

Betrachten wir vor einer denkbaren Antwort auf diese Frage aber zunächst die Grundsatzgedanken der Verfassung der islamischen Republik Iran, einer präsidentiellen Theokratie, die im Jahr 2019 ihr 40-jähriges Bestehen feierte. Diese Staatsform nimmt Allah in das Zentrum der staatlichen Konstitution. Im Vorwort des Buches „Der Islamische Staat“ aus dem Jahre 1971[18], in dem die wesentlichen staatstheoretischen Grundlagen des Ajathollahs Ruhollah al-Musawi Chomeini dargestellt werden, wird das islamische Gesetz deshalb als das bestmögliche bezeichnet, da es göttlichen Ursprungs ist und aus der idealen Zeit des Propheten und des ersten Imams stammt, in denen es noch keine Trennung von Staat und Religion gegeben habe. Für die unterrichtliche Verwendung als Vergleichstext zu Cicero und der Präambel der amerikanischen Verfassung ist es sinnvoll, die Staatsziele der islamischen

[17] https://usa.usembassy.de/etexts/gov/gov-constitutiond.pdf (abgerufen am 13.09.2019).
[18] Chomeini (2014).

Republik des Iran zu betrachten, wie sie in Artikel 2 der Verfassung zur Darstellung kommen:

> Die Islamische Republik ist eine Ordnung, die auf folgenden Glaubensgrundsätzen beruht:
> Die Einheit Gottes (es gibt keinen Gott außer Gott), Seine alleinige Entscheidungsbefugnis und Gesetzgebung sowie die Notwendigkeit der Ergebenheit in Seinen Willen.
> Die göttliche Offenbarung und ihre grundlegende Bedeutung für das Formulieren von Gesetzen;
> Die Auferstehung und ihre maßgebende Rolle beim Entwicklungsprozess des Menschen hin zu Gott;
> Die Gerechtigkeit Gottes in Schöpfung und Gesetzgebung;
> Das Imamat und seine ständige, grundlegende und immerwährende Führungsrolle im Fortbestand der Islamischen Revolution;
> Ehre und Würde des Menschen und seine mit Verantwortung verbundene Freiheit vor Gott.
>
> Die Islamische Republik gewährleistet durch Gerechtigkeit, politische, wirtschaftliche, soziale, kulturelle Unabhängigkeit und nationale Zusammengehörigkeit die ständige Neugewinnung der islamischen Vorschriften durch anerkannte islamische Rechtgelehrte […], [die] Ablehnung jeder Unterdrückung und jeder Unterwürfigkeit, jeder Herrschaft und Knechtschaft (außer in Gott).[19]

Auch hier sind elementare Zielvorstellungen eines gelingenden menschlichen Zusammenlebens formuliert: Die Gerechtigkeit, Freiheit und innere Einheit werden im Unterschied zur Verfassung der USA direkt von Gott her abgeleitet durch islamische Rechtsgelehrte zur Umsetzung gebracht.

Die oben geäußerte Frage, wie Augustin die Verfassungstexte der USA bzw. des Irans bewertet hätte, ist eine rein didaktische, die lediglich dazu dient, Schüler zu einem tiefergehenden Durchdenken der Kernaussagen des augustinischen respektive ciceronianischen Textes anzuleiten. Aus fachlicher Perspektive ist sie ahistorisch und damit letzten

[19] http://www.eslam.de/manuskripte/verfassung_iri/kapitel01.htm (abgerufen am 13.09. 2019).

Endes sinnlos, da Augustin vor der Entstehung des Islam und natürlich auch der der USA lebte. Fest steht aber dennoch: Gerechtigkeit auf Erden zu verwirklichen, ist für Augustinus *per se* unmöglich, da es nicht im Menschen liegt, wahre Gerechtigkeit walten zu lassen. Somit kann es auch keinen weltlichen Staat für die *civitas dei* geben, und wenn er sich noch so stark am Wort Gottes orientieren würde. Dies träfe auch auf einen wie auch immer realisierten Gottesstaat etwa nach dem Vorbild des Iran zu, da die Mitglieder der *civitas dei* im Diesseits niemals von denen der *terrena civitas* unterschieden werden können. Ob sich nämlich ein Mensch in seiner inneren Einstellung der Gottesliebe oder der Selbstliebe verschreibt, bleibt für alle Außenstehenden unsichtbar. Die *civitas dei* ist somit auch nicht mit der katholischen Kirche zu identifizieren, wie dies in späteren Zeiten oft fehlinterpretiert wurde. Auch in ihr gibt es Mitglieder, die sich selbst, statt Gott lieben. Sie sind somit Mitglieder der *terrena civitas* und werden im Eschaton wie alle anderen Mitglieder von Gott verworfen. Die Schüler könnten somit hier erkennen, dass es sich bei Augustins *civitas*-Lehre um keine weltliche, sondern im Grunde göttliche Gemeinschaft handelt, wenngleich sie auf Erden in verschiedenen Staaten unter verschiedenen Bedingungen lebt.

Die dritte und vielleicht für Schüler greifbarste Adaptionsmöglichkeit zwischen den antiken Texten und modernen Fragestellungen ist der Aspekt der Gerechtigkeit. Es ist aus den besprochenen Texten augenscheinlich geworden, dass Cicero in Form des *iuris consensus* Naturrechtsvorstellungen in seine Staatsphilosophie miteinbezieht und somit die Gerechtigkeit als ein wesentliches Fundament eines Staates formuliert. Ebenso wurde deutlich, dass Augustin diese Annahme zurückweist und die Gerechtigkeit gerade nicht als grundlegendes Element eines Staates gelten lässt, was vor allem in dem Vergleich zwischen Staaten und Räuberbanden eindrücklich Niederschlag gefunden hat. Die Frage, ob ein Staat echte Gerechtigkeit gewährleisten und diese somit ein Fundament staatlichen Handelns sein kann, wurde seit jeher kontrovers diskutiert. Bereits in Platons *Gorgias* vertritt der Sophist Kallikles die Ansicht, dass es von Natur aus so eingerichtet sei, dass der Stärkere mehr Besitz und Macht hat als der Schwächere (vgl. Plat.

*Gorg.* 482c–484e). Gerechtigkeit sei somit nur eine Forderung der Schwachen, um die Starken in der Ausübung ihrer Stärke zu behindern. Der griechische Philosoph Karneades soll, so Cicero in *De re publica*,[20] im Jahre 155 v. Chr. in Rom an einem Tag eine Rede gehalten haben, die die Gerechtigkeit als Fundament eines jeden Staates charakterisierte, um am Folgetag die Nachteile bis hin zur Unmöglichkeit gerechten Handels aufzuzeigen. Bis heute ist die Frage nach staatlicher Gerechtigkeit aktuell und höchst umstritten: Darf ein Staat beispielsweise Unrecht begehen, um seine Bürger zu schützen? Das Theaterstück bzw. der Film „Terror – Ihr Urteil“[21] legt diese Fragestellung ins Zentrum der Handlung. Darin wird der fiktive Gerichtsprozess des Luftwaffenmajors Lars Koch verhandelt, der ein entführtes Passagierflugzeug, das als Anschlag in ein Fußballstadion gelenkt werden sollte, abgeschossen hat. Durften die Insassen des Flugzeugs für die Besucher des Fußballspiels geopfert werden? Dieser Text bzw. Film treibt die Frage nach staatlicher Gerechtigkeit durch ein extremes Gedankenexperiment auf die Spitze und bietet eine greifbare Diskussionsgrundlage für die Frage nach dem Vorhandensein und der Reichweite staatlicher Gerechtigkeit. Diskussionen, die in den Lerngruppen auf Fragenimpulse dieser Art zustande kommen könnten, bleiben erfahrungsgemäß ergebnisoffen. Sie sind deshalb aber noch lange nicht belanglos. Sie ermöglichen es jungen Menschen, ihrer Meinung stärker Profil zu verleihen oder sie durch die Konfrontation mit Gegenargumenten zu revidieren bzw. zu adaptieren. Ist die Ausgangsbasis dazu noch die Übersetzung und Interpretation von Cicero und Augustinus, also antiker Texte, werden diese nicht nur als zeitlos gültig und aktuell erkannt, sondern das Unterrichtsfach der Alten Sprachen in die Lebenswirklichkeit der Schüler integriert.

[20] Ob die Reden tatsächlich gehalten wurden oder ob es sich um eine Fiktion Ciceros handelt, ist umstritten. Vgl. Powell (2013).
[21] v. Schirach (2016).

# Literatur

## Bildquellen

Abbildung 1: Sandro Botticelli, Sant'Agostino nello studio (1480). Dipinto murale staccato, 200x120 cm, Florenz, Chiesa di San Salvatore in Ognissanti (Fiesole, Chiesa di San Francesco, Provincia Toscana di San Francesco Stimmatizzato OFM).

Abbildung 2: Cicero; Statue in seinem Heimatort Arpinum. Bildquelle: free.org

## Textausgaben

Augustinus, De civitate dei. Corpus Christianorum. Series Latina XLVII/XLVIII, 1 et 2, ed. B. Dombart/A. Kalb, Turnhout 1955.

M. Tulli Ciceronis De re publica, De legibus, Cato maior de senectute, Laelius de amicitia, recog. brevique adnot. crit. instr. J.G.F. Powell (OCT), Oxonii 2006.

Eusebii Hieronymi Epistulae. Pars III: Epistulae 121–154. Corpus Scriptorum Ecclesiasticorum Latinorum LXVI, ed. I. Hilbert, Wien 1818 (repr. New York/London 1961).

## Forschungsliteratur

Arquillière, Henri-Xavier (1934, erweiterte Ausgaben 1955 und 1972), L'Augustinisme politique, Paris.

Brodka, Dariusz (1998), Die Romideologie in der römischen Spätantike, Frankfurt a.M.

Byer de Ryke, Benoit (1999), L'apport augustinien: Augustin et l'augustinisme politique, in: Renaut, Alain (Hg.), Historie de la philosophie politique *2.* Naissances de la modernité, Paris, 43-86.

Christes, Johannes (1975), Bildung und Gesellschaft. Die Einschätzung der Bildung und ihrer Vermittler in der griechisch-römischen Antike, Darmstadt.

Demandt, Alexander (1984), Der Fall Roms. Die Auflösung des Römischen Reiches im Urteil der Nachwelt, München.

Drecoll, Volker H., Manichaei, in: Mayer, Cornelius, Augustinus-Lexikon, Vol. 3 (2004–2010), 1132–1159.

Dyson, Robert W. (2001), The Pilgrim City. Social and Political Ideas in Writings of St. Augustine of Hippo, Woodbridge.

Eigler, Ulrich (2003), lectiones vetustatis. Römische Literatur und Geschichte in der lateinischen Literatur der Spätantike, München.

Fuhrer, Therese (2004), Augustinus, Darmstadt.

Galinsky, Karl (1996), Augustan Culture. An Interpretive Introduction, Princeton.

Höffe, Otfried (2017), Einleitung, in: Höffe, Otfried (Hg.), Ciceros Staatsphilosophie. Ein kooperativer Kommentar zu *De re publica* und *De legibus*, Berlin/Boston.

Hübner, Wolfgang (2007), Klassische lateinische Literatur und Rhetorik, in: Drecoll, Volker H., (Hg.), Augustin Handbuch, Tübingen, 49–60.

Lepelley, Claude, Ciuis, ciuitas, in: Augustinus-Lexikon, Vol. 1 (1986-1994) 942-957.

Meier, Mischa (2007), Alarich und die Eroberung Roms in Jahre 410. Der Beginn der „Völkerwanderung“, in: Meier, Mischa (Hg.), Sie schufen Europa. Historische Portraits von Konstantin bis Karl dem Großen.

Pfeilschifter, Rene, Augustinus und das Kaisertum des fnften Jahrhunderts, Vortrag gehalten am 30. Juni 2017 vor der Jahresvollversammlung der Gesellschaft zur Förderung der Augustinus-Forschung e.V.; nur online einsehbar in: https://www.augustinus.de/images/pdf/PfeilschifterR_Augustinus-und-das-Kaisertum-des-fuenften-Jahrhunderts.pdf (letzter Aufruf 03.11.2019).

Powell, Jonathan G.F. (2013), The Embassy of the Three Philosophers to Rome in 155 B.C., in: Tempest, Kathryn; Kremmydas, Christos (Hg.): Hellenistic Oratory: Continuity and Change, Oxford: 219–248.

Schirach, Ferdinand von (2016), Terror: Ein Theaterstück und eine Rede, München.

Schlapbach, Karin (2010), Hortensius, in: Mayer, Cornelius, Augustinus-Lexikon, Vol. 3 (2004-2010), 425-436.

Testard, Maurice (1994), Cicero, in: Mayer, Cornelius, Augustinus-Lexikon, Vol. 1 (1986–1994), 425–436.

Tornau, Christian (2002), Augustinus und das ‚hidden curriculum‘. Bemerkungen zum Verhältnis des Kirchenvaters zum Bildungswesen seiner Zeit, in: Hermes 130, 316–337.

Schiche, Theodor (1903), Aus Ciceros philosophischen Schriften. Auswahl für Schulen, Leipzig.

Van Oort, Johannes (2007), De ciuitate dei, in: Drecoll, Volker H., (Hg.), Augustin Handbuch, Tübingen, 347–363.

Wurst, Gregor (2007), Manichäismus um 375 in Nordafrika und Italien, in: Drecoll, Volker H., (Hg.), Augustin Handbuch, Tübingen, 85–91.

## Internetquellen:

https://usa.usembassy.de (eingesehen am 13.9.2019).

http://www.eslam.de/manuskripte/verfassung_iri/kapitel01.htm (eingesehen am 13.9. 2019).

DENNIS BURRICHTER ▪ BENJAMIN MAGOFSKY

# Ein spätmittelalterlicher Holzschnitt zur Begleitung und Vertiefung lateinischer Textlektüre

## Das Beispiel der Darstellung von Gottes- und Menschenstaat in Augustinus' Schrift *De civitate Dei*

Zusammenfassung
Der vorliegende Beitrag stellt einen erstmalig 1489 gedruckten Holzschnitt aus einer Textausgabe von Augustinus' *De civitate Dei* vor, der den Inhalt des Gesamtwerkes anhand der Gegenüberstellung von *civitas Dei* und *civitas terrena* darzustellen sucht. Die Analyse des Holzschnitts in seinen Bezügen zu Textaussagen von Augustinus' *Gottesstaat* soll verdeutlichen, dass es sich bei dem Druck keineswegs bloß um ein zeitgebundenes Werk des Spätmittelalters handelt, sondern dass er auch im 21. Jahrhundert noch einen wertvollen Zugang zum Gesamtwerk des Augustinus zu leisten vermag.

Im Anschluss hieran zeigt eine exemplarische Unterrichtssequenz zur Polarität von *civitas Dei* und *civitas terrena* didaktische Perspektiven für den Einsatz des Holzschnitts im Lateinunterricht auf. Hierzu werden verschiedene Textstellen aus *De civitate Dei* angeführt und in ihren Aussagen erläutert, die zunächst Augustinus' allgemeine Definition einer *res publica* sowie die generelle Unterscheidung der beiden *civitates* thematisieren. Anschließend steht mit Augustinus *De civitate Dei* 14,28 ein Ausschnitt im Fokus, welcher die jeweiligen Charakteristika von *civitas Dei* und *civitas terrena* darstellt. Der Holzschnitt ermöglicht bei der Lektüre dieses Auszugs gleichzeitig einen Einstieg in die Textarbeit und eine vertiefende Analyse der inhaltlichen Aussagen. Doch soll auch die Polemik, mit der Augustinus sich über das *imperium Romanum* sowie die ‚Gottlosigkeit' seiner Bewohner äußert, abschließend Raum finden.

Abb. 1: Holzschnitt aus Aurelius Augustinus, *De civitate Dei*, Basel 1505.[1]

# 1. Einleitung

„Augustins Riesenwerk ist als ganzes den meisten Lesern unzugänglich, die tragenden Grundgedanken geraten bei der Fülle des Stoffes leicht aus der Sicht.“[2] Diese Worte einer Ausgabe ausgewählter Textstellen aus dem Werk *De civitate Dei* verweisen auf eines der Kernprobleme der 22 Bücher umfassenden Schrift von Augustinus (354–430): Sein zwischen 413 und 427 verfasster *Gottesstaat* gilt auf der einen Seite noch heute als „eines der Grundbücher der Christenheit“[3] bzw. als „das überhaupt wichtigste Werk christlich-politischen Staats- und Gerechtigkeitsdenkens“[4]; auf der anderen Seite ist es „kein zeitloses dogmatisches, sondern ein durch die historische Situation bestimmtes Werk“[5], welches an der Zeitenwende zwischen Spätantike und Frühmittelalter „in buchstäblichem Sinn den Geist der neuen Epoche“[6] prägte. Hier überschneidet sich der religionsphilosophische Entwurf einer christlichen Heilsgeschichte des Bischofs von Hippo Regius mit der Geschichte und Gegenwart des *imperium Romanum* in vielerlei, für den damaligen wie heutigen Leser verwirrender sowie kaum zu entschlüsselnder Hinsicht.

Als über tausend Jahre später der bedeutende Baseler Drucker und Verleger Johannes Amerbach (um 1440–1513) vor der gewaltigen Aufgabe stand[7], das epochale Werk des Kirchenvaters in einer lateinischen Ausgabe zu verlegen, wird er sich vor einem ähnlichen Problem gesehen haben.

[1] Diui Augustini librorum pars septima. Libri de ciuitate dei XXII. In eosdem comme[n]taria Thome Valois et Nicolai Triueth: cum additionibus Iacobi Passaua[n]tii, et theologice veritates Francisci Maronis, Basel 1505, 2 (Ratsgymnasium Bielefeld, Bibliothek, B159). – Im Folgenden werden der Holzschnitt und die Detailaufnahmen dieser Ausgabe entnommen, die sich unter den über 300 Postinkunabeln der historischen Bibliothek des Ratsgymnasiums Bielefeld befindet.

[2] Balthasar (2012), Klappentext.

[3] Ebd., 40.

[4] Höffe (2001), 91.

[5] Balthasar (2012), 9.

[6] Höffe (2001), 88.

[7] Vgl. zu Amerbach in aller Kürze Scarpatetti (2010).

Abb. 2: Aug. *civ.* 4,6–8 (Auszug).[8]

Der moderne Buchdruck war erst wenige Jahrzehnte alt, und in der neuen „Gutenberg-Galaxis"[9] stieg das gedruckte Buch allmählich zum neuen Leitmedium auf. Möglicherweise kam Amerbach also im Jahre 1489, teils beeindruckt von den neuen Möglichkeiten des Buchdrucks,

[8] Der Text von *De civitate Dei* befindet sich auf dieser Buchdoppelseite jeweils in den beiden inneren Spalten und wird gewissermaßen vom lateinischen Kommentar umrahmt, doch variiert die Darstellung in der vorliegenden Werkausgabe von Seite zu Seite. Ergänzt wird der Kommentar durch die „theologischen Wahrheiten" des Franziskanermönchs Franciscus de Mayronis (um 1280–1328), die sich – wie in diesem Fall die *quarta veritas* (links) und die *quinta veritas* (rechts) – graphisch in den Augustinus-Text integriert finden.

[9] McLuhan (2011). – Dass die Durchsetzung des Buchdrucks kein linearer Prozess war, sondern in Schüben, gefolgt von retardierenden oder zurückgehenden Phasen, verlief (vgl. z.B. Burkhardt [2002], 27f.), ändert nichts an dessen generellem Siegeszug.

teils in Sorge vor der Konkurrenz durch andere Buchdrucker[10], auf einen ähnlichen Gedanken wie ein Chicagoer Werbefachmann lange Zeit später, als dieser 1927 eine Anzeige mit dem inzwischen weltberühmten geflügelten Wort *One Picture is Worth a Thousand Words* veröffentlichte.[11] Jedenfalls stellte Amerbach seiner 1489 erstmals erschienenen, 268 Seiten umfassenden, in Folio und in zwei oder mehr Spalten mit Kommentar versehenen Werkausgabe von *De civitate Dei* (vgl. Abb. 2) einen 16,9 x 21,6 cm großen Holzschnitt voran. Ebendiesen nahm Amerbach auch in der späteren Auflage aus dem Jahre 1505 wieder auf, stellt er doch Augustinus selbst sowie dessen dualistische Staatstheorie treffend dar.

Die kunstvolle Ausgestaltung einer Textausgabe mithilfe von vorangestellten Drucken bot sich ab Mitte des 15. Jahrhunderts, d. h. mit dem Aufkommen des Typendrucks, zunehmend an; denn ebenso wie der für den Text verwendete Bleisatz stellen auch Holzschnitte Hochdruckverfahren dar, die dadurch eine gleichzeitige Verwendung der Buchdruckpresse erlaubten.[12] Im Vergleich zu anderer Kunst dieser Zeit ermöglichte der Holzschnitt dadurch die vergleichsweise schnelle Reproduktion eines Kunstwerkes sowie dessen weitere Verbreitung. Die Funktion der Holzschnitte lag dabei zunächst nur darin, den Inhalt eines Werkes durch ihren engen Text-Bild-Bezug verständlicher zu machen. Gegen Ende des 15. Jahrhunderts stieg jedoch auch die Bedeutung des Künstlerischen, sodass bekannte Künstler, wie im vorliegenden Fall der Meister des Haintz Narr, diese gestalteten, und ornamentale Titelblätter setzten sich zunehmend durch; doch begann bereits in der zweiten Hälfte

[10] Bereits zehn Jahre zuvor war in Basel eine andere Werkausgabe von *De civitate Dei* herausgegeben worden: Aurelius Augustinus, *De civitate Dei,* mit Kommentar von Thomas Waleys und Nicolaus Trivet, Basel 1479. Diese enthielt ebenfalls den gemeinsamen Kommentar der Oxforder Dominikaner Thomas Waleys (1287–1349) und Nicholas Trivet (um 1258–1328), den Amerbach zehn Jahre später in seine Ausgabe integrierte und durch den Kommentar des Florentiner Dominikanermönchs Jacopo Passavanti (um 1302–1357) sowie die „theologischen Wahrheiten“ des Franziskanermönchs Franciscus de Mayronis (um 1280–1328) ergänzte.

[11] Vgl. zur Etymologie dieses geflügelten Wortes Frühbeis (2017).

[12] Vgl. Reske (2013).

des 16. Jahrhunderts die Ablösung des Holzschnittes durch den Kupferstich.[13] Beide Verfahren spielen in modernen Textausgaben keine Rolle mehr.

Ist der vorliegende Holzschnitt nun also ein zeitgebundenes Werk und entsprechend unergiebig für eine heutige wissenschaftliche oder schulische Auseinandersetzung mit Augustinus' *Gottesstaat*? Dass dies keineswegs der Fall ist und der Druck hingegen sogar einen wertvollen visuellen Zugang zum Originaltext ermöglichen und damit sowohl zum besseren Verständnis von dessen Kernaussagen als auch zur Gestaltung einer problemorientierten Unterrichtseinheit im Fach Latein beitragen kann, soll dieser Beitrag im Folgenden aufzeigen. Dazu wird zunächst der Holzschnitt selbst untersucht und in seinen Bezügen zu Textaussagen von *De civitate Dei* erläutert (Kap. 2), bevor davon ausgehend seine didaktischen Einsatzmöglichkeiten im Lateinunterricht aufgezeigt werden (Kap. 3). Den Abschluss bilden Erläuterungen zu weiteren, u. a. fachübergreifenden Perspektiven der didaktischen Nutzung des Holzschnittes (Kap. 4).

## 2. Christliche Heilsgeschichte der *civitas Dei* im Holzschnitt von Johann Amerbachs Werkausgabe aus dem Jahre 1489

### 2.1 Augustinus im Holzschnitt

Im oberen Teil des Holzschnittes (s. Abb. 3) sitzt Augustinus in einer Schreibstube auf einer Bank und schreibt in ein aufgeschlagenes Buch, das auf dem Pult liegt. Diese Form der Darstellung entspricht insgesamt der bildlichen Tradition der abendländischen Kunst des in der römisch-

[13] Vgl. Reske (2013). – Auf den Meister des Haintz Narr gehen auch diverse Holzschnitte für *Daß Narrenschyff* des Sebastian Brant (1457/58–1521) zurück, das 1494 in Basel gedruckt wurde und in dem der Künstler einen der Holzschnitte mit *Haintz Nar* beschriftet hat.

katholischen Kirche als heilig verehrten Kirchenvaters, der oftmals in seinem Studierzimmer sitzend dargestellt wird.[14]

Abb. 3: Oberer Abschnitt des Holzschnittes.

Angesichts der Bedeutung des Autors und seines Werkes verwundert es kaum, dass der Kirchenvater oder einzelne Inhalte von *De civitate Dei*[15] selbst vielfach bildlich dargestellt wurden. Unter all diesen Werken dürfte der zu analysierende Holzschnitt aus Amerbachs Ausgabe (s. Abb. 1)

[14] Vgl. z. B. die älteste Darstellung des Augustinus überhaupt im Lateran (Santuario della Scala Santa im Lateran, Rom) sowie zeitgenössisch zum Amerbach-Druck Sandro Botticellis *Der Heilige Augustinus in seinem Studierzimmer* (Fresko, San Salvatore di Ognissanti, Florenz 1480; später Tempera auf Holz, Galleria degli Uffizi, Florenz 1494) und Vittore Carpaccios *Der Heilige Augustinus in seinem Studierzimmer* (Tempera auf Holz, Scuola di San Giorgio degli Schiavoni, Venedig 1502). Da in diesem Artikel weniger die bildliche Darstellung des Kirchenvaters als vielmehr der Einsatz von *De civitate Dei* im Lateinunterricht im Fokus steht, wird im Folgenden der Schwerpunkt auf den unteren Teil des Holzschnittes gelegt.

[15] Vgl. verschiedene Buchmalereien aus dem Spätmittelalter, etwa aus: Raoul de Praelles, Translation et Exposition de la Cité de Dieu de Saint Augustin, Paris 1371/75.

weder als einzigartig noch als künstlerisch außergewöhnlich gelten. Gleichwohl zeigen die noch immer vorhandenen zahlreichen Ausgaben dieser Erstauflage von 1489[16] ebenso wie auch die späteren Auflagen aus den folgenden Jahrzehnten eine gewisse Verbreitung und Bedeutung dieser Werkausgabe Amerbachs.

Als der Bischof von Hippo Regius sein Werk *De civitate Dei* verfasste, hatten zuvor die Westgoten unter Führung Alarichs im Jahre 410 Rom eingenommen und geplündert. Dies verdeutlichte Augustinus und anderen aufmerksamen Zeitgenossen, dass selbst das *imperium Romanum*, das etwa von Vergil als *imperium sine fine* stilisiert worden war[17], kein zeitlich bis in alle Ewigkeit ausgedehnter Staat sein würde, sondern ebenso endlich war, wie es selbst das große Babylon zuvor gewesen war. Mit seinem Werk wehrte sich Augustinus nun gegen zeitgenössische Behauptungen, denen zufolge die Christen eine Mitschuld an der Eroberung und Plünderung Roms trügen, und führte auf diese Weise die frühchristliche Apologetik zu ihrem Höhepunkt. Doch mehr noch:

> „Augustinus gelingt die geschichtsphilosophische, staatstheoretische und religionsphilosophische Transformation: Den von den Zeitgenossen empfundenen Niedergang des römischen Reiches interpretiert er nicht als eine Katastrophe, sondern als einen notwendigen Schritt auf dem Weg zu einer eschatologisch gedachten *civitas Dei*."[18]

Hieraus ergibt sich die große staatstheoretische Bedeutung, die dem Werk des Augustinus beizumessen ist. So bezeichnet Rutherford *De civitate Dei* als dritten Teil eines ‚Triptychons' mit Platons *Politeía* und Ciceros *De re publica*, deren Gemeinsamkeit in der Untersuchung des ‚idealen' Staates liege.[19]

[16] Vgl. den Inkunabel-Katalog der British Library unter https://data.cerl.org/istc/ia01243000?style=expanded (zuletzt abgerufen am 23.10.2019).

[17] Verg. *Aen.* 1,279.

[18] QUA-LiS NRW (2018), 4f.

[19] Vgl. Rutherford (2005), 294: „Plato wavers between maintaining that his state could be realized if certain highly implausible conditions were met, and declaring it to be a utopian ideal, perhaps laid up in heaven; Cicero sees the ideal as having existed in

## 2.2 *Civitas Dei* und *civitas terrena*

Zur Begründung dieser Zielsetzung unterscheidet Augustinus in seinem 22 Bücher umfassenden Werk in gekonnt-differenzierender Argumentation zunächst einen weltlichen Staat (*civitas terrena*) von einem Gottesstaat (*civitas Dei*);[20] beide stehen sich einander schroff gegenüber: Vor der Weltgeschichte (d.h. im Engelsfall), in ihr selbst und danach (d.h. in der ewigen Hölle).[21] Während jener weltliche Staat durch Selbstliebe, Ruhm- und Herrschsucht sowie durch das Streben nach irdischen Gütern und weltlicher Macht gekennzeichnet sei, zeichne diesen Gottesliebe, Frömmigkeit und der Ruhm Gottes aus. Seine Stärke erhalte er durch Gott und die gegenseitige Liebe der Menschen, also die Fürsorge der Mächtigen und den Gehorsam der Untergebenen.[22]

*Civitas terrena* und *civitas Dei* dürfen jedoch weder als Staat und Kirche noch als Erde und Himmel verstanden werden. Während in der *civitas Dei* die Einheit der Seelen mit Gott vorweggenommen wird, bleibt der irdische Staat dem Diesseits verhaftet und ist entsprechend vergänglich[23]:

> „Insofern die Kirche ihren geistlichen Auftrag in der Welt – Verkündung des Glaubens und Steuerung des Verhaltens – erfüllt, ist das Gottesreich auf Erden gegenwärtig. Und soweit der Staat die Kirche schützt und gerecht handelt, gehört er auch dazu. Die Kirche steht zwar als etwas Spirituelles über dem Staat, doch sie hat nicht seine Aufgaben; sie muß nur mahnen und rein religiöse Sanktionen anwenden, wenn er falsch handelt."[24]

Dies ist zugleich von Relevanz für die maßgeblich durch Augustinus geprägte Herrschafts- und Staatslegitimation, wie sie die mittelalterliche

Rome's historical past, viewed through rose-tinted spectacles. Augustine, however, can see the ideal society only as the kingdom of Heaven, contrasted throughout with the empires of this world, above all the domination of Rome."

[20] Vgl. Gall (in diesem Band), 15–18.

[21] Vgl. Balthasar (2012), 21.

[22] Zu Aug. *civ.* 14,28 vgl. Kap. 3.2.

[23] Vgl. Jacoby (2010), 75.

[24] Quinton (1995), 312.

Geschichte die nächsten 1200 Jahre bis zur Philosophie des Rationalismus, des Empirismus und der Aufklärung prägen sollte. Augustinus folgt hier der durch Aristoteles (384–322 v. Chr.) begründeten Naturrechtslehre, also der Annahme eines zeitlosen und überall gültigen Rechts (*ius naturale*), welches das positive Recht einzelner Staaten übersteige. Im Rahmen dieses sogenannten Rechtsmoralismus fallen Staaten und ihre Gesetzgebung unter dieses fundamentale Gerechtigkeitsgebot des durch Augustinus nunmehr christlich, nicht mehr pagan legitimierten Naturrechts, von deren universalistischer Moral allein aus sie beurteilt werden können.[25]

Zur Konzeptionierung dieser Gerechtigkeit greift Augustinus auf den alttestamentarischen ‚politischen' Gegensatz von Babylon und Jerusalem zurück, wobei Jerusalem als Reich der *caritas*, Babylon als Reich der *cupiditas* verstanden wird.[26] Dabei sei jedoch kein Mensch eindeutig Jerusalem oder Babylon zuzuordnen; vielmehr lebten alle unter dem gleichen ethischen Gesetz zwischen Gut und Böse und müssten sich entscheiden, ob sie ihre Handlungen unter Gottes Gebot der geistlichen Liebe oder aber unter das des Hochmuts und der Selbstvergötterung stellten.[27]

Auch der betreffende Holzschnitt stellt auf der rechten Seite Babylon als schlechthin sündige, abschreckende *civitas terrena* Jerusalem als anspornender *civitas Dei* auf der linken Seite gegenüber und trennt beide durch einen am Horizont verschwindenden Weg voneinander (s. Abb. 4). Die ‚Zwischenüberschrift' konkretisiert die Symbolik der beiden Reiche, wobei sie im Vergleich zur graphischen Darstellung in chiastischer Reihenfolge genannt werden; *Syon* steht hier für Zion und ist somit als *pars pro toto* für Jerusalem zu sehen, das auf diese Weise als heilige Stadt dargestellt wird: *Insultat Babylon, Syon ut urbs sancta resultet.*

Auf der Ebene der Menschen werden die beiden Reiche bei Augustinus durch die biblischen Figuren Kain und Abel verkörpert: *Natus est igitur prior Cain* [...], *pertinens ad hominum civitatem, posterior Abel,*

[25] Vgl. Horn (2009), 16f.

[26] Vgl. Balthasar (2012), 29.

[27] Vgl. ebd., 33f. – S. auch Aug. *civ.* 14,28.

*ad civitatem Dei*[28] (Aug. *civ.* 15,1). Im Holzschnitt präsentieren sich die beiden Brüder – weniger alttestamentarisch als zeittypisch dem 15. Jahrhundert verhaftet – in der Kleidung spätmittelalterlicher Landbevölkerung und stehen sich am linken (Abel) und rechten Bildrand (Kain) gegenüber. Über beiden schwebt dabei ein Banner, das die Zugehörigkeit zu den jeweiligen Städten bzw. *civitates* unterstreicht. Während das Banner, welches über der Hand des mit Babylon assoziierten Kain schwebt, ebendiesen als Stadtgründer eines diesseitigen Staates mit Satan verbindet (*In sathane sedem: Cayn istam condidit urbem.*[29]), sei

Abb. 4. Unterer Abschnitt des Holzschnittes

[28] Alle lateinischen Textbelege folgen der Ausgabe: Sancti Aurelii Augustini episcopi de civitate Dei libri XXII, recogn. B. Dombart/A. Kalb, 2 Bde., 5. Aufl., Darmstadt 1981.
[29] Die Form *sathane* ist als *sathanae* und somit als Variante zu dem aus dem Hebräischen abgeleiteten, nachklassischen Genitiv *satanas* zu verstehen. Zudem lässt sich an dem Holzschnitt auch ein typisches Charakteristikum des Mittellateinischen erkennen, in dem häufig *j* als Variante für ein anlautendes *i* (vgl. *justi* statt *iusti*) auftritt.

das Reich Abels allein jenseitig, wenn die Bewohner in Einklang mit Gott lebten:

> *Abel autem tamquam peregrinus non condidit. Superna est enim sanctorum civitas, quamvis hic pariat cives, in quibus peregrinatur, donec regni eius tempus adveniat, cum congregatura est omnes in suis corporibus resurgentes, quando eis promissum dabitur regnum, ubi cum suo principe rege saeculorum sine ullo temporis fine regnabunt.* (Aug. *civ.* 15,1)
>
> Abel dagegen als Fremdling gründete keinen [Staat]. Denn der Staat der Heiligen ist jenseitig, obwohl er hienieden Bürger erzeugt, in denen er in der Fremde pilgert, bis die Zeit seines Reiches herbeikommt, da er alle in den eigenen Leibern Auferstehenden sammelt, wenn ihnen das verheißene Reich wird gegeben werden, wo sie mit ihrem Fürsten, dem König der Ewigkeit, ohne Zeitenende herrschen werden. (Übers.: Alfred Schröder)

Entsprechend zeigt der Holzschnitt Abel links im Gottesstaat und stellt ihn anhand des über ihm befindlichen Banners nicht nur als gerecht, sondern auch als denjenigen dar, mit dessen Blut das himmlische und Gott geweihte Jerusalem gegründet worden sei: *Urbs dicata deo: Abel fundatur sanguine justi.*[30]

Für Augustinus ist die *civitas terrena* dabei immer der *civitas Dei* untergeordnet; auch in einem noch so trefflich organisierten Staat, der Vieles für seine Einwohner zu leisten vermöge, seien die Werte nur Blendwerk, wenn der Staat nicht dem höheren, in Gott liegenden Ziel diene. Die Menschen beschreibt der Theologe und Philosoph Hirschberger treffend wie folgt:

> „Der Gottesstaat […] besteht aus Menschen, die sich der ewigen Ordnung Gottes fügen. Sie liefern sich nicht den äußeren Dingen aus, um sie oder sich selbst zu genießen, sondern leben in und aus Gott eine ideale Ordnung, durch die die Welt und der Mensch zum Frieden findet.“[31]

[30] Der aus dem Hebräischen stammende Name *Abel* ist an dieser Stelle indeklinabel verwendet und als Genitiv entsprechend mit der selteneren Form *Abelis* gleichzusetzen (vgl. ThLL I,63,53–55 s.v. Abel).

[31] Hirschberger (1980), 374.

Daher hält Abel im Holzschnitt auf Seiten der *civitas Dei* das Lamm Gottes als Symbol für Jesus Christus im Arm[32], während in der ihn umgebenden göttlichen Ordnung die Natur – d.h. die Schafe vor ihm zusammen mit dem Hund, der sie hütet, ebenso wie die Pflanzen der Erde – förmlich in hellem Glanz erstrahlt; nichts davon ist hingegen auf Seiten Kains und der *civitas terrena* zu sehen.

## 2.3 Krieg und Frieden

Augustinus sucht anhand zahlreicher Beispiele aus Theologie und Geschichte zu belegen, wie beide Staaten, das Gute und das Böse, miteinander im Wettstreit liegen. Um diesen Konflikt zu visualisieren, zeigt der Holzschnitt beide Reiche umringt von (mittelalterlichen) Stadtmauern. So idealtypisch die Darstellung von mittelalterlichen Städten in zeitgenössischen Holzschnitten war und in Anbetracht von Augustinus' Werk auch in diesem Fall ist, scheint sich der Verleger Amerbach dennoch bemüht zu haben, eine gewisse Individualität seiner Wahlheimat sowie des Verlagsortes Basel in die Darstellung mit einfließen zu lassen. So erinnern die Mauertürme der Gottesstadt auf der linken Seite sicher nicht zufällig an die 1402 fertiggestellte neue Basler Stadtbefestigung[33]; im Vordergrund ist zudem Basels Spalentor zu erkennen.

Auf den Mauern der Gottesstadt stehen zwei friedliche Engel, von denen einer einen Segen auszusprechen scheint. Demgegenüber befinden sich auf den Mauern Babylons aufgeregte und boshafte Dämonen mit Boxhörnern: einer von ihnen mit einem Handrohr bewaffnet, ein weiterer im Zuge, einen Stein auf die himmlische Stadt zu werfen, und ein dritter wie eine Hexe mit nackten Brüsten, die sich zur Prostitution

[32] Vgl. die bedeutendste zeitgenössische Darstellung des Lamm Gottes im 1432–1435 von den Gebrüdern Jan und Hubert van Eyck geschaffenen *Genter Altar* in der St.-Bavo-Kathedrale der flämischen Stadt.

[33] Vgl. z.B. die Stadtansicht Basels in der zeitgenössischen Schedelschen Weltchronik aus dem Jahre 1493. – Wenn man den Weg in der Mitte des Holzschnittes zwischen *civitas Dei* und *civitas terrena* als Fluss deutet, könnte das auf den Rhein anspielen, der das linksrheinische Grossbasel vom 1392 eingemeindeten Kleinbasel trennt.

anzubieten scheint. Auch Kain, welcher dem als Hirten dargestellten Abel gegenübersteht, ist mit der tödlichen Hacke bewaffnet. Denn, so schreibt Augustinus:

> […] *civitas ista adversus se ipsam plerumque dividitur litigando, bellando atque pugnando et aut mortiferas aut certe mortales victorias requirendo.* (Aug. *civ.* 15,4)

> […] so ist dieser Staat [d.h. die *civitas terrena*] zumeist wider sich selbst geteilt durch Streit, Krieg und Kampf und durch das Verlangen nach verderbenbringenden oder doch vergänglichen Siegen. (Übers.: Alfred Schröder)

Entsprechend seien manche irdischen Staaten nichts als Räuberbanden, wie Augustinus in einer berühmten Textstelle am Beispiel eines auf Alexander von Makedonien (356–323 v. Chr.) treffenden Seeräubers feststellt: *Remota itaque iustitia quid sunt regna nisi magna latrocinia?* (Aug. *civ.* 4,4 [s. Abb. 5]). Solche Staaten bekämpften ihre Nachbarn, ließen einen Krieg dem nächsten folgen und suchten Völker, die ihnen

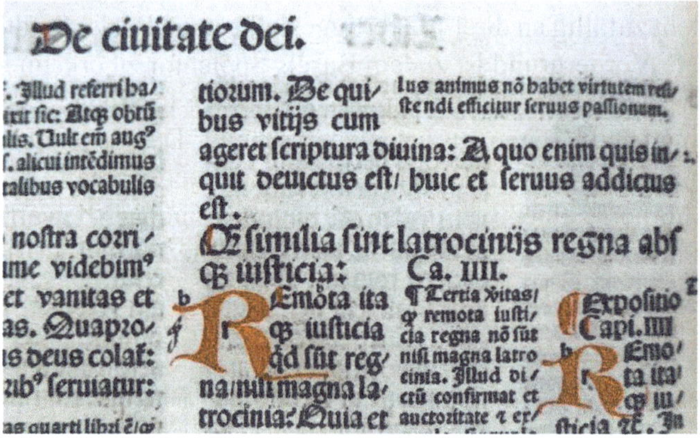


Abb. 5: Aug. *civ.* 4,4 (Ausschnitt mit rubrizierten Initialen).

nichts getan hätten, aus bloßer Herrschsucht niederzutreten und zu unterwerfen.[34] Und auch die Bürger des gottlosen Staates erschienen so als eine Beute von Dämonen, denen sie ihre Opfer darreichten:

> *Et illos quidem philosophos in impia civitate, qui deos sibi amicos esse dixerunt, in daemones malignos incidisse certissimum est, quibus tota ipsa civitas subditur, aeternum cum eis habitura supplicium. Ex eorum quippe sacris vel potius sacrilegiis, quibus eos colendos, et ex ludis inmundissimis, ubi eorum crimina celebrantur, quibus eos placandos putarunt eisdem ipsis auctoribus et exactoribus talium tantorumque dedecorum, satis ab eis qui colantur apertum est.* (Aug. *civ.* 19,9)
>
> Und zwar ist es ganz gewiß, daß eben jene Philosophen im gottlosen Staate, die sich der Freundschaft der Götter rühmen, an die bösen Geister geraten sind, denen jener Staat ganz und gar untertan ist, mit denen er auch die ewige Strafe teilen wird. Denn diese Götter haben in ihren Gottesdiensten oder vielmehr in den Gottlosigkeiten, womit man sie verehren, und in den abscheulichen, ihre Laster feiernden Spielen, womit man sie versöhnen zu sollen glaubte, wobei sie selbst diese ungeheuerlichen Schändlichkeiten veranlaßten und erzwangen, in all dem haben sie zur Genüge kundgetan, wer es denn eigentlich ist, der da verehrt wird. (Übers.: Alfred Schröder)

Die auch im Holzschnitt deutlich werdende Gegenüberstellung beider Staaten verweist damit auch auf die bereits erwähnte Naturrechtslehre und die Theorie des *bellum iustum*, die der Kirchenvater im Anschluss an pagane römische Vorbilder wie Cicero[35] weiterentwickelte. Ein Krieg könne Augustinus zufolge nur gerecht sein, wenn er an bestimmte Bedingungen geknüpft werde, wie etwa einen gerechten Kriegsgrund aufgrund begangenen, fortbestehenden Unrechts (*causa iusta*) oder die

[34] Vgl. Aug. *civ.* 4,6: *Inferre autem bella finitimis et in cetera inde procedere ac populos sibi non molestos sola regni cupiditate conterere et subdere, quid aliud quam grande latrocinium nominandum est?* – Wie anders nun denn als Räuberei in großem Stil soll man ein Vorgehen bezeichnen, das darin besteht, Nachbarn zu bekriegen und immer weiter vorschreitend lediglich aus Herrschgier Völker, die einem nichts zu Leide getan haben, zu vernichten und zu unterwerfen? (Übers.: Alfred Schröder).

[35] Zu Ciceros ethisch-philosophischer Interpretation des *bellum iustum* vgl. u. a. Cic. *off.* 1,34–40; 1,80–82; 2,26–29; 3,107f.

Wiederherstellung des Friedens (*iustus finis*).[36] Solche Gedanken von Naturrecht und gerechtem Krieg sollten im „Ringen um eine höhere normative Ordnung“[37] von der Spätantike über das von Konflikten und Kriegen geprägte Spätmittelalter bis in die Moderne die – wie man heute sagen würde – „Ordnung der Außenpolitik und der internationalen Beziehungen“[38] maßgeblich prägen.

Daraus folgend verbinden sich bei Augustinus beide Reiche mit zwei Friedensbegriffen: Der irdische, von Menschen geschaffene Friede erscheint als das bloße Ergebnis nicht der Vernichtung, sondern eines (militärischen) Sieges über den Gegner; er ist zeitlich begrenzt und ein unvollkommenes Abbild des göttlichen Friedens, der bei Augustinus hingegen „das große Ziel des Gottesstaates und auch das Ziel des Einzellebens“[39] darstellt. Allein dieser von göttlicher Gnade abhängige, geistliche Friede sei laut Augustinus nämlich ewig, umfasse den ganzen Kosmos und bestehe im Frieden mit Gott. Entsprechend ist der Frieden auf Erden unauffindbar, sodass der zwischenstaatliche Friede der „nachbarlichen Eintracht“ aller Staaten „erst am Ende der Geschichte, im ewigen Gottesreich, zu erwarten“[40] sei.

Mit dieser Deutung der Weltgeschichte als christliche Heilsgeschichte wird nicht nur das Diesseits delegitimiert[41], sondern ist auch das Telos der Weltgeschichte klar vorherbestimmt: Die *civitas terrena* wird untergehen und die *civitas Dei* siegen.[42]

> *Quapropter possemus dicere fines bonorum nostrorum esse pacem, sicut aeternam diximus vitam, praesertim quia ipsi civitati Dei, de qua nobis est ista operosissima disputatio, in sancto dicitur psalmo: Lauda Hierusalem Dominum, conlauda Deum tuum Sion; quoniam confirmavit seras portarum*

[36] Vgl. Rief (1981), 25; Günzel (2015), 48f.
[37] Kintzinger; Walter (2008), 49.
[38] Ebd.
[39] Hirschberger (1980), 372.
[40] Höffe (2001), 91.
[41] Vgl. ebd., 88.
[42] Vgl. Hirschberger (1980), 374.

> *tuarum, benedixit filios tuos in te, qui posuit fines tuos pacem.* (Aug. *civ.* 19,11)
>
> Wir könnten demnach sagen, unser höchstes Gut sei der Friede, so gut wie wir es ewiges Leben genannt haben, zumal da eben auf die Gottesstadt, über die wir diese äußerst mühevolle Erörterung anstellen, das Psalmwort geht: „Lobe den Herrn, Jerusalem, lobe deinen Gott, Sion; denn er hat die Riegel deiner Tore befestigt, deine Kinder in dir gesegnet, er, der dir zur Grenze den Frieden gesetzt hat.“ (Übers.: Alfred Schröder)

## 3. Didaktische Perspektiven eines spätmittelalterlichen Holzschnittes im Lateinunterricht

Betrachtet man die Anforderungen an den Lateinunterricht der gymnasialen Oberstufe, so steht die Arbeit am lateinischen Text im Vordergrund. Dabei ist die Auseinandersetzung mit dem Originaltext sowie die darauf aufbauende Interpretation und Reflexion der Gegenwart, kurz die historische Kommunikation, eines der wichtigsten Ziele des Lateinunterrichts.[43] Das Unterrichtsvorhaben zu den Grundlagen und Impulsen des Staatsdenkens ausgehend von Augustinus‘ *De civitate Dei*[44] ermöglicht den Schülerinnen und Schülern eine Auseinandersetzung mit dem Wesen einer *civitas* sowie mit deren Aufgaben und der Rolle, die jeder Einzelne in ihr einnimmt. Doch mehr noch:

> „Sie setzen sich kritisch mit Werten bzw. Wertsystemen eines Gemeinwesens auseinander und erweitern somit ihre sozialen Kompetenzen, um in einer Demokratie aktiv mitzuwirken.“[45]

[43] Vgl. Ministerium für Schule und Weiterbildung des Landes Nordrhein-Westfalen (2013b), 11.

[44] Vgl. Ministerium für Schule und Bildung des Landes Nordrhein-Westfalen (2018a), 4f.

[45] QUA-LiS NRW (2018), 3.

Es gilt folglich, aus dem 22 Bücher umfassenden Werk des Augustinus, Textausschnitte auszuwählen, welche dem Inhaltsfeld „Staat und Gesellschaft“ entsprechend nicht nur einen Einblick in die Relativität politischer Systeme und individueller Existenzweisen bieten, sondern auch eine Reflexion des modernen Rechtsstaates und der eigenen Gegenwart ermöglichen.[46]

Dazu bietet sich u. a. die Gegenüberstellung von *civitas terrena* und *civitas Dei* an, die Augustinus im zweiten Teil seines Werkes vollzieht, indem er „ein Panorama der Weltgeschichte im Zeichen der Polarität zwischen Gottesstaat und Weltstaat, ‚Jerusalem‘ und ‚Babylon‘“[47] entwirft. Diese Gegenüberstellung spiegelt sich auch in dem Holzschnitt wider (s. Kap. 2.2).

## 3.1 Der Einsatz von Abbildungen während der Lektürephase

Da die Textarbeit im Lateinunterricht der gymnasialen Oberstufe den Schwerpunkt der täglichen Arbeit bildet, kommt einer sinn- wie wirkungsgerechten Übersetzung des lateinischen Originals eine entscheidende Rolle zu. So weist Schmidt mit Recht darauf hin, dass die Dekodierung lateinischer Texte stets auf ein geistiges Gebilde abziele, das – durch sprachliche Zeichen ausgedrückt – vom Autor ‚gemeint’ sei, und als letztes Ziel „die unmittelbare Erfassung des Sinnes“[48] habe. Eine Übersetzung ohne jedwede Hinführung vermag dies nicht zu leisten, sondern produziert aufgrund des zeitlichen Abstands zwischen der (spät-)antiken sowie der modernen Lebenswelt eher Verständnisprobleme.[49] Diese zeigen sich spätestens bei der Interpretation sowie Reflexion des jeweiligen Textauszugs.

Um also bereits vor der Übersetzung eines lateinischen Textes ein gewisses Vorwissen zum Textganzen zu erzeugen, hat sich im altsprach-

[46] Vgl. Ministerium für Schule und Weiterbildung des Landes Nordrhein-Westfalen (2013b), 18; 25f. – Vgl. ferner QUA-LiS NRW (2018), 3; 8f.
[47] Albrecht (1997), 1330.
[48] Schmidt (1974), 400.
[49] Vgl. Kuhlmann; Rühl (2010), 14–18; 25. – Vgl. ferner Schmidt (1974), 414.

lichen Unterricht neben den verschiedenen Formen der Texterschließung[50] der Einsatz von Abbildungen etabliert. Visualisierungen können auf Seiten der Schülerinnen und Schüler nicht nur zu einer breiteren Beteiligung am Unterrichtsgeschehen führen, sondern durch ihre Konkretisierung eines abstrakten Textes in einem oftmals auf den Intellekt ausgerichteten Lateinunterricht auch eine motivierte Grundhaltung für die weitere Textarbeit hervorrufen[51]; schließlich helfen sie wie kaum ein zweites Medium, „aus den sogenannten ‚Bleiwüsten' der Texte herauszukommen und zur Lektüre anzuregen" sowie „ein besseres Verständnis der Texte und der Vokabeln zu erreichen."[52]

Die Einsatzmöglichkeiten bzw. Zeitpunkte des Einsatzes von Abbildungen im altsprachlichen Unterricht sind dabei weit gefächert. In der Lektürephase reichen sie von der Einstimmung auf ein bestimmtes Thema bzw. dem Einstieg in ein Unterrichtsvorhaben oder eine einzelne Unterrichtsstunde über die Möglichkeit, einen Gegenpol oder eine Kontrolle für die Textinterpretation zu erhalten, bis hin zum Rückblick auf den gesamten Text oder sogar zur Hilfe für die Gliederung eines ganzen Werkes.[53] Ähnlich weitreichend sind dabei die methodischen Entwicklungen der Bildbetrachtung sowie des Text-Bild-Vergleichs[54];

[50] Zur Bedeutung der Textvorerschließung vgl. Kuhlmann (2009), 120f.; Kuhlmann – Rühl (2010), 24f.; Schmidt (1974), 405. – Zudem verweist das Ministerium für Schule und Weiterbildung des Landes Nordrhein-Westfalen (2013b) hinsichtlich des Bereichs der Textkompetenz darauf, dass sich das Verstehen lateinischer Texte „in einem hermeneutischen Prozess der Erschließung, Übersetzung und Interpretation" (ebd., 16) vollziehe.

[51] Vgl. Bäcker (2011), 200; Keazor (2015), 9.

[52] Glücklich (2015), 2. – Vgl. ferner Holtermann (2015), 24.

[53] Vgl. Glücklich (2015), 3; Holtermann (2015), 24. – Zur Bedeutung der Visualisierung im Grammatikunterricht vgl. Kuhlmann (2009), der diesbezüglich darauf verweist, dass „[d]ual kodierte Informationen […] bis zu 10-mal besser gespeichert [werden] als reine Textinformationen." (ebd., 86).

[54] Vgl. Glücklich (2015), 3–5. Hervorgehoben sei der sehr detaillierte Ansatz von Schoppe, der zu einer aktiven Auseinandersetzung mit einem Kunstwerk rät und die Bildanalyse in verschiedene, allerdings nicht streng linear abzuarbeitende Schritte unterteilt, zwischen denen immer wieder Bezüge hergestellt werden. Jedoch weist Glücklich berechtigterweise darauf hin, dass dieses Modell „für den Kunstunterricht gedacht" sei

ohne an dieser Stelle auf deren Einzelheiten eingehen zu können, folgen sie im Großen und Ganzen dem Schema ‚Beschreibung – Analyse – Interpretation'.

> „So sinnvoll diese Phasentrennung im Sinne eines methodischen Vorgehens auch ist, so sehr zeigt doch die Erfahrung, dass Schüler dazu neigen, gleich zu ‚deuten' anstatt ‚bloß zu beschreiben'. Das dürfte daran liegen, dass diese Phasen hermeneutisch oft voneinander gar nicht zu trennen sind, die Schüler also nur ihrem natürlichen Verstehensprozess folgen."[55]

Es gilt folglich, den Schülerinnen und Schülern bei der Bildbetrachtung ausreichende Freiräume zu lassen, ohne sie zu sehr durch Impulse von außen zu steuern, aber gerade bei textbezogenen Abbildungen dennoch den bewussten Vergleich mit dem lateinischen Text zu ermöglichen.[56] Dies soll im Folgenden anhand des Holzschnittes aufgezeigt werden, der sich innerhalb einer Sequenz zu Augustinus' Polarität von *civitas terrena* und *civitas Dei* einsetzen lässt.[57]

### 3.2 Der Einsatz des Holzschnittes im Unterricht

Wir haben bereits gesehen, dass Augustinus sich bei seiner Theorie des *bellum iustum* an pagane römische Vorbilder anlehnt und diese weiterentwickelt (s. Kap. 2.3). Dass er auch bei der Vorstellung und Konzeption eines (idealen) Staates auf antike Vorgänger und deren Theorien zurückgreift und diese in seinem Sinne weiter ausarbeitet, kann den

und „im altsprachlichen Unterricht aus Zeitgründen nur reduziert verwendet werden" (ebd., 4) könne.

[55] Holtermann (2015), 24.

[56] Vgl. ebd., 28.

[57] Hierbei handelt es sich nicht um den Einstieg in das Unterrichtsvorhaben zu den Grundlagen und Impulsen des Staatsdenkens ausgehend von Augustinus' *De civitate Dei*. Im Vorfeld dieser Sequenz sollten bereits Einführungen in das Leben und Werk des Augustinus erfolgt sein. Aber auch der apologetische Charakter von *De civitate Dei* sollte mit den Schülerinnen und Schülern schon thematisiert worden sein. Die QUA-LiS NRW (2018) schlägt diesbezüglich vor, mit den Sequenzen „Augustinus – *Tolle, lege!*" und „*Pax aeterna* und ihr irdisches Abbild" zu beginnen, um das für die weitere Lektüre erforderliche Vorwissen herzustellen (vgl. ebd., 10–12).

Schülerinnen und Schülern anhand einer Sequenz zu der Polarität von *civitas Dei* und *civitas terrena* aufgezeigt werden. Hierzu bietet sich zunächst die Lektüre eines Auszugs von *De civitate Dei* 19,24 an, in dem Augustinus auch Ciceros Definition der *res publica* rezipiert[58]:

> *Si autem populus non isto, sed alio definiatur modo, velut si dicatur: „Populus est coetus multitudinis rationalis rerum quas diligit concordi communione sociatus", profecto, ut videatur qualis quisque populus sit, illa sunt intuenda, quae diligit. Quaecumque tamen diligat, si coetus est multitudinis non pecorum, sed rationalium creaturarum et eorum quae diligit concordi communione sociatus est, non absurde populus nuncupatur; tanto utique melior, quanto in melioribus, tantoque deterior, quanto est in deterioribus concors.* (Aug. *civ.* 19,24)
>
> Wenn man jedoch den Begriff Volk nicht in der angegebenen Weise bestimmt, sondern anders, etwa so: „Volk ist die Vereinigung einer vernünftigen Menge, geeint durch einträchtige und allgemeine Teilnahme an Dingen, die sie schätzt", so kommt es für die Beurteilung des einzelnen Volkes natürlich darauf an, was es schätzt. Aber Volk überhaupt kann man, ganz abgesehen von dem Gegenstande der Schätzung, eine solche Vereinigung recht wohl nennen, wenn sie nicht aus einer Menge Tiere, sondern aus einer Menge vernünftiger Geschöpfe besteht und geeint ist durch einträchtige

[58] Zu Ciceros Staatsdefinition vgl. Cic. *rep.* 1,39. – Der folgende Textauszug lässt sich – ebenso wie die weiteren Texte dieser Sequenz – in der für den Schulgebrauch annotierten, teilweise kolometrisch eingerückten und mit Aufgaben sowie Zusatztexten versehenen Ausgabe von Cataldo und Müller finden (vgl. Cataldo; Müller [2019], 16–21). Die Herausgeber wählen dabei für die betreffenden Texte insgesamt gute und zweckmäßige Vokabelangaben, die eine Übersetzung des lateinischen Ausgangstextes sowohl im Grund- als auch im Leistungskurs durchaus machbar erscheinen lassen, auch wenn der Schwierigkeitsgrad der Augustinus-Lektüre keineswegs unterschätzt werden darf. Dies zeigt sich z.B. im weiter unten folgenden zweiten Teil von *De civitate Dei* 14,28, in dem Augustinus den *Römerbrief* 1,21–25 zitiert und so einen für Schüler vor allem syntaktisch sehr unübersichtlichen Satz konstruiert, wie auch die sehr große Fülle an Hilfen für die entsprechende Textstelle verdeutlicht. Hier sollte vielleicht – gerade bei schwächeren Lerngruppen – eine zweisprachig aufbereitete Lektüre erfolgen. Des Weiteren wären in der Schulausgabe von Cataldo und Müller insgesamt konkretere Einleitungen zu den lateinischen Texten wünschenswert, um den Schülerinnen und Schülern den Einstieg in die Lektüre zu erleichtern.

und allgemeine Teilnahme an Dingen, die sie schätzt; nur eben besser ist ein Volk, je besser die Gegenstände sind, auf die sich das einträchtige Streben richtet, und schlechter, je schlechter sie sind. (Übers.: Alfred Schröder)

Dieser Definition entspreche ohne Zweifel auch das römische Volk, doch was dieses Volk in seinen Anfängen geschätzt habe und wie sein sittlicher Zustand gewesen sei, das zeige die Geschichte des *imperium Romanum* u. a. mit den Bundesgenossen- und Bürgerkriegen, welche die Einheit des Volkes zerrissen hätten:

*Secundum istam definitionem nostram Romanus populus populus est et res eius sine dubitatione res publica. Quid autem primis temporibus suis quidve sequentibus populus ille dilexerit et quibus moribus ad cruentissimas seditiones atque inde ad socialia atque civilia bella perveniens ipsam concordiam, quae salus est quodam modo populi, ruperit atque corruperit, testatur historia; de qua in praecedentibus libris multa posuimus. Nec ideo tamen vel ipsum non esse populum vel eius rem dixerim non esse rem publicam, quamdiu manet qualiscumque rationalis multitudinis coetus, rerum quas diligit concordi communione sociatus.* (Aug. *civ.* 19,24)

Nach dieser unserer Begriffsbestimmung ist das römische Volk wirklich ein Volk, seine Volkssache ohne Zweifel ein Staat. Was aber dieses Volk in seinen ersten Zeiten schätzte und was in den späteren, welches sein sittlicher Zustand war, als es zu so blutigen Staatsumwälzungen überging und weiterhin zu Bundesgenossen- und Bürgerkriegen und so gerade eben die Eintracht, die sozusagen die Gesundheit eines Volkes ist, zerriß und zerstörte, das bezeugt die Geschichte, und aus ihr haben wir ja nach dieser Richtung schon reichlich Belege beigebracht. Gleichwohl möchte ich nicht behaupten, daß die Römer kein Volk ausmachen und keinen Staat bilden, so lange nur überhaupt noch eine Vereinigung einer vernünftigen Menge vorhanden ist, geeint durch einträchtige und allgemeine Teilnahme an Dingen, die sie schätzt. (Übers.: Alfred Schröder)

Auch wenn Augustinus folglich nicht behaupten möchte, die Römer machten kein Volk aus und bildeten keinen wahren Staat, betont er im

Folgenden, dass dies auch auf Athen, Ägypten und Babylon zutreffe[59]; denn ganz allgemein mangele es einem staatlichen Verband von Gottlosen an Gerechtigkeit: *Generaliter quippe civitas impiorum* [...] *caret iustitiae veritate.* (Aug. *civ.* 19,24). In einem derartigen Staat gebiete schließlich weder der Geist über den Körper noch die Vernunft über die Leidenschaften in dem Maße, wie es Augustinus in der Nachfolge etwa von Platon oder Aristoteles für erforderlich hält.

Auf diese Weise erkennen die Schülerinnen und Schüler, dass Augustinus, obwohl er – ähnlich wie Platon – die Vernunft als Quelle des Guten sowie damit verbunden der Gerechtigkeit beschreibt, „vor dem Hintergrund seiner eigenen Staatsvorstellung einer *civitas Dei* die aktuell bestehende römische Konzeption von Staat (*civitas terrena*) akzeptiert."[60] Doch was sind laut Augustinus die Grundlagen für diese beiden *civitates*? Auf diese Frage geht der Bischof von Hippo Regius in *De civitate Dei* 14,1 und 14,4 ein:

> *Ac per hoc factum est, ut, cum tot tantaeque gentes per terrarum orbem diversis ritibus moribusque viventes multiplici linguarum armorum vestium sint varietate distinctae, non tamen amplius quam duo quaedam genera humanae societatis existerent, quas civitates duas secundum scripturas nostras merito appellare possemus. Una quippe est hominum secundum carnem, altera secundum spiritum vivere in sui cuiusque generis pace volentium et, cum id quod expetunt adsequuntur, in sui cuiusque generis pace viventium.* [...] *Quod itaque diximus, hinc extitisse duas civitates diversas inter se atque contrarias, quod alii secundum carnem, alii secundum*

[59] Vgl. Aug. *civ.* 19,24: *Quod autem de isto populo et de ista re publica dixi, hoc de Atheniensium vel quorumcumque Graecorum, hoc de Aegyptiorum, hoc de illa priore Babylone Assyriorum, quando in rebus publicis suis imperia vel parva vel magna tenuerunt, et de alia quacumque aliarum gentium intellegar dixisse atque sensisse.* – Was ich aber da vom Volk und Staat der Römer gesagt habe, das gilt meines Erachtens ebenso von dem der Athener, von dem der Ägypter, vom früheren Babylon, nämlich dem der Assyrer, da sie als Staaten eine Herrschaft in größerem oder geringerem Umfang ausübten, und ebenso von jedem anderen staatbildenden Volk. (Übers.: Alfred Schröder)

[60] QUA-LiS (2018), 13.

> *spiritum viverent: potest etiam isto modo dici quod alii secundum hominem, alii secundum Deum vivant.* (Aug. *civ.* 14,1; 14,4)

> Und daher kommt es, daß es trotz der großen Zahl der Völker auf Erden und ihrer Vielgestaltigkeit in Sprache, Kriegswesen, Tracht, doch nur zwei Arten menschlicher Gemeinschaft gibt, die wir nach unseren Schriften recht wohl als zwei Staaten bezeichnen können. Der eine besteht aus den Menschen, die nach dem Fleische, der andere aus denen, die nach dem Geiste leben wollen, jeder in dem seiner Art zukommenden Frieden, in welchem sie auch wirklich leben, wenn sie das Ziel ihres Strebens erreichen. [...] Wenn wir also die Ursache des Entstehens zweier verschiedener und sich entgegengesetzter Staaten darin gesucht haben, daß die einen nach dem Fleische, die andern nach dem Geiste leben, so könnte man als Ursache ebenso gut bezeichnen, daß die einen nach dem Menschen, die andern nach Gott leben. (Übers.: Alfred Schröder)

Augustinus offenbart folglich zwei Prinzipien menschlicher Staaten, von denen die einen sich nach dem Menschlichen (*civitas terrena*), die anderen sich nach dem Göttlichen (*civitas Dei*) richten.

Vor der Lektüre von *De civitate Dei* 14,28 (s. Abb. 6) erhalten die Schülerinnen und Schüler den Holzschnitt von Johann Amerbachs Werkausgabe aus dem Jahre 1489. Dieser soll zunächst der inhaltlichen Vorentlastung der anschließenden Übersetzung dienen. So bieten sich Textillustrationen, die man in alten Drucken findet, in besonderer Weise für ein derartiges Vorgehen vom Bild zum Text an; denn, auch wenn sich in ihnen häufig der Zeitgeist der jeweiligen Entstehungsepoche widerspiegelt (s. etwa Kap. 2.2 zur Kleidung von Kain und Abel), sind „diese Illustrationen [...] meist als Verständnishilfen für den Text gedacht und ihm somit in Einzelheiten nahestehend."[61]

Mithilfe ihres aus der bisherigen Lektüre erworbenen Vorwissens erkennen die Schülerinnen und Schüler im oberen Teil des Holzschnittes den Bischof von Hippo Regius als Verfasser einer zwei *civitates* umfassenden Staatstheorie (s. Kap. 2.1). Zudem ordnen sie der linken Seite des Holzschnittes zum einen aufgrund der allgemein ‚freundliche-

[61] Oertel (2015), 54. – Zur entgegengesetzten Abfolge eines Text-Bild-Vergleichs s. Doepner (2011), 140f.

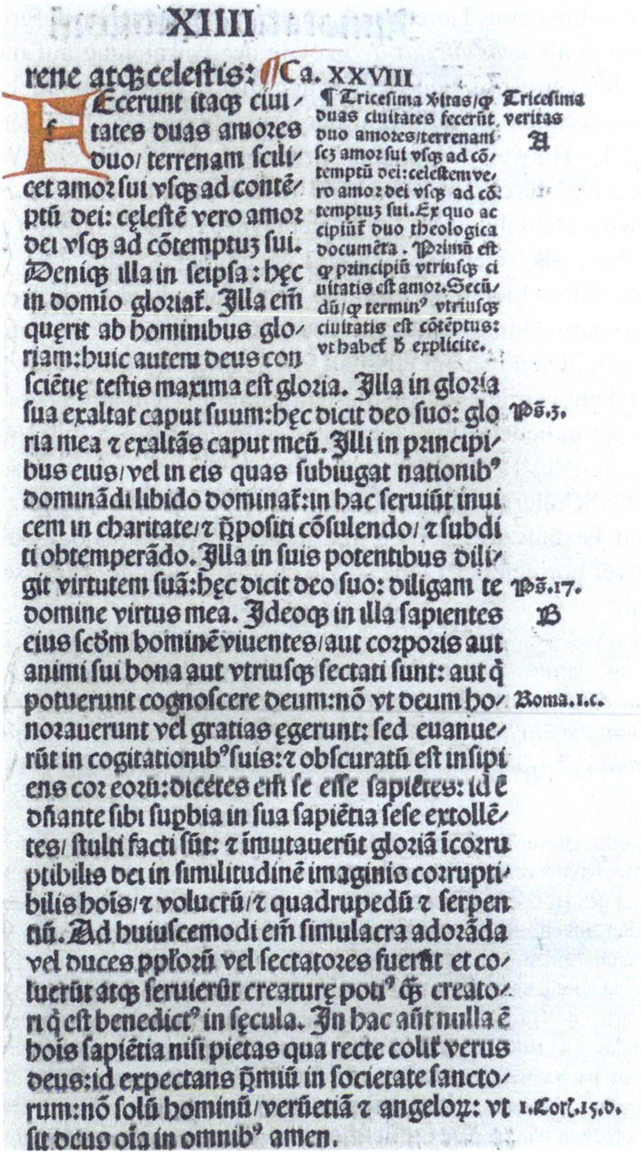

XIIII

rene atq3 celestis: ¶ Ca. XXVIII

Fecerunt itaq3 ciui/
tates duas amores
duo/ terrenam scili/
cet amor sui vsq3 ad contẽ/
ptũ dei: celestẽ vero amor
dei vsq3 ad cõtemptu3 sui.
Deniq3 illa in seipsa: hec
in domino gloriatur. Illa enim
querit ab hominibus glo/
riam: huic autem deus con

¶ Tricesima veritas/ q duas ciuitates fecerũt duo amores/ terrenam scilicet amor sui vsq3 ad cõ/temptũ dei: celestem ve/ro amor dei vsq3 ad cõ/temptu3 sui. Ex quo ac/cipiũtur duo theologica documẽta. Primũ est q principiũ vtriusq3 ci/uitatis est amor. Secũ/dũ q terminus vtriusq3 ciuitatis est cõtemptus: vt habetur hic explicite.

Tricesima veritas

A

sciẽtie testis maxima est gloria. Illa in gloria
sua exaltat caput suum: hec dicit deo suo: glo Ps.3.
ria mea et exaltãs caput meũ. Illi in princi/
bus eius/ vel in eis quas subiugat nationib9
dominãdi libido dominatur: in hac seruiũt inui
cem in charitate/ et ppositi cõsulendo/ et subdi
ti obtemperãdo. Illa in suis potentibus dili/
git virtutem suã: hec dicit deo suo: diligam te Ps.17.
domine virtus mea. Ideoq3 in illa sapientes B
eius scdm hominẽ viuentes/ aut corporis aut
animi sui bona aut vtriusq3 sectati sunt: aut q
potuerunt cognoscere deum: nõ vt deum ho/ Roma.1.c.
norauerunt vel gratias egerunt: sed euanue/
rũt in cogitationib9 suis: et obscuratũ est insipi
ens cor eorũ: dicẽtes enim se esse sapiẽtes: id est
dñante sibi supbia in sua sapiẽtia sese extollẽ/
tes/ stulti facti sũt: et immutauerũt gloriã icorru
ptibilis dei in similitudinẽ imaginis corrupti/
bilis hois/ et volucrũ/ et quadrupedũ et serpen
tiũ. Ad huiuscemodi enim simulacra adorãda
vel duces pplorũ vel sectatores fuerũt et co/
luerũt atq3 seruierũt creature potius quam creato/
ri q est benedict9 in secula. In hac autem nulla est
hois sapiẽtia nisi pietas qua recte colitur verus
deus: id expectans pmiũ in societate sancto/
rum: nõ solũ hominũ/ verũetiã et angelorũ: vt 1.Cor.15.d.
sit deus oia in omnib9 amen.

Abb. 6: Aug. *civ.* 14,28.

ren‘ Darstellung mit Tieren und Engeln, zum anderen aufgrund der Bezeichnung als *urbs dicata deo* sowie der Anspielung auf die in ihr vorherrschende *iustitia* den Begriff der *civitas Dei* zu; die rechte Seite hingegen erkennen sie aufgrund der Darstellung der Dämonen sowie aufgrund des Hinweises *in sedem sathane* als *civitas terrena*. Während die *civitas Dei* durch Jerusalem und Abel als Reich der *caritas* repräsentiert wird, steht ihnen auf Seiten der *civitas terrena* Babylon mit dem Gründer Kain als Reich der *cupiditas* gegenüber (s. Kap. 2.2).

Im Anschluss hieran notieren die Schülerinnen und Schüler z.B. im Rahmen eines Think-Pair-Share zunächst individuell Vermutungen, welche möglichen Charakteristika die beiden *civitates* auszeichnen könnten; dann vergleichen sie diese mit ihrem Nachbarn, bevor die Ergebnisse abschließend im Plenum zusammengetragen und unter den beiden Seiten des Holzschnittes gesammelt werden.[62] Auf diese Weise werden die Schülerinnen und Schüler inhaltlich auf die Übersetzung des folgenden Textauszugs vorbereitet, in dem Augustinus den beiden *civitates* zwei Formen der Liebe sowie charakteristische ‚Eigenschaften‘ zuordnet:

> *Fecerunt itaque civitates duas amores duo, terrenam scilicet amor sui usque ad contemptum Dei, caelestem vero amor Dei usque ad contemptum sui. Denique illa in se ipsa, haec in Domino gloriatur. Illa enim quaerit ab hominibus gloriam; huic autem Deus conscientiae testis maxima est gloria.*

[62] Die Hypothesen werden dabei aufbewahrt und nach der Übersetzung mit der Darstellung des Augustinus verglichen. – Eine alternative Möglichkeit, erste Eindrücke bei der Betrachtung des Holzschnittes zu gewinnen, besteht darin, einem Teil der Lerngruppe lediglich den linken, dem anderen lediglich den rechten Bildausschnitt zu geben, zu dem die Schülerinnen und Schüler jeweils ihre Vermutungen notieren. Um ihre Vorkenntnisse dabei einzubeziehen und zu reorganisieren, schlägt Holtermann (2015) bei einem derartigen Vorgehen die Methode des Gruppenpercepts vor: „Die Schüler betrachten das […] Bild und notieren ihre Ideen, Assoziationen und Fragen auf einem Blatt, das sie nach einer gewissen Zeit weiterreichen. Sie lesen die Ideen und Fragen der anderen und reagieren durch Antworten, Kommentare und weitere Ideen.“ (ebd., 26) Das Vorgehen wird so lange wiederholt, bis ein jeder sein eigenes Blatt wieder in Händen hält. Anschließend werden die Ergebnisse zu den beiden Teilen des Holzschnittes von der jeweiligen Expertengruppe präsentiert und miteinander verglichen.

> *Illa in gloria sua exaltat caput suum; haec dicit Deo suo: Gloria mea et exaltans caput meum. Illi in principibus eius vel in eis quas subiugat nationibus dominandi libido dominatur; in hac serviunt invicem in caritate et praepositi consulendo et subditi obtemperando. Illa in suis potentibus diligit virtutem suam; haec dicit Deo suo: Diligam te, Domine, virtus mea.* (Aug. *civ.* 14,28)
>
> Zweierlei Liebe also hat die beiden Staaten gegründet, und zwar den Weltstaat die bis zur Verachtung Gottes gesteigerte Selbstliebe, den himmlischen Staat die bis zur Verachtung seiner selbst gehende Gottesliebe. Kurz gesagt: der eine rühmt sich in sich selbst, der andere im Herrn. Der eine sucht Ruhm bei den Menschen, für den andern ist der höchste Ruhm Gott, der Zeuge des Gewissens. Der eine hebt sein Haupt empor in eigenem Ruhm, der andere spricht zu seinem Gott: „Du bist mein Ruhm und hebst mein Haupt empor“. Jenen beherrscht in seinen Fürsten oder in den von ihm unterjochten Völkern die Herrschsucht; in diesem sind sich gegenseitig in Liebe dienstbar die Vorgesetzten durch Fürsorge, die Untergebenen durch Gehorsam. Jener liebt in seinen Mächtigen seine eigene Stärke; dieser spricht zu seinem Gott: „Ich will Dich lieben, Herr, meine Stärke“. (Übers.: Alfred Schröder)

Die *civitas terrena* ist laut Augustinus folglich aus Selbstliebe und – mit ihr verbunden – aus der Verachtung Gottes hervorgegangen; ihre Bewohner rühmten sich dabei in sich selbst, erstrebten Ruhm auf Erden, suchten aufgrund ihrer Herrschsucht, andere Völker zu unterwerfen, und liebten ihre eigene Stärke und Tapferkeit. Die *civitas Dei* hingegen beruhe auf der Liebe zu Gott, die bis zur Verachtung der Menschen sich selbst gegenüber gehe; sie sähen ihren Ruhm in Gott, unterstützten sich unabhängig von ihrer Stellung im Staat gegenseitig in Hochachtung und wüssten ihre Stärke und Tapferkeit in Gott. Dies sei auch bei den *sapientes* beider Staaten noch so:

> *Ideoque in illa sapientes eius secundum hominem viventes aut corporis aut animi sui bona aut utriusque sectati sunt, aut qui potuerunt cognoscere Deum, non ut Deum honoraverunt aut gratias egerunt, sed evanuerunt in cogitationibus suis, et obscuratum est insipiens cor eorum; dicentes se esse sapientes (id est dominante sibi superbia in sua sapientia sese extollentes)*

> *stulti facti sunt et inmutaverunt gloriam incorruptibilis Dei in similitudinem imaginis corruptibilis hominis et volucrum et quadrupedum et serpentium (ad huiusce modi enim simulacra adoranda vel duces populorum vel sectatores fuerunt), et coluerunt atque servierunt creaturae potius quam Creatori, qui est benedictus in saecula; in hac autem nulla est hominis sapientia nisi pietas, qua recte colitur verus Deus, id expectans praemium in societate sanctorum non solum hominum, verum etiam angelorum, ut sit Deus omnia in omnibus.* (Aug. *civ.* 14,28)

> In jenem [d. h. in der *civitas terrena*] haben daher dessen Weise, nach dem Menschen lebend, die Güter des Leibes oder die ihres Geistes oder die des einen wie des andern angestrebt, oder die unter ihnen, die „Gott erkannt haben, haben ihn doch nicht wie Gott geehrt oder Dank gesagt, sondern sind eitel geworden in ihren Gedanken, und ihr unverständiges Herz ward verfinstert; sie sagten, sie seien die Weisen", „und sind zu Toren geworden und vertauschten die Herrlichkeit des unvergänglichen Gottes mit dem Gleichnis und Bilde des vergänglichen Menschen, auch der Vögel und vierfüßigen und kriechenden Tiere" (derlei Götzenbilder anzubeten lehrten sie nämlich das Volk oder schlossen sich ihm darin an) „und erwiesen Verehrung und Dienst dem Geschöpfe vielmehr, denn dem Schöpfer, der da ist der Gepriesene in Ewigkeit". Im Gottesstaate dagegen gibt es keine andere Weisheit des Menschen als die Frömmigkeit, die in der rechten Weise den wahren Gott verehrt und dabei in der Genossenschaft mit den Heiligen, die sowohl Engel als Menschen umfaßt, als ihren Lohn erhofft, „daß Gott alles in allem sei". (Übers.: Alfred Schröder)

Augustinus betont unter Bezugnahme auf den *Römerbrief* 1,21–25 also, dass auch die Weisen der *civitas terrena*, da sie *secundum carnem* leben, lediglich nach Irdischem strebten; selbst wenn sie Gott erkannt hätten, wandelten sie in ihrer Eitelkeit den Ruhm des unvergänglichen Gottes in die Nachbildung des vergänglichen Geschöpfes um und verehrten ebendieses mehr als den eigentlichen Schöpfer. Auf der Seite der *civitas Dei* hingegen beruhe die Weisheit einzig auf der Frömmigkeit, die sich in der Verehrung Gottes offenbare und sich, gemäß 1. *Korintherbrief* 15,28, als Belohnung verspreche, dass Gott allgegenwärtig ist.

Im Anschluss an die Übersetzungsbesprechung ordnen die Schülerinnen und Schüler den beiden *civitates* mithilfe der lateinischen Formulierungen deren jeweilige Charakteristika zu und vergleichen diese mit ihren anfänglich notierten Vermutungen. Dabei erkennen sie, dass Augustinus ausgehend von den zwei Formen der Liebe eine Polarität zwischen der mit Gott verbundenen Unvergänglichkeit des Seins und der im Diesseits verhafteten Vergänglichkeit des Irdischen erschafft und dass es ihm nicht um eine staatstheoretische Definition im Sinne Ciceros, sondern um eine theologische Aussage geht. Diese lässt sich auf die Tradition der Apologetik sowie auf das ihr inhärente Ziel des Augustinus zurückführen, die zeitgenössischen Behauptungen, denen zufolge die Christen eine Mitschuld an der Eroberung und Plünderung Roms trügen, zu widerlegen (s. Kap. 2.1).

Zum Abschluss der Sequenz sollten jedoch auch die Polemik und die zum Teil provozierende Perspektive thematisiert werden, die Augustinus gegenüber dem *imperium Romanum* und dem paganen Götterkult vertritt. So sucht der Kirchenvater nachzuweisen, dass Rom aufgrund der in der *res publica* fehlenden *iustitia* keinen wirklichen Staat darstelle[63] und die Römer zugleich ein gottloses Volk bildeten. Um den Schülerinnen und Schülern dieses insgesamt sehr idealtypische und lediglich zwischen ‚Gut' und ‚Böse' differenzierende Bild als eine stark vereinfachte Meinung zu offenbaren, lässt sich beispielsweise Polybios (um 200–120 v. Chr.) als eine Art ‚Gegeninstanz' anführen. So erklärt dieser in seinen *Historien*, dass der größte Vorzug des römischen Staatswesens eben in der Auffassung von den Göttern sowie in der im Unterschied zu anderen Völkern abergläubischen Götterfurcht liege.[64] Doch auch ein Blick auf das Forum Romanum und seine Tempel mag dazu beitragen, dass die Schülerinnen und Schüler die Polemik des Augustinus kritisch zu hinterfragen vermögen.

Dasselbe gilt für die rigorose Trennung der beiden *civitates*, die nach Augustinus auf eindeutig zuzuordnenden Charakteristika beruhen und

[63] Vgl. auch Aug. *civ.* 2,21.

[64] Vgl. Pol. *hist.* 6,56,6–8. – Lesky (1971) schreibt diesbezüglich: „Daß seine Haltung [d.h. des Polybios] die des aufgeklärten Hellenisten ist, verrät sich deutlich in seiner Wertung der römischen Religion […]: er erkennt ihr hohe Bedeutung an, aber sie liegt für ihn in der Sicherung einer sittlich fundierten Gesellschaftsordnung." (ebd., 869f.).

deren Gegenteil für die jeweils andere Seite ausgeschlossen ist. Dadurch erscheint das *imperium Romanum* als machtbesessener Imperialstaat, der sich durch seine *dominandi libido* auszeichnet, ohne jeglicher Form von Menschlichkeit Raum zu lassen. Sicherlich war Rom ein expansiver Staat, doch ist ein derartig voneinander abzugrenzendes Weltbild, wie Augustinus es zeichnet, wirklich möglich? Und kann die *civitas Dei* ihrerseits *per definitionem* beispielsweise zu jeder Zeit frei von Herrschsucht sein? Auch dies sollte mit den Schülerinnen und Schülern kritisch hinterfragt werden. Dadurch lassen sich nicht nur die Vereinfachungen des Augustinus verdeutlichen, sondern es kann zugleich auch aufgezeigt werden, warum er immer wieder den Unterschied zwischen dem profanen Rom und der geistigen Erlösung durch den Glauben an Gott betont.[65]

## 4. Fazit und Ausblick: fachdidaktische und weiterführende Perspektiven

Der vorliegende Artikel hat gezeigt, dass der Holzschnitt aus Amerbachs Werkausgabe aus dem Jahre 1489, auch wenn er natürlich den Zeitgeist des 15. Jahrhunderts in der Augustinus-Rezeption widerspiegelt, kein primär zeitgebundenes und mittlerweile überholtes Werk ist; stattdessen bietet er sich auch für eine heutige wissenschaftliche und schulische Auseinandersetzung mit Augustinus' dualistischer Staatstheorie in *De civitate Dei* an. So offenbart der Druck die Unterscheidung von *civitas Dei* und *civitas terrena* auf den unterschiedlichen Ebenen (Jerusalem – Babylon, Abel – Kain, *pax* – *bellum*) und leistet auf diese Weise auch im 21. Jahrhundert noch einen wertvollen visuellen Zugang zum lateinischen Text. Dabei vermag der Holzschnitt sowohl die Übersetzung mithilfe von Inhaltserwartungen vorzuentlasten als auch die Analyse der Kernaussagen zu den Charakteristika der beiden *civitates* zu unterstützen und zu einem besseren Inhaltsverständnis zu führen. Dieses verdeutlicht den Schülerinnen und Schülern nicht nur die

[65] Vgl. Flasch (1994), 394.

theologische Aussage hinter der ‚Staatstheorie' des Augustinus, sondern auch die von ihm vertretene Akzeptanz für das Vorhandensein einer *civitas terrena*. Jedoch ist die Polemik des Augustinus, die zum Teil hinter seinen Formulierungen bezüglich des *imperium Romanum* steckt, kritisch zu hinterfragen. Von dieser Sequenz ausgehend bietet es sich an, im weiteren Verlauf des Unterrichtsvorhabens z.B. die Frage nach den Werten zu klären, denen gemäß das Individuum auf Erden leben muss, und das augustinische Menschenbild auf Grundlage der klassischen Affekte zu erarbeiten.[66]

Über die im Artikel dargelegten Einsatzmöglichkeiten des Holzschnittes im Lateinunterricht kann dieser auch durchaus für fächerverbindende Unterrichtsvorhaben und fachübergreifende Fragen genutzt werden. Dies sollen zwei Beispiele aus dem Oberstufenunterricht in Nordrhein-Westfalen verdeutlichen.

Erstens wird im Fach Geschichte im Inhaltsfeld 2 der Einführungsphase „Islamische Welt – christliche Welt" die Begegnung zweier Kulturen in Mittelalter und Früher Neuzeit im Längsschnitt untersucht. Dazu soll ein inhaltlicher Schwerpunkt auf „Religion und Staat" liegen.[67] Hier kommt es u. a. darauf an, sich mit den „verschiedenen in der Geschichte entwickelten Verständnissen von Religion und Staat"[68] im Christentum und im Islam auseinanderzusetzen. Mithilfe von kurzen (übersetzten) Textauszügen aus *De civitate Dei* können hier zentrale Grundlagen eines mittelalterlichen Staatsverständnisses im christlichen Europa aufgezeigt werden. Dies dient im weiteren Unterrichtsverlauf der Förderung der Sachkompetenz, „das Verhältnis zwischen geistlicher und weltlicher Macht im lateinisch-römischen Westen […] zur

66 Vgl. QUA-LiS (2018), 13. – An dieser Stelle bieten sich auch Verknüpfungen zur Philosophie Senecas bzw. zu dessen Affektenlehre sowie zu einzelnen *exempla* des Livius an, die – wie z.B. Lucretia – allesamt konkrete Werte verkörpern. Gerade die Figur der Lucretia scheint dabei von besonderem Interesse zu sein, da sie sich sowohl im Werk des Livius (1,57,1–59,4) als auch bei Augustinus (*civ.* 1,19) finden lässt.

67 Vgl. Ministerium für Schule und Weiterbildung des Landes Nordrhein-Westfalen (2013a), 24.

68 Vgl. ebd., 18.

Zeit der Kreuzzüge“[69] zu beschreiben. Über die Inhaltsvermittlung hinaus kann der Geschichtsunterricht anhand des Holzschnittes auch die Analyse und Interpretation von historischen Bildquellen einüben[70], für die im Lateinunterricht in dem Umfang keine Zeit ist: Zunächst ließe sich eine Analyse anhand der Nennung formaler Merkmale sowie einer systematischen Beschreibung der oberen und unteren Bildhälfte, ihres linken und rechten Teils einüben – gegebenenfalls auch mit Detailansichten, etwa der Engel und Dämonen. Anschließend kann das Beschriebene im Rückgriff auf die Textelemente erläutert werden. Auf dem im Geschichtsunterricht der Einführungsphase erworbenen Wissen und den methodischen Fertigkeiten der Bildinterpretation kann später der Lateinunterricht der Qualifikationsphase aufbauen, wenn Augustinus detailliert übersetzt und interpretiert wird.

Zweitens soll nach nordrhein-westfälischem Kernlehrplan Philosophie für die Sekundarstufe II in der Qualifikationsphase das Inhaltsfeld „Zusammenleben in Staat und Gesellschaft“ thematisiert werden.[71] Darunter weisen die Abiturvorgaben für den Grund- und Leistungskurs u. a. die griechisch-antike Philosophie der „Gemeinschaft als Prinzip staatsphilosophischer Legitimation“ bzw. das „Individualinteresse und Gesellschaftsvertrag als Prinzip staatsphilosophischer Legitimation“ der Frühen Neuzeit aus.[72] Inhalte aus Augustinus’ *De civitate Dei* können hier nicht nur in einer Klausur oder kürzeren Unterrichtseinheit genutzt werden, um Traditionen und Unterschiede der maßgeblich durch ihn geprägten mittelalterlichen Philosophie etwa zur aristotelischen Staatsphilosophie aufzuzeigen; die lateinischen Aussagen des spätmittelalterlichen Holzschnittes könnten auch im Lateinunterricht übersetzt werden, um dann mit seiner Hilfe im ebenfalls textlastigen Fach Philosophie einen visuellen Zugang zu philosophischen Texten zu ermöglichen.

[69] Vgl. ebd., 24.
[70] Vgl. ebd., 20.
[71] Vgl. Ministerium für Schule und Weiterbildung des Landes Nordrhein-Westfalen (2013c), 30; 38.
[72] Vgl. Ministerium für Schule und Bildung des Landes Nordrhein-Westfalen (2018b).

Zusammengefasst kann der Holzschnitt als eine Art spätmittelalterliche Version eines heutigen ‚Klappentextes' folglich nicht nur helfen, die tragenden Grundgedanken von Augustinus' Riesenwerk als Ganzem bei der Fülle des Stoffes zu ordnen und nicht aus dem Blick zu verlieren, sondern auch eine visuelle Hilfe im oft textlastigen Oberstufenunterricht im Fach Latein und darüber hinaus bieten.

# Literatur

## Textausgaben und Übersetzungen

Diui Augustini librorum pars septima. Libri de ciuitate dei XXII. In eosdem comme[n]taria Thome Valois et Nicolai Triueth: cum additionibus Iacobi Passaua[n]tii, et theologice veritates Francisci Maronis, Basel 1505.

Sancti Aurelii Augustini episcopi de civitate Dei libri XXII, recognoverunt Bernardus Dombart et Alfonsus Kalb, 2 Bde., 5. Auflage, Darmstadt 1981 (BT). [reprografischer Nachdruck der Ausgabe Leipzip 1928]

Des heiligen Kirchenvaters Aurelius Augustinus zweiundzwanzig Bücher über den Gottesstaat, aus dem Lateinischen übersetzt von Alfred Schröder (Des heiligen Kirchenvaters Aurelius Augustinus ausgewählte Schriften 1–3, Bibliothek der Kirchenväter, 1. Reihe, Band 01, 16, 28), Kempten – München 1911–16.

## Forschungsliteratur

Albrecht, Michael von (1997), Geschichte der römischen Literatur von Andronicus bis Boëthius, 2., bearbeitete Auflage, München.

Bäcker, Notburga (2011), Motivation, in: Keip, Marina; Doepner, Thomas (Hg.), Interaktive Fachdidaktik Latein, Göttingen, 191–207.

Balthasar, Hans Urs von (Hg.) (2012), Augustinus – Der Gottesstaat (Christliche Meister, Bd. 16), 5. Auflage, Freiburg.

Burkhardt, Johannes (2002), Das Reformationsjahrhundert – Deutsche Geschichte zwischen Medienrevolution und Institutionenbildung 1517–1617, Hamburg.

Cataldo, Marco; Müller, Hubert (Hg.) (2019), Staat und Gesellschaft in Augustinus' „De civitate dei" (Reihe clara, 38), Göttingen.

Doepner, Thomas (2011), Interpretation, in: Keip, Marina; Doepner, Thomas (Hg.), Interaktive Fachdidaktik Latein, 2., durchgesehene Auflage, Göttingen, 113–145.

Flasch, Kurt (1994), Augustin – Einführung in sein Denken, 2., durchgesehene und erweiterte Auflage, Stuttgart.

Frühbeis, Xaver (2017), 8. Dezember 1921: „Ein Bild sagt mehr als 1000 Worte", online unter: https://www.br.de/radio/bayern2/sendungen/kalenderblatt/0812-ein-blick-sagt-mehr-als-1000-worte-102.html (zuletzt abgerufen am 15.09.2019).

Glücklich, Hans-Joachim (2015), Bild und Text im altsprachlichen Unterricht, in: Der Altsprachliche Unterricht 6 (2015), 2–8.

Günzel, Peter (2015), Augustin und das *bellum iustum* – Die christliche Interpretation eines antiken Begriffs, in: Der Altsprachliche Unterricht 2+3 (2015), 48–55.

Hirschberger, Johannes (1980), Geschichte der Philosophie. Band I: Altertum und Mittelalter, Freiburg.

Höffe, Otfried (2001), Kleine Geschichte der Philosophie, München.

Holtermann, Martin (2015), Schülerorientierte Bildbetrachtung im altsprachlichen Unterricht, in: Der Altsprachliche Unterricht 6 (2015), 25–28.

Horn, Christoph (2009), Einführung in die Politische Philosophie, 2. Auflage, Darmstadt.

Jacoby, Edmund (2010), 50 Klassiker Philosophen, 8. Auflage, Hildesheim.

Keazor, Henry (2015), Zum Verhältnis von Bild und Text in der Kunst der Frühen Neuzeit, in: Der Altsprachliche Unterricht 6 (2015), 9–15.

Kintzinger, Martin; Walter, Bastian (2008), Krieg, Frieden und internationales Recht im Mittelalter, in: Diskurs 4 (2008), 37–51.

Kuhlmann, Peter (2009), Fachdidaktik Latein kompakt, 2., durchgesehene Auflage, Göttingen.

Kuhlmann, Peter; Rühl, Meike (2010), Modelle und Methoden, in: Kuhlmann, Peter (Hg.), Lateinische Literaturdidaktik, Bamberg, 8–38.

Lesky, Albin (1971), Geschichte der griechischen Literatur, 3. Auflage, München.

McLuhan, Marshall (2011), Die Gutenberg-Galaxis – Die Entstehung des typographischen Menschen, Hamburg.

Ministerium für Schule und Weiterbildung des Landes Nordrhein-Westfalen (2013a), Kernlehrplan für die Sekundarstufe II Gymnasium / Gesamtschule in Nordrhein-Westfalen – Geschichte, Düsseldorf.

Ministerium für Schule und Weiterbildung des Landes Nordrhein-Westfalen (2013b), Kernlehrplan für die Sekundarstufe II Gymnasium / Gesamtschule in Nordrhein-Westfalen – Lateinisch, Düsseldorf.

Ministerium für Schule und Weiterbildung des Landes Nordrhein-Westfalen (2013c), Kernlehrplan für die Sekundarstufe II Gymnasium / Gesamtschule in Nordrhein-Westfalen – Philosophie, Düsseldorf.

Ministerium für Schule und Bildung des Landes Nordrhein-Westfalen (2018a): Zentralabitur 2020 – Lateinisch, online unter: https://www.standardsicherung.schulministerium.nrw.de/cms/zentralabitur-gost/faecher/getfile.php?file=4579 (zuletzt abgerufen am 22.09.2019).

Ministerium für Schule und Bildung des Landes Nordrhein-Westfalen (2018b): Zentralabitur 2021 – Philosophie, online unter: https://www.standardsicherung.schulministerium.nrw.de/cms/zentralabitur-gost/faecher/getfile.php?file=4815 (zuletzt abgerufen am 15.09.2019).

Oertel, Hans-Ludwig (2015), Vom Bild zum Text, in: Der Altsprachliche Unterricht 6 (2015), 54–61.

QUA-LiS (2018), Kontinuität im Wandel – Augustinus als Transformator antik-paganer Ethik und Staatsphilosophie, online unter: https://www.schulentwicklung.nrw.de/

lehrplaene/upload/klp_SII/la/Modellvorhaben_Kontinuitaet_im_Wandel_Baustein _1.pdf (zuletzt abgerufen am 22.09.2019).

Quinton, Anthony (1995), Politische Philosophie. In: Kenny, Anthony (Hg.), Illustrierte Geschichte der westlichen Philosophie, Frankfurt am Main – New York, 295–383.

Reske, Christoph (2013), Holzschnitt (15./16. Jahrhundert), in: Historisches Lexikon Bayerns, online unter: http://historisches-lexikon-bayerns.de/Lexikon/Holzschnitt_(15./16._Jahrhundert)#Konsolidierung_der_Buchinllustration (zuletzt abgerufen am 17.09.2019).

Rief, Josef (1981): Die bellum-iustum-Theorie historisch, in: Glatzel, Norbert; Nagel, Ernst Josef (Hg.), Frieden in Sicherheit – Zur Weiterentwicklung der Katholischen Friedensethik, Freiburg im Breisgau, 15–40.

Rutherford, Richard (2005), Classical Literature – A Concise History, Malden – Oxford.

Scarpatetti, Beat von (2010): Johannes Amerbach, in: Historisches Lexikon der Schweiz (HLS), online unter: https://hls-dhs-dss.ch/de/articles/015300/2010-10-07/ (zuletzt abgerufen am 04.10.2019).

Schmidt, Kurt (1974), Psychologische Voraussetzungen des Übersetzungsvorganges, in: Nickel, Rainer (Hg.), Didaktik des AU – Deutsche Beiträge 1961–1973, Darmstadt, 389–436.

HANS-JOACHIM HÄGER

# Augustinus als Friedensrufer

## Didaktische Impulse für ein existentielles Thema im lateinischen Lektüreunterricht der Sekundarstufe II

Zusammenfassung
Nach einer kurzen Würdigung der kultur- und geistesgeschichtlichen Bedeutung der Spätantike (Kap. 1) zeichnet der Beitrag die schulische Verortung des Augustinus und seines Werkes *De civitate Dei* nach (Kap. 2). Davon ausgehend wird – basierend auf einem fachwissenschaftlichen Abriss zur Entwicklung des *pax*-Begriffes sowohl in der römischen Literatur im Allgemeinen als auch bei Augustinus im Speziellen (Kap. 3) – in konsequenter Bezugnahme auf die aktuellen Abiturvorgaben und das Modellvorhaben des Landes NRW[1] ein konkretisierter, in der Praxis erprobter Vorschlag für eine Sequenzplanung zum *pax*-Verständnis des Augustinus in *De civitate Dei* präsentiert (Kap. 4). Dabei wird in konsequenter Ausrichtung auf die Sprach-, Text-, Kultur- und Methodenkompetenz einerseits der Umgang des Augustinus mit den klassisch-antiken Autoren reflektiert, andererseits unter Einbezug literarisch-ästhetischer Medien darauf abgezielt, im Sinne einer vertieft angelegten rezeptionsdialektischen Hermeneutik und in nachhaltiger Auseinandersetzung mit Wertvorstellungen und Weltanschauungen einen existentiellen Transfer in die Alltagswelt heutiger Schülerinnen und Schüler zu gewährleisten. Dadurch wird sichergestellt, dass die Lektüre von *De civitate Dei* einen echten Mehrwert in sich trägt (Kap. 5).

## 1. Prolegomenon: Die Spätantike im Lateinunterricht

Augustinus und damit zugleich die Spätantike als festes Element im Lateinunterricht – diese Modifikation in den zentralen Vorgaben für das Abitur 2020 in Nordrhein-Westfalen hat offensichtlich bei vielen Kolleginnen und Kollegen zunächst zu Unverständnis und Besorgnis geführt.

[1] Nach Bekanntwerden der Aufnahme des Augustinus als eines spätantiken Autors in die Abiturvorgaben des Landes NRW äußerten einige in den Schulen unterrichtenden Kolleginnen und Kollegen Bedenken. Daraufhin erschien im Winter 2018/19 ein von der Regierung in Auftrag gegebenes Modellvorhaben, das aufgrund seiner fachlichen und didaktisch-methodischen Fundierung Beachtung und Anerkennung fand.

In diesem Kontext wurde die Frage laut: „Warum müssen wir ausgerechnet Augustinus lesen?"

Vornehmlich gründen sich die meisten Vorbehalte der Kolleginnen und Kollegen auf der Annahme, im Zuge der Lektüre von *De civitate Dei* sei es notwendig, sich ein breites theologisches bzw. religionsgeschichtliches Wissen anzueignen bzw. – provokant formuliert – einen verkappten Religionsunterricht zu erteilen. So nachvollziehbar diese Annahme im ersten Moment erscheint, umso unbegründeter ist sie: Es ist gewiss nicht die Aufgabe der Lateinlehrerinnen und -lehrer, christlich geprägte Texte primär unter theologischen Gesichtspunkten zu lesen. Dies ist und bleibt dem Religionsunterricht vorbehalten. Dem lateinischen Lektüreunterricht hingegen kommt die Aufgabe zu, das Phänomen des antiken Christentums in erster Linie aus der heidnisch-paganen Perspektive heraus zu betrachten. Gleichwohl liegt es angesichts der von christlichem Gedankengut durchwirkten Schrift *De civitate Dei* auf der Hand, sich als Lateinlehrkraft auch in theologisch relevante Sachverhalte bzw. Fragestellungen einzudenken. Nicht zuletzt die Tatsache, dass Religion auch in der Gegenwart eine nicht unerhebliche Relevanz für die Gesellschaft und deren Wertesystem aufweist, erfordert Lehrerinnen und Lehrer, die auch mit theologischen Fragehorizonten und Argumentationen vertraut sind, zumal die Antike einen wesentlichen Beitrag zur Frage des Verhältnisses von Staat und Religion leisten kann. Insofern ist allen Kolleginnen und Kollegen in der Diskussion rund um die Lektüre spätantik-christlicher Autoren unter besonderer Berücksichtigung des Augustinus von Herzen mehr Mut und vor allem mehr Zutrauen in die eigenen fachlichen Fähigkeiten und den noch nicht erloschenen Forschergeist zu wünschen. Außerdem befinden sich in den Kollegien unseres Landes viele kompetente Religionslehrerinnen und -lehrer, die als ausgewiesene Fachkräfte und Ansprechpartnerinnen bzw. -partner im Sinne des Teamworks – vielleicht ja sogar im Sinne des fächerübergreifenden Zusammenwirkens – bei theologischen Rückfragen mit Rat und Tat bereitstehen. Diese Ressource sollte unbedingt genutzt werden.

Kurzum: Es ist nicht notwendig, dass die Lateinkolleginnen und -kollegen zu Expertinnen und Experten auf dem Gebiet der Theologie avancieren, und keinesfalls soll und darf aus dem lateinischen Lektüreunterricht ein Religionsunterricht werden. Auf der Projektionsfläche der Kompetenzorientierung bedeutet dies: Christliche Texte, so auch *De civitate Dei*, werden vordringlich zur Ausschärfung der Sprach-, Text- und Kulturkompetenz gelesen bzw. interpretiert und fungieren unter keinen Umständen als dogmatisierendes Additum. Daraus lässt sich wiederum folgender Rückschluss ziehen: Nicht etwa um des theologischen bzw. religionsgeschichtlichen Gehaltes willen sollten christliche Texte – und in diesem Kontext auch Augustins *De civitate Dei* – im lateinischen Lektüreunterricht gelesen werden, sondern um auf Seiten unserer Schülerinnen und Schüler das Verständnis der antiken Kultur und ihrer Relevanz für unsere heutige Zeit zu verbessern und zu erweitern. Exakt darauf zielen die Abiturvorgaben des Landes NRW ab. Denn in der Zeit des Römischen Reiches entstand das Christentum, das sich gegen die Traditionen des Römertums durchzusetzen hatte und dabei zahlreiche Elemente der griechisch-römischen Kultur in sich aufnahm; aus diesem Konflikt zwischen Römischem Staat und christlicher Religion ist letztlich unsere eigene europäische Kultur hervorgegangen – dies ist ein unumstößliches Faktum von einer mit Worten kaum zu greifenden historischen, kulturellen und geisteswissenschaftlichen Tragweite; um es mit den klugen Worten der Kollegen Dietmar Schmitz und Michael Wissemann zu sagen: „Die Spätantike ist für die Herausbildung Europas von besonderer Bedeutung. Denn drei Grundpfeiler lassen sich für den Europa-Gedanken konstatieren: die griechische Kultur, das römische Rechtsdenken und das Christentum.“[2] Vor diesem Hintergrund haben christliche Texte zweifelsohne ihre Berechtigung im altsprachlichen Unterricht, wobei es als sinnvoll zu bezeichnen ist, dass die Lektüre von *De civitate Dei* in den Abiturvorgaben des Landes NRW im Inhaltsfeld „Staat und Gesellschaft“ angesiedelt ist:[3]

[2] Schmitz – Wissemann (2017), 169.

[3] Die aktuellen Abiturvorgaben und die damit zusammenhängenden Inhaltsfelder können online unter folgender Adresse abgerufen werden: https://www.standardsicherung.

| Grundkurs fortgeführt | Leistungskurs |
|---|---|
| Staat und Gesellschaft | Staat und Gesellschaft |
| • Politische, soziale und ökonomische Strukturen des römischen Staates | • Politische, soziale und ökonomische Strukturen des römischen Staates |
| • Staat und Staatsform in der Reflexion | • Staatstheorie und Staatswirklichkeit |
| • Römische Werte | • Römische Werte |
| • Politische Betätigung und individuelle Existenz | • Politische Betätigung und individuelle Existenz |
| Grundlagen und Impulse des Staatsdenkens, ausgehend von Augustinus, *De civitate Dei* (Auswahl) | Grundlagen und Impulse des Staatsdenkens, ausgehend von Augustinus, *De civitate Dei* (Auswahl) |

Abb. 1: Inhaltsfeld ‚Staat und Gesellschaft' in den Abiturvorgaben 2020–2022: GK und LK im Vergleich

Dass die Lektüre von *De civitate Dei* in der Sekundarstufe II – dort möglichst gegen Ende der Qualifikationsphase – zurecht ihren Platz hat, kann an dem im Winter 2018/19 publizierten Modellvorhaben des Landes NRW abgelesen werden, wobei sämtliche inhaltlichen Schwerpunkte (sowohl für die Arbeit im Grundkurs als auch für die im Leistungskurs) aufgegriffen und sinnhaft ausgestaltet worden sind.[4]

schulministerium.nrw.de/cms/zentralabitur-gost/faecher/getfile.php?file=4579 (zuletzt abgerufen am 26.10.2019).

[4] Das Modellvorhaben kann unter folgender Adresse abgerufen und heruntergeladen werden: www.schulentwicklung.nrw.de/lehrplaene/upload/klp_SII/ la/Modellvorhaben _Kontinuitaet_im_Wandel_Baustein_1.pdf (zuletzt abgerufen am 26.10.2019).

## 2. Die Augustinus-Lektüre im schulischen Kontext

Wie im Prolegomenon bereits ausgeführt, ist Augustinus primär nicht aus theologischer, sondern aus philologisch-literaturwissenschaftlicher Perspektive zu lesen und zu interpretieren. Als höchst geschulter Rhetor passt Augustinus seinen Sprachstil[5] – den Forderungen der antiken Rhetorik folgend – dem jeweiligen Lesepublikum an. Dieses bestand – bezogen auf das einerseits apologetisch, andererseits katechetisch gefärbte Werk *De civitate Dei* – sowohl aus gebildeten Heiden als auch aus intellektuell beflissenen Christen, die gegen heidnische Angriffe oder eigene Zweifel gewappnet werden sollten. Der Praxis christlich-apologetischer Tradition verpflichtet, streut Augustinus in seine Darstellung an zahlreichen Stellen Zitate und Paraphrasen römischer Klassiker ein, wie u. a. Cicero, Sallust, Vergil. Diese klassischen Vorgänger sucht Augustinus einerseits zu widerlegen, andererseits akzentuiert er deren Aussagen im Sinne christlicher Chrêsis[6] – unter Nutzung konkreter Bibelstellen – neu. Zugleich stellt er damit die gesamte Fülle seiner Belesenheit in klassischer und jüdisch-christlicher Literatur unter Beweis.

Augustinus ist als ehemaliger Rhetorikprofessor in seinem Stil von der antiken Redekunst stark beeinflusst. In *De civitate Dei* pflegt er einen mit rhythmisierten Satzschlüssen versehenen Prosastil, der zwischen opulenter Fülle und prägnanter Kürze changiert. Darüber hinaus zeigt sich seine sprachlich-stilistische Kunstfertigkeit an der Wortstellung und der häufig zu konstatierenden Zuspitzung seiner Gedanken. Bevorzugte Stilfiguren in *De civitate Dei* sind vor allem Anaphern bzw. Epiphern, Hyperbata, Antithesen, Oxymora, Hendiadyoin, Alliterationen,

[5] Zum Sprachstil des Augustinus vgl. exemplarisch von Albrecht (³2012), 1450–1453; vgl. auch Hübner (2007).

[6] Chrêsis ist ein in der spätantiken Ethik durch die Kirchenväter weiterentwickelter Leitbegriff, um das eigene Verfahren im Umgang mit der antiken Kultur zu bezeichnen. Dabei beleuchten die Kirchenväter zentrale Bilder und Begriffe der antiken Kultur, um unter konsequenter Nutzung des Doppelprinzips von Bewahrung und Transformation den Wahrheitsanspruch der christlichen Religion auszudrücken. Vgl. dazu grundlegend Gnilka (²2012).

Assonanzen, Homoioteleuta, Wortspiele und rhetorische Fragen. In den mitunter langen, gedanklich komplexen Sätzen finden sich häufig Partizipialkonstruktionen und nd-Formen.

Wie im ersten Kapitel des vorliegenden Aufsatzes kurz angerissen, spielen die zahlreichen intertextuellen Referenzen in *De civitate Dei* eine nicht unerhebliche Rolle, weisen sie doch eindrucksvoll nach, dass Augustinus die klassischen Autoren nicht nur kannte, sondern auch wertschätzte.[7] So preist Augustinus beispielsweise Vergil nahezu durchgängig mit höchstem Lob (vgl. exemplarisch Aug. *civ.* 10,1: *quidam Latini eloquii magnus auctor*; vgl. auch Aug. *civ.* 1,3: *poeta magnus omniumque praeclarissimus atque optimus*). Darüber hinaus pflegt Augustinus eine Vielzahl von Zitaten anderer heidnisch-paganer Autoren in sein Werk ein (so etwa diejenigen Sallusts oder Ciceros). Insbesondere die philosophischen und rhetorischen Schriften Ciceros besitzen eine kaum zu unterschätzende Bedeutung für Augustinus: Dieser übernahm über weite Strecken Ciceros Bildungsideal und bediente sich eifrig dessen Rhetorik mit den *officia* (*docere – delectare – flectere*) unter besonderer Berücksichtigung des *docere*.

Auch in der in Kap. 4 folgenden Sequenzplanung sollen die intertextuellen Referenzen eine zentrale Rolle spielen, wobei die inhaltlichen Zusammenhänge jeweils am konkreten Einzelfall exemplifiziert werden.[8] Besonders geeignet ist hierfür der Begriff der *pax*; dieser ist nicht nur für Augustinus, sondern für die Kultur-, Theologie- und Menschheitsgeschichte im Allgemeinen elementar und bietet sich für einen existentiellen Transfer im Unterricht unmittelbar an. Darüber hinaus ist gewährleistet, dass sich die Schülerinnen und Schüler im Sinne der Sprach-, Text- und Kulturkompetenz mit dem Wandel von zentralen Begriffen und Werten des römischen Selbstverständnisses vertraut ma-

[7] Die Ausführungen in diesem Kapitel folgen den wertvollen Aufsätzen von Hübner (2007) und Schmitz – Wissemann (2017), hier bes. 166–169. Vgl. auch umfassend Hagendahl (1967).

[8] Vgl. dazu auch von Albrecht ($^{3}$2012), VII. Demgemäß macht das Ineinanderfließen „von griechischer, lateinischer und biblischer Tradition die exemplarische Bedeutung der lateinischen Literatur für alle späteren europäischen Literaturen sichtbar.“

chen, wodurch wiederum eines der vorrangigen Ziele des Inhaltsfeldes „Staat und Gesellschaft" im Kernlehrplan des Landes NRW für die Sekundarstufe II eingelöst wird.[9] Zugleich wird auf das vom Land NRW zur Verfügung gestellte Modellvorhaben konsequent zurückgegriffen,[10] und zwar auf die dortige zweite Sequenz – mit dem erklärten Ziel, die Schülerinnen und Schüler auf Grundlage der Lektüre und Interpretation einiger zentraler Referenztexte der pagan-heidnischen Epoche und ihrer Rezeption bei Augustinus zur Erkenntnis gelangen zu lassen, dass der originär rechtlich-politisch fundierte *pax*-Begriff, der auch in der antiken Philosophie eine zentrale Rolle spielt, im christlich geprägten Denken des Augustinus unter Bewahrung seiner ursprünglichen Bedeutung eine Neuakzentuierung erfahren hat.

## 3. Der *pax*-Begriff in *De civitate Dei*

Zunächst soll die Entwicklung des *pax*-Begriffes in der griechischen und römischen Antike unter fachwissenschaftlicher Perspektive nachvollzogen werden. Denn erst aus einer vertieften fachwissenschaftlichen Kenntnis heraus können didaktische Perspektiven ermittelt, ausformuliert und nachvollzogen werden.[11]

In der griechischen Antike wurde Frieden vornehmlich als Abwesenheit des Krieges verstanden, genauer gesagt: als der vom Sieger bestimmte Waffenstillstand am Ende eines Krieges (vgl. dazu bes. Arist. *eth. Nic.* 10,7,1177b). Dabei blieben die antiken Forderungen nach Verwirklichung des Friedens gruppenbezogen. Da die Polis gemäß aristotelischem Verständnis nicht als eine Einheit, sondern als eine Vielheit der Gruppen und Gruppeninteressen besteht (vgl. dazu bes. Arist. *pol.*

[9] Vgl. Kernlehrplan Lateinisch Sek. II, 25f.

[10] Vgl. dazu oben Anm. 4.

[11] Die wissenschaftlichen Ausführungen zur Entwicklung des *pax*-Begriffes in der griechischen und römischen Antike folgen im Wesentlichen den vorzüglichen, umfänglichen Vorarbeiten von Weber (1991 u. 2005) und Geerlings (1997). Ebenfalls informativ gestaltet sich der Beitrag von Rondeau (1993).

1261a 15 – 1261b 15), stellt sich die Frage nach der Bewahrung und Einschränkung von Macht. Der Sophist Protagoras (480–410 v. Chr.) bezeichnet die Gerechtigkeit (*δίκη*) und den gegenseitigen Respekt (*αἰδώς*) als Voraussetzungen des Zusammenlebens. Diese Grundtugenden politischer Weisheit verlangten, die Rechte der Mitbürgerinnen bzw. Mitbürger zu achten und das Leben der Gemeinschaft von Gewalt und Hybris zu befreien. Somit wird der Mensch zu einem Kulturwesen, das in ein Verhältnis zu seiner Umwelt tritt – einhergehend mit der herausfordernden Aufgabe, dieses Verhältnis zu pflegen (vgl. dazu bes. Plat. *Prot.* 320 c – 328 d). In diesem Kontext ist es bedeutungsvoll, auch Platons (428–348 v. Chr.) Betrachtungen einzubeziehen, wenngleich der Friedensbegriff in seinem Werk nicht thematisiert wird. Allerdings ist aus seiner *Politeia* (um 370 v. Chr. verfasst), in der es um die bestmögliche Ordnung geht, abzuleiten, dass Platon auf Einsicht, Vernunft und Selbstbescheidung der politisch Handelnden setzte.[12]

Die römische Antike nahm mit dem Begriff *pax* auf das aristotelische Verständnis Bezug; als Grundbedeutung wurde zunächst nur ‚Übereinkunft' bzw. ‚Vertrag' angesetzt. Letzterer wurde am Ende eines Krieges geschlossen, wobei sich die widerstreitenden Seiten zur Einhaltung bestimmter Verhaltensregeln verpflichteten.

In der Augusteischen Epoche setzte sich – insbesondere im Spiegel der *Aeneis* Vergils – die Bezeichnung *pax Romana* durch. Dabei meint die *pax Romana* den befriedeten Herrschaftsbereich des römischen Reiches und zielt auf die umfassende Einheit des Weltreiches (ab); hierfür kann die Verheißung Iupiters, die den Römern ein Reich ohne Ende in Aussicht stellt, hinzugezogen werden:

> *his ego nec metas rerum nec tempora pono,*
> *imperium sine fine dedi.* (Verg. *Aen.* 1,278f.)[13]

[12] Vgl. dazu umfassend und überzeugend Weber (2005), 46.

[13] Sämtliche im vorliegenden Aufsatz herangezogenen lateinischen Zitate folgen dieser Ausgabe: *De civitate Dei.* Corpus Christianorum. Series Latina XLVII et XLVIII, 1 et 2, ed. B. Dombart/A. Kalb, Turnhout 1955.

> Diesen setze ich weder in Raum noch Zeit eine Grenze, endlos Reich hab' ich ihnen verliehen. (Übers: Johannes Götte [1994])

Zu berücksichtigen sind auch die sog. Römerverse, die den Römern Ordnungs- und Friedensmacht zusprechen sowie einerseits Schonung für die Unterworfenen, andererseits auch das Recht auf Niederwerfung der *superbi* fordern:

> *tu regere imperio populos, Romane, memento*
> *(hae tibi erunt artes), pacique imponere morem,*
> *parcere subiectis et debellare superbos.* (Verg. *Aen.* 6,851–853)

> Du, Römer, mache es zu deiner Aufgabe, die Völker durch ein Imperium zu regieren – dies wird deine Kunst sein – und eine Friedensordnung zu schaffen, die Unterworfenen zu schonen und die Überheblichen niederzukämpfen! (Übers: Johannes Götte [1994])

Daraus lässt sich folgende grundsätzliche Schlussfolgerung ziehen: Gemäß römischer Vorstellung gehören *imperium* und *pax* untrennbar zusammen. Darüber hinaus wird der imperiale Anspruch als göttliche Bestimmung zur Weltherrschaft gedeutet. In diesem Zusammenhang übernimmt der Imperator die ihm in den Römerversen (Verg. *Aen.* 6,851–853) übertragene Aufgabe, die Friedensordnung zu erhalten und das Wohl der Untertanen zu schützen. Er avanciert zum *σωτήρ*.

Rechtfertigende Begründungen dieses imperialistischen Sendungsbewusstseins finden sich bei römischen Schriftstellern in reicher Zahl, u. a. bei Sallust, der erklärt, die Größe des römischen Volkes erfordere es, Unrecht zu verhindern und kein Reich durch Verbrechen erstarken zu lassen:

> [...] *tamen erat maiestatis populi Romani prohibere iniuriam neque pati quoiusquam regnum per scelus crescere.* (Sall. *Iug.* 14,7)

> [...] wäre es dennoch Aufgabe der Größe des römischen Volkes, Rechtsverletzung zu hindern und nicht zu dulden, dass die Königsherrschaft irgendeines Mannes durch Verbrechen wächst. (Übers: Karl Büchner [1971])

Über Sallust hinausgehend greift Cicero auf staatsphilosophische und ethische Überlegungen zurück, wenn er in *De re publica* die Fürsorgepflicht der Herrschenden gegenüber den Beherrschten betont:

> *An non cernimus optimo cuique dominatum ab ipsa natura cum summa utilitate infirmorum datum?* [...] (Cic. *rep.* 3 *frg.* 21 Powell [= 36 Ziegler])
> *Noster autem populus sociis defendendis terrarum iam omnium potitus est.* (Cic. *rep.* 3 *frg.* 26 Powell [= 35 Ziegler])

> Sehen wir etwa nicht, dass von der Natur selbst gerade den Besten die Herrschaft gegeben ist – zum höchsten Nutzen der Schwachen? [...]
> Unser Volk aber hat sich bei der Verteidigung der Bundesgenossen schon aller Länder bemächtigt. (Übers: Liselot Huchthausen – Christian und Ursula Rothe [1989])[14]

Sallust und Cicero legitimieren die *pax Romana* sowohl mit der kulturellen bzw. zivilisatorischen Überlegenheit als auch mit der ordnenden Kraft des römischen Volkes; mit dem Anspruch auf das *patrocinium orbis* könne allein das römische Volk die politische Einheit der damaligen Welt in Raum und Zeit herbeiführen, dies jedoch unter Ausübung von (Waffen-)Gewalt. An diesen Gedanken knüpfen die Historiker der späten Kaiserzeit (Florus, Eutrop etc.) an und sehen in der Verwirklichung einer politisch-ökonomischen Weltgesellschaft den Endzweck des *Imperium Romanum*. Dabei beschreibt dieses Geschichtsbild „die Genese des Imperiums nicht als Prozeß von Unterwerfungen oder Unterdrückung, sondern als permanente Arrondierung einer Gemeinschaft."[15]

Zusammenfassend lässt sich die im klassisch-römischen *pax*-Begriff durchschimmernde Gruppenbezogenheit der antiken Gesellschaft wie folgt pointieren: „Friede ist möglich, aber nur, wenn ein geordnetes Zusammenleben zustande kommt. Ein geordnetes Zusammenleben kann aber nur dann verwirklicht werden, wenn das gemeinsame Interesse, das Interesse aller, an dieser Friedensordnung einsichtig gemacht wird.

[14] Neben Sallust und Cicero ist in der Frage nach der Rechtfertigung des römischen Anspruchs auf Weltherrschaft auch Tacitus zu nennen; vgl. dazu Tac. *hist.* 4,73,2; id. *Agr.* 30–32.

[15] Hose (2001), 309.

Das setzt wiederum die philosophische Überzeugung voraus, dass die Menschen vernunftgeleitet und zum Konsens fähig sind."[16] Dabei wird die Frage nach der Macht nicht ausgeklammert, im Gegenteil: Herrschaft ist notwendig, wenn das geordnete Zusammenleben und der innere Frieden erhalten bleiben sollen.

Augustinus, der sich in seiner Gedankenwelt gerne pagan-heidnischer Vorstellungen bedient, greift in dem in der Forschung als „Friedensbuch" deklarierten neunzehnten Buch seines Hauptwerkes *De civitate Dei* auf dieses soeben skizzierte klassische *pax*-Verständnis explizit zurück und lehnt sich in diesem Kontext bemerkenswert eng an die Römerverse aus der vergilischen *Aeneis* an, wobei Augustinus seine Ausführungen über die *pax terrena* mit der grundsätzlichen Feststellung beginnt, die Sehnsucht nach Frieden sei in der menschlichen Natur verankert:

> *Sicut enim nemo est qui gaudere nolit, ita nemo est qui pacem habere nolit.* [...] *Nam et illi qui pacem, in qua sunt, perturbari uolunt, non pacem oderunt, sed eam pro arbitrio suo cupiunt commutari. Non ergo ut sit pax nolunt, sed ut ea sit quam uolunt.* (Aug. *civ.* 19,12)

> Denn wie es niemanden gibt, der sich nicht freuen wollte, gibt es auch niemanden, der keinen Frieden haben will. [...] Auch die, welche den Frieden, in dem sie leben, stören wollen, hassen ja nicht den Frieden als solchen, sondern wollen nur einen anderen, der ihren Wünschen entspricht. Sie wollen also nicht etwa überhaupt keinen Frieden, sondern nur solch einen, wie er ihnen passt. (Übers: Wilhelm Thimme [2007])

Selbst unter gewohnheitsmäßigen Friedensstörern existiere laut Augustinus eine Art Frieden, eine *umbra pacis*. Folglich gebe es ein ursprüngliches Friedensverlangen des Menschen: Überhaupt keinen Frieden zu lieben, dazu sei niemand imstande (vgl. ibid.). In diesem Zusammenhang ist eine bemerkenswerte Reminiszenz an die oben bereits zitierten Römerverse Vergils zu konstatieren:

[16] Weber (2005), 47.

> *Pacem itaque cum suis omnes habere cupiunt, quos ad arbitrium suum uolunt uivere. Nam et cum quibus bellum gerunt, suos facere, si possint, uolunt eisque subiectis leges suae pacis inponere.* (Aug. *civ.* 19,12)
>
> So wünschen denn alle mit den Ihrigen, die nach ihrem Willen leben sollen, Frieden zu halten. Denn auch die, mit denen sie Krieg führen, wollen sie womöglich zu Ihrigen machen, um ihnen als Untertanen ihre Friedensgesetze aufzuerlegen. (Übers: Wilhelm Thimme [2007])

Von Frieden unter Menschen (*pax hominum* bzw. *pax cum aliis*) könne nach Ansicht des Augustinus erst dann gesprochen werden, wenn eine geordnete Gemeinschaft existiere, so wörtlich eine *ordinata concordia*. Dabei sind die Begriffe *pax, ordo* und *concordia* im augustinischen Denken eng miteinander verknüpft,[17] ja bedingen sich sogar, wie der sog. *pax*-Tafel entnommen werden kann:

> *Pax itaque corporis est ordinata temperatura partium, pax animae inrationalis ordinata requies appetitionum, pax animae rationalis ordinata cognitionis actionisque consensio, pax corporis et animae ordinata uita et salus animantis, pax hominis mortalis et Dei ordinata in fide sub aeterna lege oboedientia, pax hominum ordinata concordia, pax domus ordinata imperandi atque oboediendi concordia cohabitantium, pax ciuitatis ordinata imperandi atque oboediendi concordia ciuium, pax caelestis ciuitatis ordinatissima et concordissima societas fruendi Deo et inuicem in Deo, pax omnium rerum tranquillitas ordinis. Ordo est parium dispariumque rerum sua cuique loca tribuens dispositio.* (Aug. *civ.* 19,13)[18]

[17] In der Forschung betont insbesondere Weissenberg (2005) die Evidenz dieser von Augustinus in sein *pax*-Verständnis integrierten Aspekte; vgl. dazu auch Budzik (1988), hier bes. 78–82; 177; 184–186; 325–331; 375–379.

[18] Eine fundierte Interpretation der *pax*-Tafel des Augustinus findet sich bei Geerlings (1997), 75–77. Hier wird auch die in der Forschung kontrovers diskutierte Frage erörtert, inwiefern Augustinus sich bei der Konzeption der *pax*-Tafel an die Vorlage Varros anlehne; vgl. ibid., hier bes. 76, Anm. 45; vgl. auch Hagendahl (1967), 620–627. Für den schulischen Unterricht ist die *pax*-Tafel in folgenden Lektüreheften (sowohl mit Wort- und Sachkommentaren als auch mit Erschließungsfragen) aufgearbeitet worden: Blank-Sangmeister (2007), 28f.; Brandstätter ($^2$2002), 61; Cataldo – Müller (2019), 24f.; Larsen – Müller (2018), 26f.

> So besteht denn der Friede des Körpers in dem geordneten Verhältnis seiner Teile, der Friede einer vernunftlosen Seele in der geordneten Ruhelage der Triebe, der Friede einer vernünftigen Seele in der geordneten Übereinstimmung von Denken und Handeln, der Friede zwischen Leib und Seele in dem geordneten Leben und Wohlbefinden des beseelten Wesens, der Friede zwischen dem sterblichen Menschen und Gott in dem geordneten gläubigen Gehorsam gegen das ewige Gesetz, der Friede unter Menschen in der geordneten Eintracht, der Friede des Hauses in der geordneten Eintracht der Hausbewohner im Befehlen und Gehorchen, der Friede des Staates in der geordneten Eintracht der Bürger im Befehlen und Gehorchen, der Friede des himmlischen Staates in der bestgeordneten, einträchtigsten Gemeinschaft des Gottesgenusses und gegenseitigen Genusses in Gott, der Friede aller Dinge in der Ruhe der Ordnung, Ordnung aber ist die Verteilung gleicher und ungleicher Dinge, die jedem den gebührenden Platz anweist. (Übers: Wilhelm Thimme [2007])

Besonders markant und erwähnenswert ist der Begriff *ordo*, mit dem sich Augustinus ganz bewusst in die Tradition Platons stellt. Dieser hat der Ordnung einen entscheidenden Platz in seiner Philosophie zugewiesen. Unter ‚Ordnung' verstand Platon – prägnant formuliert – die ausgewogene Anordnung der Einzelteile zu einem funktionierenden Ganzen. So könne beispielsweise ein Staat nur dann existieren, wenn die Kräfte und Personen, die ihn bilden, in einem ausgewogenen Verhältnis zueinander stehen. Augustinus übernimmt dieses (auch bei den Stoikern vorherrschende) Konzept und setzt es mit seinem *pax*-Verständnis in direkten Bezug: So sei *pax* als Frucht der zu wahrenden bzw. der – wenn sie beschädigt ist – wiederherzustellenden Ordnung zu bezeichnen.[19] Mit anderen Worten: Entsprechend seiner Ontologie, wonach Seiendes – biblisch gesprochen: Erschaffenes – in einem hierarchisch gestuften *ordo* existiert, hat die Ordnung selbst den Frieden zum Ziel. Nach eben dieser *pax* streben die Menschen, die von einem ursprünglichen, natürlichen Friedensverlangen angetrieben werden.

[19] Wichtige Aufschlüsse über den für Augustinus untrennbaren Konnex von *ordo* und *pax* verdankt der Autor des vorliegenden Aufsatzes vornehmlich Mayer ($^{7}$2018), hier bes. 85–87.

Kurzum: Gemäß augustinischem Verständnis ist *pax* ein *bonum*, ein ‚Gut', und zwar ein alle irdischen Güter subsumierendes:

> *Tantum est enim pacis bonum, ut etiam in rebus terrenis atque mortalibus nihil gratius soleat audiri, nihil desiderabilius concupisci, nihil postremo possit melius inueniri.* (Aug. *civ.* 19,11)
>
> Das Gut des Friedens ist derart groß, dass auch im Bereich der irdischen und vergänglichen Dinge nichts lieber gehört, nichts sehnlicher begehrt und letztendlich auch nichts Besseres gefunden werden kann. (Übers: Wilhelm Thimme [2007])

Damit ist jedoch nicht das *summum bonum* für einen Christen gemeint. Diesen Sachverhalt erläutert Augustinus im weiteren Verlauf des neunzehnten Buches von *De civitate Dei*. In den bislang angezeigten Textpassagen erweist Augustinus sich als Philosoph, wobei in der älteren Forschung vor allem Eduard Norden und Friedrich Klingner Augustinus als Philosophen auf die Stufe Platons gestellt haben.[20] Daraus wiederum lässt sich das Postulat ableiten, dass Augustinus im lateinischen Lektüreunterricht der Q2 auch als Philosoph zu lesen ist, was insbesondere das Kapitel Aug. *civ.* 19,13 belegt, da hier die in den philosophischen Schriften Senecas und Ciceros verankerte Vorstellung der *tranquillitas ordinis*, die Kennzeichen eines vorbildlichen sittlichen Lebens ist, wahrnehmbar wird (vgl. dazu exemplarisch Sen. *dial.* 7,3 und Cic. *fin.* 1,46–48). Somit bedient sich Augustinus auch in diesem Punkt heidnisch-paganen Gedankengutes und setzt es mit seinem *pax*-Verständnis in direkten Bezug: Gemäß Augustinus erwächst nämlich *tranquillitas* aus dem *ordo*, sodass *pax* als ein Zustand von Ruhe, Ordnung und Eintracht verstanden werden kann.[21] Diese Auffassung entfaltet Augustinus (und zwar in umfassender Weise) bereits in seinen *Confessiones* (vgl. id. 13,35,50–13,38,53), an deren Ende die aus der allegorischen Erklärung der ‚Ruhe' Gottes am siebenten Tag (Sabbatruhe) gewonnene zukunftsoptimistische Perspektive der christlichen Heilstheologie steht, und zwar die

[20] Vgl. dazu exemplarisch Zepf (1953), 135f.

[21] Vgl. dazu in der Forschung exemplarisch Schrama (1991), hier bes. 848–860.

endgültige Ruhe der Schöpfung in Gott am Ende der Geschichte, d. h. am Ende der von Bewegung abhängigen Zeit. Die Auffassung, dass Gott selbst ‚Ruhe' ist, geht über die Theologie der Neuplatoniker, die Gott u. a. als ‚Ruhe' zu bezeichnen pflegten, auf die aus der Mechanik stammende Bezeichnung Gottes als des unbewegten Bewegers bei Aristoteles zurück.

Im weiteren Verlauf des neunzehnten Buches von *De civitate Dei* verschreibt sich Augustinus in verstärktem Maße der christlichen Lehre. Nunmehr spricht gänzlich der Theologe bzw. der Kirchenvater Augustinus zu uns. Dabei greift er auf jüdisches Denken zurück und betont in seinem *pax*-Verständnis die stark theologische Komponente des Schalóm-Begriffes.

Konkret gesprochen: Frieden war nach jüdischem Verständnis nur für den sich in den Willen Gottes fügenden Menschen bzw. für das Volk Israel möglich und wurde zunehmend Gegenstand der Zukunftserwartung. Eben dieses eschatologische Element spielt in der augustinischen Friedenskonzeption eine entscheidende Rolle; denn der heidnisch-pagane *pax*-Begriff wird von Augustinus auf der einen Seite zwar bewahrt, aber vor dem Hintergrund der sich sowohl im Alten als auch im Neuen Testament konkretisierenden eschatologischen Verheißung theologisch neu akzentuiert. Hierfür konnte Augustinus u. a. auf Jesaja 11,6–10 und Mt 5,9 zurückgreifen.

Zusammengefasst bedeutet das: Augustinus verklammert die römisch-politische und die christlich-metaphysische Bedeutung von *pax*, wobei die römische *pax* und der philosophische (platonische) *ordo* in den theologischen *pax*-Begriff integriert werden. Exakt dies ist originär augustinisch.

Dahingehend lässt sich Folgendes konstatieren: Augustinus bewahrt das antik-pagane *pax*-Verständnis, transformiert dabei zugleich die zeitliche Begrenztheit zur Unendlichkeit bzw. Ewigkeit, was sich in Form der ewigen *pax caelestis* in der jenseitig zu denkenden Vereinigung mit Gott, im sog. *frui Deo*, widerspiegelt. Zugleich zeigt sich hier das durchgängige augustinische Schema von *uti* und *frui*, von Gebrauch und Genuss.

Wichtig dabei ist Zweierlei: Zum einen haben auch die vom irdischen Frieden profitierenden Bürger der *civitas Dei* (bzw. der *civitas caelestis*) auf ihrer Pilgerschaft zur ewigen *pax caelestis* die notwendige Aufgabe, an der Erhaltung der *pax terrena* aktiv mitzuwirken (vgl. hier bes. Aug. *civ.* 19,17: *Vtitur ergo etiam caelestis ciuitas in hac sua peregrinatione pace terrena* [...] *eamque refert ad caelestem pacem.*). Zum anderen dokumentiert sich die augustinische Neuakzentuierung im Sinne christlicher Chrêsis in der Ausdeutung des *summum bonum*: Im augustinischen Verständnis ist nicht etwa die *pax terrena*, sondern die ewige *pax caelestis* das *summum bonum*, sie ist die *vera pax* bzw. die *pax perfecta*, die mehr ist als innerweltliche Ruhe, Ordnung und Eintracht. Sie ist endzeitlich, eschatologisch zu denken, d. h. sie ist die vollkommene Freiheit von äußeren bzw. inneren Widerständen und Bedrängnissen, was dem Zustand der endgültigen und absoluten *concordia* gleichkommt (vgl. dazu bes. Aug. *civ.* 22,30: *uera pax, ubi nihil aduersi nec a se ipso nec ab aliquo quisque patietur*; vgl. auch Aug. *en. Ps.* 48,6: *futura promisit, qui resurrexit, pacem in hac terra et requiem in hac vita non promisit.*).[22]

[22] Vgl. dazu auch Aug. *en. Ps.* 147,20. Zur grundlegenden Bedeutung der *pax* im Denken des Augustinus unter expliziter Berücksichtigung seiner Predigten und Briefe vgl. in der Forschung bes. Ruggiero (1999). Das augustinische Verständnis der *vera pax* bzw. der *pax perfecta* basiert auf der im Alten Testament grundgelegten eschatologischen Hoffnung des Volkes Israel auf vollständige Konfliktfreiheit unter allen Geschöpfen, was bereits in den Psalmen in der gottgegebenen kosmischen Harmonie, die ein gerechter Herrscher ermögliche, anklingt (vgl. hier bes. Aug. *en. Ps.* 71,10f.). Das Neue Testament rekurriert auf dieses *pax*-Verständnis und entwickelt es weiter: Die personifizierte *pax* sei Jesus Christus, der die Menschen sowohl mit Gott als auch untereinander versöhne (vgl. dazu exemplarisch Kol 1,19f.; vgl. auch Gal 3,28 und Eph 2,11–22). Zu diesem bei Augustinus konstitutiven Aspekt vgl. auch Budzik (1988), 126–130. Die Mitgliedschaft in der christlichen Gemeinschaft bringe innere *pax* und rüste die Gläubigen für ihre Verantwortung, in der Gesellschaft als Friedensstifter zu fungieren (vgl. dazu bes. Röm 12,18; Phil 4,6–9). In diesem Kontext stellt der Apostel Paulus die gottgegebene, sich in Jesus Christus spiegelnde *vera pax* der durch Waffengewalt erzwungenen *pax Romana* gegenüber. Zum *pax*-Verständnis in der Heiligen Schrift und in der frühen Kirchengeschichte vgl. umfassend Dinkler (1972), hier bes. 448–480; vgl. auch Jonischkeit (2010).

Demgegenüber ist die *pax terrena* in den Augen des Augustinus ein zwar echtes, aber dennoch begrenztes und anfechtbares Gut, das materielle Sicherheit und soziale Stabilität erfordert (vgl. dazu bes. Aug. *en. Ps.* 84,10: *Nondum est ergo pax, ubi pugna est*; vgl. auch Aug. *civ.* 19,5–9 und Aug. *retract.* 1,19,1).

Zusammengefasst bedeutet das: Die *civitas Dei* ragt zwar in den irdischen Bereich hinein, aber ihre Bürger sehen ihr Ziel außerhalb der Zeitlichkeit, im Transzendenten, sie hoffen auf den verheißenen Frieden in der jenseitigen Vereinigung mit Gott, d. h. sie hoffen auf das *frui Deo*. Dieses *frui Deo* in der ewigen *pax caelestis* ist der *finis omnium desideriorum bonorum* (vgl. dazu bes. Aug. *serm.* 168,2; vgl. auch Aug. *en. Ps.* 84,10; id. 93,27).[23] Dabei ergibt sich die Sehnsucht des Menschen nach der *vera pax* aus dem liebenden Verhältnis des Geschöpfes zum Schöpfer (vgl. dazu auch Aug. *conf.* 1,1: *fecisti nos ad te et inquietum est cor nostrum, donec requiescat in te.*). Aus dieser Gottesliebe erwächst die Nächstenliebe (*caritas*), die letztlich den Frieden sichert.[24]

## 4. Konkretisierter Vorschlag einer Sequenzplanung

Dieser soeben dargestellte fachwissenschaftliche Abriss bildet das Fundament der unten skizzierten konkretisierten Sequenzplanung, für die zehn Doppelstunden veranschlagt werden. Neben den im Modellvorhaben des Landes NRW ausgeworfenen Kompetenzen[25] im Bereich der Sprach-, Text und Kulturkompetenz sollen in der angezeigten zweiten Sequenz zum augustinischen *pax*-Begriff folgende, vor allem im Bereich der Kulturkompetenz anzusiedelnde Kompetenzen angebahnt bzw. ausgeschärft werden:

- zentrale politische und ethische Leitbegriffe der Römer erläutern und ihre Bedeutung für römisches Selbstverständnis exemplarisch nachvollziehen können;

[23] Vgl. dazu auch umfassend Budzik (1988), 303–316.
[24] Vgl. dazu auch Weissenberg (2005), 113–122.
[25] Vgl. Modellvorhaben des Landes NRW zu Augustins *De civitate Dei* (2018), 18.

- die Haltung Roms gegenüber Fremden exemplarisch charakterisieren und so wesentliche Prinzipien für den eigenen vorurteilsfreien Umgang mit fremden Kulturkreisen ermitteln können;
- am Beispiel einer politischen oder unpolitischen Existenz die Beweggründe dafür darstellen und sich kritisch mit Bewertungen dieser Lebensform auseinandersetzen können;
- Empfehlungen zu einer sittlichen Lebensführung erläutern und deren Anwendbarkeit für Individuum und Gesellschaft beurteilen können;
- philosophische Antworten auf Sinnfragen der menschlichen Existenz und deren Bedeutung für die eigene Lebenswirklichkeit beurteilen können;
- die Auseinandersetzung zwischen Rom und dem Christentum an konkreten Beispielen charakterisieren können.

Zentrale Lernziele innerhalb der konkret ausgearbeiteten zweiten Sequenz im Unterrichtsvorhaben sind die folgenden:

Erkennen und Reflektieren …

- der Etymologie als einer Hilfe zur semantischen Erschließung;
- des Friedens als einer Ideologie und eines Herrschaftsinstruments;
- der *civitas Dei* als der christlichen Ausdeutung der Sendung Roms in Konkurrenz zur heidnischen Rom-Ideologie;
- des Transfers eines ursprünglich rechtlich-politischen Begriffes in den Bereich der Lehre vom Sein (Ontologie);
- der christlichen Deutung des Seins als eines geordneten Seins (*pax = ordo*);
- der christlichen Neuakzentuierung der *pax terrena* zur ewigen *pax caelestis* vor dem Hintergrund der eschatologischen Verheißung im AT und NT;

- des Friedens als einer ununterbrochenen Aufgabe europäischer Philosophie und Theologie;
- der Friedenssehnsucht als einer anthropologischen Kategorie;
- des Friedens als einer Bedingung menschlichen Zusammenlebens;
- der Friedensverwirklichung als einer zentralen kulturellen Herausforderung.

Die in der nun folgenden Sequenzplanung zum *pax*-Begriff herangezogenen Materialien bzw. Medien sind so ausgewählt worden, dass in den ersten Stunden der Sequenzplanung zunächst die antik-paganen Referenztexte (z. T. in synoptischer Lektüre) gelesen und interpretiert werden. Auf dieser (zwingend erforderlichen) Grundlage soll die Rezeption des *pax*-Begriffes bei Augustinus in den Blick genommen werden, um dadurch die Denk- und Arbeitsweise des Augustinus nachzuvollziehen, die sich im Sinne christlicher Chrêsis sowohl in der Bewahrung als auch in der Transformation einschließlich der Neuakzentuierung eines kulturell zentralen Begriffes auszeichnet. Weitere Materialien wie Bilder oder Texte ergänzen, veranschaulichen und vertiefen den Verstehensprozess, indem sie andere Arbeitsformen als das reine Übersetzen ermöglichen. Dabei sind die Materialien und Arbeitsaufträge überwiegend so angelegt, dass die Lernenden in kleinen Gruppen selbstständig arbeiten können.

## 1. Doppelstunde:

Stundenthema:
„Hat der Frieden noch eine Chance?“ – Erste Annäherungen an einen komplexen Begriff in Antike und Gegenwart

Schwerpunkte der avisierten Doppelstunde:

- Problemaufriss vor dem Hintergrund der gegenwärtig verstärkt feststellbaren Lust von Schülerinnen und Schülern an Krieg verharmlosenden Computerspielen, wie z. B. „Fortnite", die realistisch dargestellte Kriegsszenen zu einem bloßen Unterhaltungsgegenstand werden lassen.

- Personaler Zugriff:

  Schriftliche Fixierung der eigenen Definition von Frieden durch die Schülerinnen und Schüler (in digitaler Form, z. B. unter Nutzung von „Mentimeter"; diese Abfrage wird im weiteren Sequenzverlauf nochmals aufgegriffen und für vergleichendes Arbeiten nutzbar gemacht)

  → im Sinne sprachsensiblen Arbeitens: Markierung der Komplexität des Friedensbegriffes

- Inhaltsbezogene Absprachen mit der Lerngruppe:

  Transparenz bzgl. Inhalte, Kompetenzen und Lernziele im Zuge der avisierten Sequenz

- Textarbeit im Zeichen historischer Kommunikation:

  Die *pax Romana* und der Anspruch auf Herrschaft

  Textgrundlage A: Sall. *Iug.* 14,7

  Textgrundlage B: Cic. *rep.* 3,21;26 (i. A.)

## 2. Doppelstunde:

| Stundenthema:<br>Die Ausdeutung der *pax Romana* aus Perspektive der augusteischen Epoche |
|---|

Schwerpunkte der avisierten Doppelstunde:

- Kulturhistorischer Einstieg (vgl. dazu auch im Anhang das Arbeitsmaterial unter M 2):

Die *Ara Pacis Augustae* als Projektionsfläche für die römische Friedensidee[26]

- Textarbeit im Sinne eines Bild-Text-Vergleichs:

  Textgrundlage A: Verg. *Aen.* 1,278f.

  Textgrundlage B: Verg. *Aen.* 6,851–853

- Als Schülerreferat möglich:

  Die *Pax Augusta* im Spiegel der 4. Ekloge Vergils (Text wird in synoptischer Lektüre erarbeitet)

- Text-Bild-Vergleich als Stundenrahmung und -ausstieg:

  Ermittlung der Bedeutung des *Tellus-Italia*-Reliefs an der *Ara Pacis* als eines Sinnbildes des wiedergewonnenen und den Menschen in einer *aurea aetas* Segen bringenden Friedens vor dem Hintergrund der literarischen Darstellung Vergils in seiner *Aeneis* und seiner vierten Ekloge

## 3. Doppelstunde:

| |
|---|
| Stundenthema:<br>Das Verhältnis von *tranquillitas* und *pax* in philosophischer Reflexion |

Schwerpunkte der avisierten Doppelstunde:

- Autorenübergreifende Textarbeit – als wiederholender, abiturrelevanter Impuls:

  Sen. *dial.* 7 (= *de beata vita*), 3 (i. A.)

- Als Differenzierungsaufgabe möglich:

  Cic. *fin.* 1,46–48 (i. A., in synoptischer Lektüre)

[26] Eine gelungene prägnante Interpretation der *Ara Pacis Augustae* unter besonderer Berücksichtigung des *Tellus-Italia*-Reliefs und des *Roma*-Reliefs gibt Weber (1991), 99f.

## 4. + 5. Doppelstunde:

Stundenthema:
*Ordo* und *pax* als Strukturelemente eines von Gott gewollten Seins – die erste Stufe des *pax*-Verständnisses des Augustinus

Schwerpunkte der avisierten Doppelstunden:

- Unter Rückgriff auf die erste Sequenz innerhalb des im Jahre 2018 publizierten Modellvorhabens des Landes NRW:

  Einführung in die Gedankenwelt des Augustinus in *De civitate Dei* unter besonderer Berücksichtigung der Bedeutung des neunzehnten Buches als eines ‚Friedensbuches'

- Textgrundlage A: Aug. *civ.* 19,12 (i. A.):

  Frieden als letztes Ziel des Krieges unter vergleichender Bezugnahme auf Verg. *Aen.* 6,852f.

  Textgrundlage B: Aug. *civ.* 19,13 (i. A.):

  *ordo* als zentrales, philosophisch geprägtes Kriterium für das *pax*-Verständnis des Augustinus

- Zwischensicherung innerhalb der Sequenz:

  A. Vergleichende Textarbeit zum Verhältnis von *tranquillitas*, *ordo* und *pax*: Augustinus als Philosoph in stoischer und neuplatonischer Tradition (vgl. dazu auch die dritte und vierte Doppelstunde innerhalb dieser Sequenz)

  B. Abgleich zwischen dem bisher erarbeiteten *pax*-Verständnis des Augustinus und den in der ersten Doppelstunde der Sequenz schriftlich fixierten Friedensdefinitionen der Schülerinnen und Schüler; mögliche Erweiterung dieser Synopse auf Grundlage einer (ggf. gelenkten) Lexikonrecherche zu weiteren Friedensdefinitionen (auch als Haus- bzw. Wochenaufgabe möglich)

### 6. + 7. Doppelstunde:

(vgl. dazu auch die ausformulierte Unterrichtseinheit in M 1a bis M 1c)

| Stundenthema: |
|---|
| Die Bürger der beiden *civitates* und ihre Lebensziele |

Schwerpunkte der avisierten Doppelstunden:

- Intensive Textarbeit (auch differenziert möglich):

  Textgrundlage: Aug. *civ.* 19,17[27]

- Vertiefte (sowohl textimmanente als auch textübergreifende) Interpretationsarbeit zum *pax*-Verständnis des Augustinus: Augustinus als Theologe bzw. Kirchenvater in konsequenter Umsetzung der Lehre Jesu (vgl. dazu bes. Markus-Evangelium 12,17 und Matthäus-Evangelium 5,9)

### 8. Doppelstunde:

(vgl. dazu auch die ausformulierte Unterrichtseinheit in M 1a bis M 1c)

| Stundenthema: |
|---|
| Die Transformation der *pax terrena* zur ewigen *pax caelestis* vor dem Hintergrund der eschatologischen Verheißung – die zweite Stufe des *pax*-Verständnisses des Augustinus |

Schwerpunkte der avisierten Doppelstunde:

- Unter Zuhilfenahme der von den Schülerinnen und Schülern aufzusetzenden ‚Transformer-Brille':

  Die Transformation der *pax terrena* zur ewigen *pax caelestis*

[27] Diese für die angezeigte Sequenzplanung zentrale Textstelle ist in den aktuellen schulischen Lektüreheften nicht ausreichend berücksichtigt worden; einzig Blank-Sangmeister (2007) nimmt sich der ersten Kapitelhälfte unter Zuhilfenahme von Wort- und Sachkommentaren an; vgl. dazu id., 28f.

- Vergleichende Textarbeit:

  Die Definition der ewigen *pax caelestis* in Aug. *civ.* 19,27 (in synoptischer Lektüre) im Vergleich zu Aug. *civ.* 19,17

9. Doppelstunde:

| Stundenthema: Friedensverwirklichung als christliche und universale Aufgabe |
|---|

Phasen der avisierten Doppelstunde:

- Bildinterpretation (zur inhaltlichen Anknüpfung an das zentrale Postulat der Nächstenliebe im *pax*-Verständnis des Augustinus):

  Julius Schnorr von Carolsfeld, Der barmherzige Samariter (Öl auf Leinwand)

  inkl. eines Bild-Text-Vergleichs mit dem Lukas-Evangelium, 10, 30–37, und Aug. *civ.* 19,17 (vgl. dazu auch im Anhang das Arbeitsmaterial unter M 3)

- *Bellum dulce inexpertis*:

  Erasmus von Rotterdam als Friedensrufer (Auswahl aus seiner *Querela pacis*; auch als Referat möglich); ergänzend möglich: Referat zu Kants Entwurf eines ewigen Friedens als einer Herausforderung und eines Ziels philosophischer, juristischer und politischer Vernunft

- Existentieller Transfer:

  Landesbischöfin a. D. Margot Käßmann: „Wir brauchen mehr Phantasie für den Frieden", Auszug aus ihrer vieldiskutierten Predigt zum Neujahrstag 2010 im Berliner Dom (vgl. dazu auch im Anhang das Arbeitsmaterial unter M 4a und M 4b) unter Aufnahme des problemorientierten Einstiegs zur angezeigten Sequenz (vgl. den Beginn der ersten Doppelstunde)

## 10. Doppelstunde:

Stundenthema:
Welchen Beitrag für den Frieden können junge Menschen leisten?

Phasen der avisierten Doppelstunde:

- Bildimpuls:

  Wie wollen wir in dieser Welt miteinander leben? – Junge Menschen als (künftige) Kosmopoliten

- Kreativ-Aufgabe zu folgenden Themen (i. A., auch als Langzeit- oder Projektaufgabe möglich); obligatorisch ist bei allen Vorschlägen der konsequente Einbezug der Gedanken des Augustinus im neunzehnten Buch von *De civitate Dei* unter Zuhilfenahme lateinischer Textbelege:

  Thema A:

  Menschenrechte als Erbe und Auftrag der Religion: Stellungnahme zur Weltethos-Erklärung, ggf. einschließlich eines Vorschlags zur Modifikation eben dieser Erklärung.

  Thema B:

  Anforderungen an eine globale Friedensordnung: Auseinandersetzung mit der Friedensdenkschrift der EKD aus dem Jahre 2007.

  Thema C:

  Porträt eines Friedensaktivisten bzw. einer Friedensaktivistin und/ oder Porträtvergleich mit Augustinus (möglichst unter Nutzung digitaler Medien, ggf. Erstellung eines YouTube-Videos etc.).

  Thema D:

  Erstellung eines Readers mit konkreten Projektvorschlägen für ein etwaiges FSJ und Konzeption eines (fiktiven) Bewerbungs schreibens unter Einbezug der Gedanken des Augustinus im neunzehnten Buch von *De civitate Dei.*

- Abschlussdiskussion im Kurs:

  Methodisch variabel anzulegende Diskussion unter Bezugnahme auf den Problemaufriss zu Beginn dieser Sequenz:

  „Statt Fortnite & Co.: Warum nicht lieber Friedensspiele?"

  oder

  „Muss es statt ‚Hat der Frieden noch eine Chance?' nicht besser heißen: ‚Geben wir dem Frieden eine Chance!'?"

## 5. Mehrwert der Augustinus-Lektüre für den schulischen Lateinunterricht

Wie innerhalb der Sequenzplanung verdeutlicht worden ist, stellt die Spätantike keinen kulturellen Bruch gegenüber der sog. klassischen römischen Antike dar, sondern ist im Sinne christlicher Chrêsis als Synthese bzw. Weiterentwicklung zu verstehen, was wiederum eines der primären Lernziele im lateinischen Lektüreunterricht darstellt: Die *Romanitas* und einige zentrale christliche Wertbegriffe waren in den Augen des Augustinus unverbrüchlich miteinander verbunden. Über alle Theorie und Kritik hinweg blieb Augustinus zeit seines Lebens der *Romanitas* verschrieben, auch dann noch, als er schon längst Christ geworden war und einiges an römischem Gedankengut hinter sich gelassen hatte (vgl. hier bes. Aug. *civ.* 5,18). Insbesondere im *pax*-Verständnis des Augustinus spiegelt sich die bewusst angestrebte Kontinuität in der Begrifflichkeit wider; zu konstatieren ist keinesfalls eine radikale bzw. entstellende Veränderung der klassischen lateinischen Sprache, sondern vielmehr eine bereichernde Ergänzung.

Inhaltlich wird insbesondere die Kulturkompetenz der Schülerinnen und Schüler ausgeschärft, da sie auf der Projektionsfläche der Bedeutung der *pax terrena* für die Bürger der beiden *civitates* Grundsätzliches, ja sogar Epochenübergreifendes über das Verhältnis von römischem Staat und Christentum lernen: Das *pax*-Verständnis des Augustinus ebnet den Weg zur dualistischen Scheidung von Irdischem und Himmlischem, von weltlicher und himmlischer Ordnung. Augustinus reißt die beiden Pole jedoch nicht gänzlich auseinander, da die Bürger der *civitas Dei* nicht umhinkönnen, auf ihrer Pilgerschaft in der diesseitigen Welt an deren Unvollkommenheiten teilzuhaben, wenn auch nur notgedrungen. So müssen die Bürger der *civitas Dei* gemäß augustinischem Verständnis u. a. erfahren, dass Ausübung von Herrschaft in der diesseitigen Welt eine notwendige und nicht immer gewaltfreie Durchführung der Gerechtigkeit bedeutet. Diese herausfordernden Erfahrungen sind von den Bürgern der *civitas Dei* zu bewältigen, um letztlich in einem jenseitigen Leben im Sinne des *frui Deo* die *vera pax* in der Vereinigung mit Gott zu erlangen.

Augustinus ist kein Utopist, im Gegenteil: Er steht in der Tradition antiker Staatsdenker. Dennoch ist Augustinus vor dem Hintergrund seiner eschatologisch geprägten Friedenskonzeption in *De civitate Dei* der Wegbereiter für neuzeitliche Forderungen nach einer gewaltlosen Weltgesellschaft, gewissermaßen nach einer vollkommenen Welt.[28] Es wäre eine Welt, in der alle Unterschiede und Trennungen außer Kraft gesetzt wären. Augustinus jedoch war Realist genug, um zu wissen, dass die Umsetzung eines solchen Traumes für seine Zeit unrealistisch war. In eben dieser Zeit galt gemeinhin noch die *pax terrena* – der irdische, auf Verträgen beruhende Frieden – als erstrebenswertes Ziel im diesseitigen Leben, wobei wir in unserer heutigen Zeit von politischem Frieden sprechen würden.

Zusammenfassend lässt sich Folgendes konstatieren: Die Lateinschülerinnen und -schüler der Q2 werden durch die oben präsentierte Sequenzplanung befähigt, einen komplexen, originär paganen Begriff der Antike (d. i.: der *pax*-Begriff) deklarativ zu erfassen, in seinen Bedeutungsebenen analytisch voneinander abzugrenzen und seine Transformation in eine andere kulturelle Epoche (d. i.: in die Spätantike) auf

[28] Eine solche Forderung erhob in der Neuzeit z. B. Jonathan Schell im Jahre 1982; vgl dazu umfassend Weber (1999). Kritisch gegenüber Schells Forderung zeigt sich Sternberger (1984).

der analytischen Ebene zu verstehen. Insofern stellt die christliche Neuakzentuierung und die Bezugnahme auf historische oder philosophische Zusammenhänge durch Augustinus, also die Reflexion dieser Vorgänge, einen Akt der Sprach- und Kulturreflexion dar und fordert im Sinne der interkulturellen Kompetenz zur persönlichen Auseinandersetzung mit antiken bzw. spätantiken Wertvorstellungen bzw. Weltanschauungen heraus und löst auf diesem Wege das Postulat des modernen Lateinunterrichts nach einem existentiellen Transfer in nachhaltiger Weise ein.

Kurzum: Gemäß seiner doppelten Gelehrsamkeit ist Augustinus zu lesen als Philosoph und Theologe bzw. Kirchenvater, der sich sprachlich-stilistisch in die Tradition der klassisch-antiken Redekunst stellt. Die Lektüre von *De civitate Dei* ist u. a. aufgrund der zahlreichen intertextuellen Referenzen zu den klassisch-antiken Vorgängern reizvoll – reizvoll deshalb, weil Augustinus durch eben diese Textvergleiche das vernetzte Denken unserer Schülerinnen bzw. Schüler im Sinne wissenschaftspropädeutischen Arbeitens fördert, in besonderer Weise sämtliche Kompetenzbereiche (Sprach-, Text-, Kultur- und Methodenkompetenz) ausschärft und nicht zuletzt zur Identitätsbildung unserer Schülerinnen und Schüler beiträgt, wie anhand der angezeigten Sequenzplanung zum *pax*-Begriff belegt werden konnte.

## Literatur

Grundsätzlich ist auf die im Modellvorhaben[29] des Landes NRW eingepflegte Literatur zu verweisen (vgl. dort Seite 27–29); sie diente bei der Konzeption dieses Aufsatzes als dankbare Grundlage. Darüber hinaus wurde folgende Literatur herangezogen:

### Lehrplan

Ministerium für Schule und Weiterbildung des Landes NRW. 2013. Kernlehrplan für die Sekundarstufe II. Gymnasium/Gesamtschule in NRW, Frechen.

[29] Vgl. dazu oben Anm. 4.

## Textausgaben und Übersetzungen

Augustinus, *De civitate Dei*. Corpus Christianorum. Series Latina XLVII/ XLVIII, 1 et 2, ed. B. Dombart/A. Kalb, Turnhout 1955.

Augustinus, *Confessiones*, ed. M. Skutella, Stuttgart/Leipzig 1996.

M. Tulli Ciceronis *De re publica – De legibus – Cato Maior De senectute – Laelius De amicitia*, ed. J.G.F. Powell (OCT), Oxford 2006.

G. Sallusti Crispi *Catilina – Iugurtha – Historiarum fragmenta selecta*, ed. L.D. Reynolds (OCT), Oxford 1991.

P. Vergili Maronis *Opera*, ed. R.A.B. Mynors (OCT), Oxford 1969.

Büchner (1971), *Bellum Iugurthinum*, Der Krieg mit Jugurtha. Lateinisch und Deutsch, übers. u. hrsg. v. Karl Büchner, Stuttgart.

Götte (1994), Vergil, *Aeneis*. Lateinisch und Deutsch, hrsg. v. und übers. von Johannes Götte, in Zusammenarbeit mit Maria Götte. Mit einem Nachwort von Bernhard Kytzler, Zürich.

Huchthausen – Rothe und Rothe (1989), Cicero, Werke in drei Bänden. Zweiter Band: Vom Redner – der Staat – Gespräche in Tusculum (Buch I und III), Berlin–Weimar.

Thimme (2007), Augustinus, Vom Gottesstaat (*De civitate Dei*). Vollständige Ausgabe. Aus dem Lateinischen übertr. von Wilhelm Thimme, eingel. und komm. von Carl Andresen, Düsseldorf.

## Forschungsliteratur in Auswahl (unter besonderer Berücksichtigung fachdidaktischer Medien)

Albrecht, Michael von ($^3$2012), Geschichte der römischen Literatur von Andronicus bis Boethius und ihr Fortwirken, Berlin – Boston.

Binder, Gerhard; Effe, Bernd (1989), Krieg und Frieden im Altertum (BAC 1), Trier.

Budzik, Stanislaw (1988), *Doctor pacis*. Theologie des Friedens bei Augustinus (IThS 11), Innsbruck.

Dinkler, Erich (1972), Friede, in: RAC 8, 434–493.

Drecoll, Volker Henning (2007), Augustin Handbuch, Tübingen.

Ehlers, Widu-Wolfgang (2011), Der Philosoph Cicero, in: FC 54.4, 264–273.

Flasch, Kurt (1980), Augustin. Einführung in sein Denken, Stuttgart.

Fuchs, Harald (1965), Augustin und der antike Friedensgedanke. Untersuchungen zum 19. Buch der *Civitas Dei*, Berlin 1926, ND Zürich.

Fuhrmann, Manfred (1980), Christliches Leben in der Kirchenväterzeit. Ein Lektürevorschlag, in: Neukam, Peter (Hg.), Vorschläge und Anregungen, München, 5–23.

Geerlings, Wilhelm (1997), *De civitate Dei* XIX als Buch der Friedenslehre, in: Horn, Christoph (Hg.), Augustinus, *De civitate Dei* (Klassiker auslegen 11), Berlin, 211–234.

Gemeinhardt, Peter (2008), Dürfen Christen Lehrer sein? Anspruch und Wirklichkeit im christlichen Bildungsdiskurs der Spätantike, in: JbAC 51, 25–43.

Glei, Reinhold (1989), Krieg und Frieden in der Sicht des Dichters Vergil, in: Binder, Gerhard; Effe, Bernd (Hg.), Krieg und Frieden im Altertum (BAC 1), Trier, 171–190.

Gnilka, Christian ([2]2012), Der Begriff des rechten Gebrauchs (Chrêsis 1), Basel.

Haehling, Raban von (2008), Vergil als Kronzeuge in Augustins *De civitate Dei*, in: Freund, Stefan; Vielberg, Meinolf (Hg.), Vergil und das antike Epos, Stuttgart, 436–450.

Hagendahl, Harald (1967), Augustine and the Latin Classics (Studia Graeca et Latina Gothoburgensia), 2 Bde., Göteborg.

Hand, Volkmar (1970), Augustin und das klassisch römische Selbstverständnis. Eine Untersuchung über die Begriffe *gloria*, *virtus*, *iustitia* und *res publica* in *De civitate Dei*, Hamburg.

Healey, Joseph P. (1992), The Anchor Bible Dictionary, hrsg. v. David Noel Freedman, New York, 206f. s. v. Peace: Old Testament; 207–212 s. v. Peace: New Testament.

Henneböhl, Rudolf (2013), Vergil – Aeneis. Lehrerkommentar, bearb. v. Rudolf Henneböhl (Latein kreativ 3), Bad Driburg.

Hose, Martin (2001), Versöhnung in der Vergangenheit, Gymnasium 108, 291–310.

Hübner, Wolfgang (2007), Klassische lateinische Literatur und Rhetorik, in: Drecoll, Volker Henning (Hg.), Augustin Handbuch, Tübingen, 49–60.

Jonischkeit, Robert (2010), Vom „gerechten Krieg“ zum Frieden in Gerechtigkeit, Innsbruck–Wien–Bozen.

Keller, Andrea (2009), Die politischen Voraussetzungen der Entstehung der *bellum iustum*-Tradition bei Cicero und Augustinus, in: Werkner, Ines-Jacqueline; Liedhegener, Antonius (Hg.), Gerechter Krieg – gerechter Frieden? Religionen und friedensethische Legitimationen in aktuellen militärischen Konflikten, Wiesbaden, 23–41.

Kloesel, Hans (1958), Die Lektüre von Augustinus' „Gottesstaat“ auf der Prima, in: AU 3.4, 5–27.

Koppe, Karlheinz (2001), Der vergessene Frieden. Friedensvorstellungen von der Antike bis zur Gegenwart (Friedens- und Konfliktforschung 6), Opladen.

Kuhlmann, Peter (2010), Lateinische Literaturdidaktik (Studienbücher Latein), Bamberg.

Kuhlmann, Peter (2011), Kompetenzorientierung und Lateinunterricht in der Oberstufe, in: FC 54.2, 114–123.

Lahmer, Karl (1989), Hesiod, Ovid und moderne Friedenstheorien. Ein Beitrag zur Friedenserziehung, in: IANUS 10, 16–19.

Laufs, Joachim (1973), Der Friedensgedanke bei Augustinus, Wiesbaden.

Lendle, Otto (1975), Christliche Texte im altsprachlichen Unterricht, Gymnasium 82, 194–224.

Mayer, Cornelius Petrus ([7]2018), Augustinus-Zitatenschatz: Kernthemen seines Denkens. Lateinisch – Deutsch mit Kurzkommentaren, Basel.

Prutscher, Uwe (1977), *Pax*: Vertrag – Herrschaft – Ordnung – Hoffnung (Modelle für den altsprachlichen Unterricht), Frankfurt.

Rondeau, Marie-Josephe (1993), Le tournant chrétient. La paix, quelle paix? L'enseignement de la "Cité de Dieu". In: Chaunu, Pierre (Hg.), Les fondements de la paix. Des origines au début du XVIIIe siècle, Paris, 83–94.

Ruggiero, Fabio (1999), I volti della pace. Testi dall'Epistolario di Agostino d'Ippona, Roma.

Schell, Jonathan (1982), Das Schicksal der Erde, München.

Schirok, Edith (1996), Problemfeld: Friedliches Zusammenleben der Menschen, in: Lohe, Peter; Maier, Friedrich (Hg.), Latein 2000. Existenzprobleme und Schlüsselqualifikationen. Analysen, Konzepte und Projekte des DAV (Auxilia 40), Bamberg, 46–77.

Schmidt-Voges, Inken et. al. (2010), *Pax perpetua*: Neuere Forschungen zum Frieden in der Frühen Neuzeit (baR 8), München.

Schmitz, Dietmar; Wissemann, Michael (2017), *ubi thesaurus tuus, ibi et cor tuum*: Rezeption und Wertschätzung klassischer Autoren bei Augustinus, in: PegOn 17, 166–202.

Schrama, Martijn (1991), *Praepositio tamquam patri oboediatur*. Augustinus über Frieden und Gehorsam, Augustiniana 41, 847–878.

Sternberger, Dolf (1984), Über die verschiedenen Begriffe des Friedens, Stuttgart.

Weber, Franz Josef (1991), Über den Begriff des Friedens. Ein fächerübergreifender Diskurs, in: AU 34.1+2, 94–108.

Weber, Franz Josef (1999), Utopien. Grundrisse einer besseren Welt?, in: Ernst, Josef (Hg.), Ein geistliches Jahr mit der Kirche, Paderborn, 259–274.

Weber, Franz Josef (2005), Friede ist möglich – die Sichtweise der klassischen Antike. „Denn eine Vielheit seiner Natur nach ist der Staat“ (Aristoteles), in: FC 48.1, 44–48.

Weissenberg, Timo J. (2005), Die Friedenslehre des Augustinus. Theologische Grundlagen und ethische Entfaltung (Theologie und Frieden 28), Stuttgart.

Wilke, Brigitte (2003), Rom in der europäischen Geistesgeschichte. Ein fächerübergreifendes Projekt in der Oberstufe, in: Maier, Friedrich (Hg.), Bildung ohne Verfallsdatum. Der Lektüreunterricht im Umbruch. Impulse aus den Vorträgen und Arbeitskreisen des Bundeskongresses des Deutschen Altphilologenverbandes in Dresden 2002 (Auxilia 53), Bamberg, 44–59.

Zepf, Max (1953), Die Augustinuslektüre im Lateinunterricht, in: Gymnasium 60, 135–148.

## Lektürehefte für den schulischen Unterricht (in Auswahl)

Blank-Sangmeister, Ursula (2007), Augustinus, De civitate Dei (clara 20), Göttingen.

Brandstätter, Christian (²2000), Augustinus (Latein Lektüre aktiv!), Wien.

Cataldo, Marco; Müller, Hubert (2019), Staat und Gesellschaft in Augustinus' „De civitate Dei“ (clara 38), Göttingen.

Larsen, Norbert; Müller, Stefan (2018), Zwei Staaten – zwei Welten: Augustinus, De civitate Dei (ratio express 11), Bamberg.

# Material zum Beitrag von HANS-JOACHIM HÄGER

## M 1a: Exemplarische Unterrichtseinheit zu den Doppelstunden sechs bis acht in der avisierten Sequenzplanung

### Die Bürger der beiden *civitates* und ihre Lebensziele

Vorbemerkung:
Die skizzierte Unterrichtseinheit zu den Doppelstunden sechs bis acht innerhalb der zweiten Sequenz folgt in ihrer kompetenzorientierten Ausrichtung dem Drei-Phasen-Modell der Textarbeit von Peter Kuhlmann (Lateinische Literaturdidaktik [Studienbücher Latein], Bamberg 2010, 25).

### Pre-Reading-Phase

I. Reaktivierung des Vorwissens auf Grundlage eines Zitats
Vor dem Hintergrund des augustinischen Verständnisses der politisch geprägten *pax terrena*: Vergleichendes Erarbeiten eines Textauszuges aus Thomas Hobbes, *Leviathan* 13, unter besonderer Berücksichtigung des Begriffs *agreement*.

### While-Reading-Phase

II. Textvorerschließung – Teil I
Akzentuiertes, sinnbetontes Vorlesen des lateinischen Textes durch die Lehrperson als erster Schritt einer fundierten Textvorerschließung, anschließend Eruierung des ersten Textverständnisses auf Seiten der Schülerinnen und Schüler unter konsequenter Zuhilfenahme konkreter lateinischer Textbelege.

III. Textvorerschließung – Teil II
A. (bezogen auf Aug. *civ.* 19,17, bis *utramque concordia*):
Untersuchung des Sachfeldes, anhand dessen die unterschiedlichen Lebensziele der Bürger der *civitas terrena* und der Bürger der *civitas Dei* herausgearbeitet werden sollen.

B. (bezogen auf Aug. *civ.* 19,17, von *verum quia terrena civitas* bis *socialis est*): Untersuchung des christlich gefärbten Wortfeldes, anhand dessen das endgültige Ziel der Bürger der *civitas Dei* – unter Aufnahme und Vertiefung der Ergebnisse der Textvorerschließung zum ersten Textabschnitt – konkretisiert werden soll.

IV. Klärung unbekannter Vokabeln zu Aug. *civ.* 19,17

V. Übersetzung von Aug. *civ.* 19,17 im sukzessiven Verfahren: Die Übersetzungsarbeit besteht aus einer Verknüpfung von Unterrichtsgespräch und eigenständigen Erarbeitungsphasen, ggf. in Kleingruppen mit binnendifferenziertem Zugriff. Am Ende des Übersetzungsverfahrens steht eine schriftliche Musterübersetzung, die zum Zwecke einer zielführenden Klausurvorbereitung verbindlich in das Heft übernommen werden soll.

## Post-Reading-Phase

VI. Textüberschreitende Interpretation (nach Doepner)
Mit konkreten lateinischen Textbelegen versehene Erläuterung, wie sich nach Ansicht des Augustinus die auf Pilgerschaft befindlichen Bürger der *civitas Dei* in der diesseitigen Welt zu verhalten haben; vor diesem Hintergrund: vergleichender Einbezug der Bibelstelle Markus-Evangelium 12,17; in eben dieser antwortet Jesus auf die Frage von einigen Pharisäern, ob es erlaubt sei, dem Kaiser Steuern zu zahlen, wie folgt: „So gebt dem Kaiser, was dem Kaiser gehört, und Gott, was Gott gehört!“

<u>Möglichkeiten für binnendifferenziertes Arbeiten:</u>
Begründete Stellungnahme zur Frage, inwiefern die Gleichsetzung von *pax* und *ordo* im Denken des Augustinus nicht nur philosophisch, sondern auch jüdisch-christlich zu begründen ist (hier soll u. a. auf die Schöpfungsordnung Gottes und die Gottesebenbildlichkeit des Menschen und den für ihn damit einhergehenden Schöpfungsauftrag in Gen 1 Bezug genommen werden).

# M 2: Material zur zweiten Doppelstunde in der avisierten Sequenzplanung

## Die *Ara Pacis Augustae* als Projektionsfläche für die römische Friedensidee:

### Das *Tellus-Italia*-Relief

Die Abbildung des *Tellus-Italia*-Reliefs kann z. B. hier abgerufen werden:
http://ancientrome.ru/art/artworken/img.htm?id=4674
(zuletzt abgerufen am 27.10.2019)

Arbeitsaufträge:

01. Interpretieren Sie das *Tellus-Italia*-Relief gemäß der im Unterricht eingeübten Methodik unter besonderer Berücksichtigung der Darstellung des auf dem Schoß der *Tellus Italia* sitzenden Kindes!

02. Erläutern Sie vor dem Hintergrund der im Unterricht erarbeiteten Texte Vergils, inwiefern das *Tellus-Italia*-Relief an der *Ara Pacis* als Sinnbild des wiedergewonnenen Friedens in einer wiedergekehrten *aurea aetas* gelten kann.

03. Ziehen Sie bei Ihrer Begründung lateinische Textbelege heran.

Zu weiteren Arbeitsaufträgen im Zuge der Interpretation des *Tellus-Italia*-Reliefs vgl. Schmitz – Wissemann (2017), hier bes. 191–197; vgl. auch Wilke (2003), hier bes. 51–54.

# M 3: Material zur neunten Doppelstunde in der avisierten Sequenzplanung

Julius Schnorr von Carolsfeld (1794 – 1872):
Der barmherzige Samariter
(Öl auf Leinwand)

Die Abbildung des Ölgemäldes kann z. B. hier abgerufen werden:
https://www.akg-images.de/archive/Gleichnis-vom-barmherzigen-Samariter-2UMDHUH0KQST.html
(zuletzt abgerufen am 27.10.2019)

Arbeitsaufträge:

01. Interpretieren Sie das Ölgemälde gemäß der im Unterricht eingeübten Methodik!

02. Lesen Sie im Lukas-Evangelium das Kapitel 10, die Verse 30 auf 37! Vergleichen Sie auf dieser Textgrundlage das Ölgemälde!

03. Erläutern Sie begründet, inwiefern sich im Gleichnis vom barmherzigen Samariter das *pax*-Verständnis des Augustinus im neunzehnten Buch von *De civitate Dei* widerspiegelt! Ziehen Sie dabei konkrete lateinische Textbelege heran!

# M 4a: Material zur neunten Doppelstunde in der avisierten Sequenzplanung

Landesbischöfin a. D. Margot Käßmann:
„Wir brauchen mehr Phantasie für den Frieden!“
(Auszug aus der Predigt zum Neujahrstag 2010, geh. im Berliner Dom)

Vorbemerkung:
Am Neujahrstag 2010 hielt die ehemalige Landesbischöfin der Hannoverschen Landeskirche und damalige EKD-Ratsvorsitzende Margot Käßmann im Berliner Dom die Predigt zum Thema „Euer Herz erschrecke nicht – glaubt an Gott und glaubt an mich!“ (Joh 14,1). Frau Käßmann sagte unter anderem:

Nichts ist gut in Afghanistan. All diese Strategien, sie haben uns lange darüber hinweggetäuscht, dass Soldaten nun einmal Waffen benutzen und eben auch Zivilisten getötet werden. Das wissen die Menschen in Dresden besonders gut! Wir brauchen Menschen, die nicht erschrecken vor der Logik des Krieges, sondern ein klares Friedenszeugnis in der Welt abgeben, gegen Gewalt und Krieg aufbegehren und sagen: Die Hoffnung auf Gottes Zukunft gibt mir schon hier und jetzt den Mut, von Alternativen zu reden und mich dafür einzusetzen. […]
Wir brauchen mehr Phantasie für den Frieden, für ganz andere Formen, Konflikte zu bewältigen. Das kann manchmal mehr bewirken als alles abgeklärte Einstimmen in den vermeintlich so pragmatischen Ruf zu den Waffen. Vor gut zwanzig Jahren haben viele Menschen die Kerzen und Gebete in Dresden belächelt. […]

Text (i. A.) entnommen: https://www.ekd.de/100101_kaessmann_neujahrspredigt.htm (zuletzt abgerufen am 29.10.2019)

# M 4b: Material zur neunten Doppelstunde in der avisierten Sequenzplanung

Landesbischöfin a. D. Margot Käßmann:
„Wir brauchen mehr Phantasie für den Frieden!"
(Auszug aus der Predigt zum Neujahrstag 2010, geh. im Berliner Dom)

Arbeitsaufträge:

01. Beschreiben Sie die Position und Zielsetzung Käßmanns!

02. Nehmen Sie vor dem Hintergrund des *pax*-Verständnisses des Augustinus im neunzehnten Buch von *De civitate Dei* begründet Stellung zu den Aussagen Käßmanns!

03. Diskutieren Sie, wie Käßmanns Forderung nach mehr Phantasie für den Frieden bzw. für ganz andere Formen der Konfliktbewältigung im Konkreten zu realisieren ist!

# Stellenindex

## Bibelstellen

# Konkordanz mit dem Modellvorhaben NRW

| Modellvorhaben NRW | Vorliegender Sammelband |
|---|---|
| Legitimation des Modellvorhabens/Einordnung des Autors und seines Werkes (S. 4–7) | Dorothee Gall: Augustinus' Abrechnung mit der Antike in *De civitate Dei* (Basistext zur Konzeption, zum intellektuellen Hintergrund und zum Anliegen von *De civitate Dei*, S. 11–46) |
| Erste Sequenz/Einstieg: Augustinus – *Tolle, lege!* (S. 10f.; 19f.) | Alexander Gliech: Bibliographie einer Bekehrung (zum Hintergrund des ‚*Tolle, lege!*' als Endpunkt einer Reihe von Lektüreerlebnissen, S. 47–87) |
| Zweite Sequenz: *Pax aeterna* und ihr irdisches Abbild (S. 11f.; 20f.) | Hans-Joachim Häger: Augustinus als Friedensrufer (zum augustinischen *pax*-Begriff mit Unterrichtssequenz und Beispielaufgaben, S. 153–190) |
| Dritte Sequenz: *Civitas divina* und *civitas terrena* – Trennung von Politik und Religion? (S. 8, 12f., 22) | Peter M. Günzel: Ciceros Staatsdefinition in Augustins *De civitate Dei* (zur Transformation von von Cic. *rep.* 1,39;41 und zum Vergleich mit der Verfassung der USA und des Irans, S. 89–116) |
| | Dennis Burrichter/Benjamin Magofsky: Ein spätmittelalterlicher Holzschnitt zur Begleitung und Vertiefung lateinischer Textlektüre (S. 117–151) |

# Autorenverzeichnis

**Dennis Burrichter**, StR, unterrichtet am Einstein-Gymnasium Rheda-Wiedenbrück die Fächer Latein und Französisch. Zuvor war er am Ratsgymnasium Bielefeld tätig, an dem er u. a. für die Betreuung der Praxissemesterstudenten im Fach Latein zuständig war.

Prof. Dr. **Dorothee Gall** ist Professorin für Klassische Philologie und lehrte Latinistik in Hamburg (1999–2005) und in Bonn (2005–2019). Ihre Forschungsschwerpunkte liegen im Bereich der Literatur der Zeit des Augustus und in der Antike-Rezeption in Spätantike und Humanismus. Sie ist Mitherausgeberin der ‚Beiträge zur Altertumskunde' und Mitglied der Akademie der Wissenschaften und der Literatur, Mainz, sowie der Akademie für angewandte Wissenschaften, Erfurt.

**Alexander Gliech**, M.Ed., ist Absolvent der Universität Bielefeld. Derzeit unterrichtet er als Lehrer in Anstellung am Wilhelm-Dörpfeld-Gymnasium in Wuppertal die Fächer Latein und Geschichte.

Dr. **Peter Günzel**, StR, ist Lehrer für die Fächer Latein und Deutsch am Gymnasium Veitshöchheim. Er hält an der JMU Würzburg regelmäßig Seminare in der Fachdidaktik Latein und in Lateinischer Grammatik sowie Fortbildungen im bayernweiten Programm der Hochschuldidaktik (Profi*Lehre*). Er ist Herausgeber und Mitautor des Schulaufgabentrainers für das Deutschbuch *deutsch.kompetent* und Verfasser fachdidaktischer Artikel und Handreichungen für den Lateinunterricht.

Dr. **Hans-Joachim Häger**, StD, ist Seminarlehrer am ZfsL Minden und Fachleiter Latein im Regierungsbezirk Detmold, Region Minden-Lübbecke. Am Ratsgymnasium Minden unterrichtet er Latein und ev. Religion. Ferner wirkt er an der Unterrichtsentwicklung Latein in NRW mit. Er ist Mitglied des „Forum Didacticum“ der LMU München und hält regelmäßig Seminare an den Universitäten Bielefeld, Göttingen und München, vorwiegend zur Fachdidaktik der Alten Sprachen.

**Benjamin Magofsky**, StR, ist Fachleiter für Geschichte am Zentrum für schulpraktische Lehrerausbildung Detmold. Am Ratsgymnasium Bielefeld unterrichtet er die Fächer Geschichte, Philosophie, Geographie und Deutsch. Darüber hinaus leitet er die historische Bibliothek der Schule.

FSC
www.fsc.org
MIX
Papier aus verantwortungsvollen Quellen
Paper from responsible sources
FSC® C141904